空间规划与土地生态系统管理丛书

国土资源公益性行业科研专项经费项目（201311038）资助出版

生态用地网格化管护研究及应用

王 静 刘爱霞 刘正军 张建平 等著

科学出版社

北 京

内 容 简 介

本书全面系统地论述了生态用地网格化管护的理论方法和示范应用案例。在界定生态用地内涵基础上，首次构建了我国多尺度生态用地分类体系，开展了基于高空间分辨率遥感数据和 LiDAR 数据的生态用地遥感信息提取方法研究，提出了生态用地网格化管理的时空多级网格划分与编码方法，构建了基于网格化的生态用地信息时空数据整合与管护服务平台框架，并进行示范案例研究，丰富了生态用地管理研究的理论与方法，为全面推进土地资源管护模式转变，推动土地生态系统管理数字化、精细化、动态化奠定技术基础。

本书内容丰富，具有前沿性、基础性和广泛应用性，可供土地资源、地理、生态、环境、农业、遥感、地理信息系统等领域的研究人员和大专院校师生参考。

图书在版编目（CIP）数据

生态用地网格化管护研究及应用/王静等著. —北京：科学出版社，2017.5

（空间规划与土地生态系统管理丛书）

ISBN 978-7-03-052797-4

Ⅰ.①生… Ⅱ.①王… Ⅲ.①土地开发–生态环境–环境保护–研究 Ⅳ.①F301.24 ②X171

中国版本图书馆 CIP 数据核字(2017)第 087931 号

责任编辑：朱 丽 杨新改／责任校对：何艳萍
责任印制：张 伟／封面设计：正典设计

科学出版社 出版
北京东黄城根北街 16 号
邮政编码：100717
http://www.sciencep.com

北京科印技术咨询服务公司 印刷
科学出版社发行 各地新华书店经销

*

2017 年 5 月第 一 版　开本：B5（720×1000）
2017 年 5 月第一次印刷　印张：12 1/4
字数：300 000

定价：**78.00 元**

（如有印装质量问题，我社负责调换）

前　　言

　　1976年，联合国粮食及农业组织（FAO）在《土地评价纲要》中首次明确了"土地"的定义。1995年，FAO将"土地"的定义正式确定为"土地是地球陆地表面一个可划定的区域，它包含了地表上下附近生物圈的所有属性，包括近地表的气候、土壤、地貌、地表水文（包括浅水湖、河流、沼泽、湿地）、近地表的沉积层及其相关联的地下水储备、动植物生物量、人类聚落、人类活动的物理成果（土地平整、储水或排水设施、道路、建筑等）"。在此基础上，FAO将土地的功能归纳为生产功能、生物环境功能、气候调节功能、水文功能、储备功能、废物与污染控制功能、生活空间功能、历史档案或遗产功能、连接空间功能。

　　从国际上看，自20世纪90年代以来先后提出并实施了一系列与生态系统研究密切相关的科学研究计划，如国际地圈生物圈计划(IGBP)、国际全球环境变化人文因素计划(IHDP)、国际生物多样性科学研究规划(DIVESITAS)、世界气候研究计划(WCRP)，2000年联合国启动的"千年生态系统评估"(Millennium Ecosystem Assessment，MEA)、美国地质调查局（USGS）开展的生态系统区域研究，以及2010年开始的全球土地计划(GLP)、城市化与全球环境变迁(UGEC)和2011年发起的未来地球（Future Earth）研究计划等。上述科学研究计划核心均涉及生态系统特征及其变化与人类社会之间的相互关系、生态系统管理、生态系统途径等研究，并且全球环境变化与人类安全、地球系统管理、城市化与全球变化研究均将生态系统综合管理研究作为其重要基础，今后必将转向多尺度或全球尺度生态系统可持续发展及其相关重大科学问题的定量化研究方面。研究多尺度或全球尺度生态系统可持续管理，将会成为生态系统管理学的重要发展方向。

　　土地是人类生存和发展的基础。随着城市化进程加快，我国面临着人口、资源、环境与经济、社会发展失衡的严峻挑战，资源问题已上升为国家战略问题，已成为关乎国家可持续发展的关键问题之一。面向国家生态文明建设战略实施中的自然资源综合管理、国土空间优化等问题导向，土地利用以实现生态安全为终极目标，土地生态系统管理从单一的土地利用管理深化为以土地为载体的自然资源和国土空间综合管理，研究理念从土地生产功能提升深化为土地生态功能提升和资源持续利用等，生态用地研究和土地生态系统管理研究成为解决我国资源、生态、环境的重要问题之一。而目前，我国开展生态用地管理的基础应用研究仍较薄弱。

本书所指的生态用地是以保护和稳定区域生态系统为目标，能够直接或间接发挥生态环境调节（防风固沙、保持水土、净化空气、美化环境）和生物支持（提供良好的栖息环境、维持生物多样性）等生态服务功能且其自身具有一定的自我调节、修复、维持和发展能力，对维护和保持土地生态系统关键生态过程具有重要作用的土地利用类型。

本书综合考虑了土地的生态功能和生产功能，将基础理论方法研究与示范应用有机结合，首次构建了我国多尺度生态用地分类体系，开展了生态用地遥感信息提取方法研究，提出了生态用地网格化管理的时空多级网格划分与编码方法，构建了基于网格化的生态用地信息时空数据整合与管护服务平台框架，并进行示范案例研究，丰富了生态用地管理研究的理论与方法，为全面推进土地资源管护模式转变，推动土地生态系统管理数字化、精细化、动态化奠定技术基础。

本书以生态用地分类体系构建—信息提取—多级网格划分与编码—数据整合与管护服务平台构建为主线，全书共五章。第一章在界定生态用地内涵基础上，全面阐述我国多尺度生态用地分类体系框架、各类型含义及其认定和划分标准；第二章论述了基于高空间分辨率遥感数据和 LiDAR 数据的生态用地遥感信息提取方法；第三章通过比较生态用地信息网格划分与编码方案，系统阐述了地块-网格-行政单元等六级架构的生态用地网格编码模式；第四章论述了多源、多类型、多尺度生态用地信息的综合集成管理方法，并构建了生态用地信息网格化管护服务系统框架；第五章选择黑龙江省杜尔伯特蒙古族自治县为典型区，阐述了生态用地网格化管护的应用示范案例。各章既相互独立，又有机地联系，构成了生态用地网格化管护理论方法与实践应用的整体框架。

本书汇集了作者主持的国土资源公益性行业科研专项经费项目的研究成果。本书的基础是近年来作者及其与合作团队合作研究的心得和成果，大部分内容是首次出版。参与本书写作的还有中国土地勘测规划院刘爱霞研究员、张建平研究员、何挺研究员等，中国测绘科学研究院的刘正军研究员、魏文杰、初照、李方方、虞海英、孙亮亮、徐强强，中国科学院地理科学与资源研究所的龙花楼研究员，黑龙江省国土资源勘测规划院陈建龙研究员、王语檬、杨厚翔、秦舒，以及江苏省土地勘测规划院的严长清研究员和金志丰高级工程师等。在项目完成和本书的写作过程中，得到了国土资源部国际合作与科技司、中国土地勘测规划院有关领导和本领域专家及同行们的大力支持、悉心指导和热心帮助，在此一并表示最衷心的感谢。在本书的出版过程中，得到科学出版社的大力支持，对朱丽编辑的辛勤工作，表示衷心的谢意。

土地生态系统管理目标导向应强调解决人与自然的和谐和区域协调发展问题，并以现代化的科技手段和信息技术为全面支撑。因此，生态用地管理的理论、技术方法均需要进一步深入研究，并不断地在实践中得以检验、补充和完善。更重要的是，有关生态用地网格化管理的许多问题多带探讨性质，其理论方法有待于进一步完善，因此书中不妥、疏漏乃至错误在所难免，敬请读者见谅，并恳望读者不吝赐教。

王　静

2017 年 3 月

本书所涉及彩图及内容信息请扫描右侧二维码扩展阅读。

目　录

前言

第一章　中国生态用地分类体系研究···1
第一节　相关概念与内涵···1
一、土地利用与功能···1
二、土地生态系统···2
三、土地生态功能···2
四、生态用地···5
五、生态基础设施用地···5
六、土地生态状况···6
七、土地生态安全···7
八、生态补偿···8
九、土地生态系统管理···8
第二节　生态用地研究的理论支撑体系···9
一、生态用地研究背景···9
二、生态用地研究的理论支撑···13
第三节　生态用地分类研究进展··15
一、生态用地分类国内外研究现状···17
二、生态用地管理国内外对比研究···27
第四节　生态用地分类体系··33
一、多层级生态用地分类体系框架···33
二、生态用地类型划分···34
第五节　生态基础设施用地划定··41
一、生态基础设施用地划定思路··43
二、生态功能重要性评估与生态基础设施用地划定·····························44
第六节　结论··47
参考文献··48

第二章　生态用地遥感信息提取……54
 一、概述……54
 二、基于知识库的生态用地类型自动识别方法……57
 三、基于激光点云与高空间分辨率影像的生态用地信息提取与挖掘研究……69
 四、面向对象的高分辨率遥感影像生态用地变化检测……72
 参考文献……82

第三章　网格划分与编码……85
第一节　引言……85
第二节　国内外研究现状……86
 一、网格化管理……86
 二、规则网格与不规则网格划分方法……87
 三、土地评价单元划分方法……89
 四、地理网格编码方法……91
 五、宗地编码方法……93
第三节　生态用地管理不规则网格与编码……96
 一、基于"村庄-生态系统-地类图斑"的网格与编码……96
 二、基于"村庄-生态用地类型-地类图斑"的网格与编码……97
 三、基于"地籍子区-生态系统-生态用地类型"的网格与编码……99
 四、结果与讨论……101
第四节　生态用地管理不规则网格划分……102
 一、生态用地管理不规则网格划分原则……102
 二、生态用地管理不规则网格划分方法……103
 三、生态用地管理不规则网格划分……106
 四、生态用地管理不规则网格编码……109
 五、生态用地管理不规则网格划分与编码示范……113
 参考文献……116

第四章　生态用地信息网格化管护模型构建与技术研发……120
 一、概述……120
 二、生态用地网格化管理模型构建……122
 三、生态用地信息网格化数据整合技术……126
 四、生态用地信息网格化管护系统功能实现……132
 五、生态用地数据库管理系统……140

参考文献 ··· 144

第五章　黑龙江杜尔伯特蒙古族自治县生态用地网格化管护技术应用与示范 ···· 145
第一节　研究背景 ··· 145
第二节　示范区概况 ·· 145
　一、自然地理概况 ·· 145
　二、社会经济状况 ·· 147
第三节　基础数据收集与预处理 ··· 148
　一、遥感数据获取与预处理 ·· 148
　二、外业调查 ·· 149
　三、其他资料获取 ·· 150
第四节　生态用地分类体系示范 ··· 151
第五节　生态用地遥感信息提取示范情况 ··· 153
　一、基于不同方法的生态用地遥感信息提取 ··· 153
　二、精度检验 ·· 161
　三、结论 ··· 164
　四、示范效果 ·· 165
第六节　网格划分与编码技术应用示范情况 ··· 165
　一、生态用地网格划分与编码方案的讨论与反馈 ····································· 166
　二、杜蒙县生态用地网格划分与编码方案的确定 ····································· 170
　三、示范效果 ·· 173
第七节　生态用地网格化管护基础数据库示范情况 ···································· 173
　一、数据库构成 ··· 173
　二、矢量图层属性设计 ·· 174
　三、数据库成果 ··· 175
　四、示范效果 ·· 177
第八节　问题与展望 ·· 179
　一、技术流程复杂，操作难度较大 ··· 180
　二、缺乏奖惩措施，管护人员积极性不高 ·· 180
　三、与日常土地管理工作相结合 ·· 180
　四、网格边界调整后，网格的划分与编码问题 ·· 180
　五、管护责任人和管护期限的落实 ··· 181
参考文献 ··· 181

第一章 中国生态用地分类体系研究

随着我国人口的持续增长和快速城镇化、工业化发展，资源、生态、环境问题逐渐凸显，成为制约我国社会经济可持续发展的关键因素，也得到了社会各界前所未有的关注和重视。面对资源约束趋紧、环境污染严重、生态系统退化的严峻形势，必须树立尊重自然、顺应自然、保护自然的生态文明理念，把生态文明建设放在突出地位，融入经济建设、政治建设、文化建设、社会建设各方面和全过程，努力建设美丽中国，实现中华民族永续发展。"生态""环境"和"自然"等关键词的频频出现标志着我国生态建设被提到了前所未有的高度，而土地作为自然要素的承载主体，加强生态用地研究意义重大。

第一节 相关概念与内涵

一、土地利用与功能

土地利用是指人类为获取所需要的产品或者服务而进行的土地利用活动，是人类对土地自然属性的利用方式和状况，包含着人类利用土地的目的和意图。它是人们根据土地资源的特点按照一定的社会经济目的，对土地进行的开发利用活动。土地分类是解决不同土地利用类型对土地竞争矛盾的重要途径。土地利用类型是一定区域内土地利用中具有不同特征与功能的空间地域组成单元，是历史与现实中自然条件、社会经济技术水平以及利用目标与方式等诸因素综合作用下，土地景观生态上的必然分异结果。科学合理地划分土地利用类型，是建立土地资源账户、实现土地实物核算的前提，是进行土地动态监测、实施土地利用的有效调控，是开展土地利用规划，实现土地资源可持续利用的重要一环（陈百明，2006；卞正富，2008）。

陈百明（1986）认为，土地资源是一个综合的功能整体，其"生态功能""生产功能"和"生活功能"是统一不可分割的，三者相互关联，一定条件下还可以相互促进。人类生产、生活功能以生态系统的支撑为基础，同时生产、生活等功能又影响生态系统。土地资源的生产、生活功能是人类土地利用过程中追求的最终目标。三大功能中，生态功能是基础，是生产功能、生活功能实现的前提条件。许多土地利用活动具有多功能的特性，但其主体功能亦十分明确。从功能的主体性角度来考虑，生产、生活、生态三大功能又具有一定的独立性，以主体功能为依据进行分类，并不排斥土地利用的其他功能存在（陈婧等，2005）。

二、土地生态系统

土地生态系统是地球陆地表面上相互作用、相互依存的地貌、水文、植被、土壤、气候等自然要素之间以及与人类活动之间相互作用而形成的统一整体（傅伯杰，1985）。土地生态系统作为自然与人类活动相互作用的复合生态系统，是人类土地利用过程中土地各组成要素之间，及其与环境之间相互联系、相互依存和制约所构成的开放的、动态的、分层次的和可反馈的系统。土地生态系统的经济生产、社会生活及自然调节功能的强弱和活力是由土地生态系统的结构、功能、生态服务以及对社会和经济服务的持续性所决定的。

土地生态系统的演变有赖于整个地球的发展。地质历史时期的演变过程迄今仍在影响着甚至控制着土地生态系统。现代土地生态系统是经过地质历史时期的人类活动长期影响发展而形成的（表1-1）。其演变具有明显的特点，即土地生态系统的自然属性不断减弱，人文属性不断增强（梁留科等，2003）。

表1-1 土地生态系统演化示意表

时间	认识	土地生态系统的演变	属性变化	
19亿年前	土地自然生态系统	纯土地自然体（包括原始岩石圈上部、大气圈下部及水圈）	自然属性减弱	人文属性增强
4亿年前		原始土地生态系统（含原始生物）		
农业出现前		自然生态系统（其组成与现代土地概念相近）		
农业出现之后	土地人工生态系统	半自然人工生态系统（包括森林生态系统、草原生态系统、农田生态系统）		
工业出现之后		半自然和人工生态系统（包括森林生态系统、草原生态系统、农田生态系统、城市生态系统）		

三、土地生态功能

土地的生态功能是基于生态系统服务功能提出的。生态系统服务是指生态系统为维持人类社会的生产、消费、流通、还原和调控活动而提供有形或无形的自然产品、环境资源和生态损益的能力（王如松等，2004；李锋等，2011）。Costanza等在 Nature 发表了《全球生态服务价值和自然资本》一文，使生态系统服务价值研究成为热点（Losey et al.，2006；Boyd et al.，2007；Costanza et al.，1997）。Daily（1997）在其标志性著作 *Nature's Services: Societal Dependence on Natural Ecosystem* 中，从自然生态系统角度出发对生态系统服务进行了定义，并将生态系统服务功能归纳为 15 类。20 世纪 80 年代以来，生态学家和经济学家在评价自然资本和生态系统服务变动方面做了大量研究工作。Costanza 等在对全球生态系统服务及其价值的研究中，将生态系统服务功能划分为气候调节、水分调节、控制水土流失、物质循环、娱乐及文化价值等 17 种功能，对全球生态系统服务价值进行了评估，并提出了各种土地利用类型的生态服务价值系数。谢高地等（2001，2003）学者结合我国特色对 Costanza 提出的系数进行了修正，得出中国陆地生态系统单位面积生态服务价值当量表。

土地的生态功能是指在物质、能量迁移与转化过程中，土地所表现的能够满足和维持生物体以及人类生活需要的自然环境条件和效用。其主要包括两方面的内容：一是土地资源具有的保护和改善生态环境的作用与能力，如防风固沙、保护土壤、涵养水源、调节微气候、净化环境等；二是为维系生物多样性和唯一性提供生态空间保证，如提供生物栖息地、维持生物多样性等。

从生态学角度看，土地的功能包括生物栖息和支撑功能、植物生产和生物养育功能、环境净化功能、休闲娱乐功能、文化功能、物质与能量循环功能等（表 1-2）。其中植物生产和生物养育功能、生物支撑功能、休闲娱乐功能、文化功能是土地生产功能、承载功能和资源功能的表现，而提供栖息地、净化环境等是土地在保护和改善生态环境方面起到的作用，是土地生态功能的表现。

表 1-2　土地的生态功能

功能	描述
保护土壤功能	由于植被和枯枝落叶层的覆盖，减少了雨水对土壤的直接冲击，保护土壤减少侵蚀，保持土地生产力；植被盘结于土壤中的根系，对土壤的固持起到了非常重要的作用，能保护海岸和河岸，防止湖泊、河流和水库的淤积，防止或减少滑坡、崩岗和泥石流等严重侵蚀事件的发生
防风固沙功能	植被能对风起一种阻挡作用，改变风的流动方向，降低风的动量，减弱背风面的风力；植被可加速土壤形成过程，提高黏结力，促进地表形成庇护层，起到固结沙粒作用，从而增强了抗风蚀能力
涵养水源功能	由于植被和土壤的截留与缓冲作用，相当部分地表水转化成为地下水，使地下水得到补充
调节微气候功能	生态系统还对局部气候具有直接的调节作用，植物通过发达的根系从地下吸收水分，再通过叶片蒸腾，将水分返回大气，大面积的森林蒸腾，可以导致雷雨，从而减少了该区域水分的损失，而且还能降低气温
净化环境功能	陆地生态系统的生物净化作用包括生态系统对大气污染的净化作用和对土壤污染的净化作用。绿色植物净化大气的作用主要有：①维持大气环境化学组成的平衡；②吸附、吸收并转化空气中的有害物质；③减低噪声
栖息地功能	为植物和动物（包括人类）的正常生命活动提供空间及必需的要素，维持生命系统和生态结构的稳定与平衡
生物多样性功能	生态系统不仅为各类生物提供繁衍栖息地，还为生物进化及生物多样性的产生与形成提供了条件。同时，它还通过整体的生物群落创造适宜生物生存的环境，为农作物品种的改良提供了基因库

土地的生态功能与生产功能、承载功能既有区别又有联系。土地的生态功能表述的是生物与生存环境之间的相互关系，而生产功能和承载功能则指土地所提供生产、生活产品和生存空间的能力。生态功能是基础，是生产功能、承载功能实现的前提条件。人类的生产、生活以生态系统的支撑为基础，但又通过人的生产、消费等活动影响着生态系统（刘学录等，2008）。

土地生态状况受土地自身、自然环境、外部社会经济政策、人类土地利用行为等多方面综合影响，任何因素的变化都会打破原来的土地生态系统平衡，并带来土地生态状况的变化，由此影响土地的生态功能。从影响土地生态功能的主导因素来划分，可分为自然和人文影响两大因素。自然影响因素主要指地形地貌、气候、土壤、植被和水等自然因素变化对土地生态功能强弱的影响；而人文影响因素是指由于人类活动引起的生态功能变化，重点在于土地利用变化与管理对生态功能强弱的影响（刘学录等，2008）。

（一）自然因素

地形地貌、气候、土壤、水资源、植被等因素都会影响土地生态功能。从地形地貌看，不仅影响土地生态系统的形状、面积大小和位置分布，也影响土地生态系统中的动植物结构。从气候因素看，主要通过降水和温度影响土地生态系统结构，水热条件直接影响植物生长、植物残体分解速度，从而影响土地生态系统类型和动植物分布。土壤是生态系统的载体，土地生态功能的发挥受土壤的物理、化学、生物等性质的影响，土壤厚度、质地、水分、养分及其有效性等因素都影响着土地的生态功能。水资源对陆表植被或湖泊、湿地或土地质量良性维持有重要作用，水分的枯竭和缺乏也是土地生态系统脆弱性和不稳定性的重要诱发因素，导致土地生态系统的结构与功能的变化。植被是土地生态系统的重要组成部分，土地的生态功能与植被的数量、组成和结构、生产力与功能、品质等方面有关。

（二）人文因素

人类通过各种土地利用活动，改变了土地的结构和生态过程，影响着土地的生态功能。土地是各种陆地生态系统的载体，土地利用结构的变化引起各类生态系统类型、面积以及空间分布格局的变化。土地利用方式直接影响土地生态功能的种类和强度，如人类在土地上进行工业、交通、住宅建设等，延伸了土地的承载功能，但改变了土地覆被方式，影响了土地的生态功能，农业和林业生产使土地的生产能力得到了极大的增强，但土地的生态服务功能减弱（梁留科等，2003）。此外，土地生态功能的改变与政策因素关系很大，如政府实施西部大开发，开展退耕还林还草工程，鼓励在不宜耕种的土地上退耕还林还草、封山育林，逐步调整农林牧用地结构，使区内耕地面积不断减少，林地面积大幅增加，显著改善了土地生态状况，增强了土地生态功能。

四、生态用地

2000年，国务院发布的《全国生态环境保护纲要》（国发[2000]38号）中首次提到了"生态用地"，并从土地资源开发和生态环境保护的角度提出生态用地是具有重要生态功能的草地、林地和湿地等。生态用地提出后，迅速引起了相关学者的关注和研究，研究一致认为区域和城市中保留一定的生态用地对于维持生态系统平衡、改善城市人居环境、促进人类社会可持续发展具有重要作用。但对于生态用地的概念、分类仍存在较大分歧。

国内不同学者对生态用地的分类考虑了不同地域单元的人类活动，并基于土地利用地域单元的功能或用途进行分类，或从人类对土地利用改造的形式出发，考虑土地利用本身的内在自然特征，适用于土地资源的初级识别或宏观认识研究。对生态用地的分类主要有三类划分方式，即基于土地覆被类型角度、基于土地利用程度、结合前二者的综合划分方式。目前，国内学者对生态用地的概念和分类尚未达成共识。随着更多学者对生态用地研究的深入和生态用地自身的现实重要性，未来，对"生态用地"这一概念的理解也会逐渐趋于相同或相似。通过对国内学者关于生态用地概念及分类系统的梳理，本研究遵循以国家相关分类标准为基础，突出生态用地的原则，界定生态用地内涵，对生态用地进行科学分类。综合现有研究成果，本研究提出生态用地即在不同空间尺度上，具备较强的生态系统服务功能，对维护关键生态过程具有重要意义的土地利用类型，即能够直接或间接改良区域生态环境、改善区域人地关系（如维护生物多样性、保护和改善环境质量、减缓干旱和洪涝灾害以及调节气候等多种生态功能）的用地类型。

本研究所指的生态用地是以保护和稳定区域生态系统为目标，能够直接或间接发挥生态环境调节（防风固沙、保持水土、净化空气、美化环境）和生物支持（提供良好的栖息环境、维持生物多样性）等生态服务功能且其自身具有一定的自我调节、修复、维持和发展能力的土地利用类型。生态用地与生产和生活用地有所重叠，但显著区别于生产和生活用地，其生态功能发挥受人类活动范围和程度的影响显著，受人类活动影响越小，生态功能相对越强，反之越弱。

五、生态基础设施用地

生态基础设施用地是指对人类的栖息地系统具有基础性支持功能的自然生态

用地及其生态服务用地，具备较强的生态系统服务、对维护关键生态过程具有重要意义的生态用地，包括河流（溪流）、湿地、森林、野生动物栖息地、生物多样性保护区用地、自然保护区用地、水源地保护区和其他自然区域，以及防护林、洪水调蓄地、废物处理地、公园、农田、牧场等（吴伟等，2009；杜士强等，2010）。生态基础设施用地是由上述生态用地相互联系组成的网络，支持物种生长，保持自然生态过程，维持空气和水资源，并且致力于改善区域和居民健康及生活质量的开敞空间所需的用地。

生态基础设施用地是国家自然生命支持系统，是不得占用的基础性生态用地（陈百明，1986；谢花林等，2011）。生态基础设施用地是生态用地的一部分，主要包括具备较强的生态功能、对维护关键生态过程具有重要意义的那一部分生态用地。生态基础设施用地的核心是由自然环境决定土地利用，突出自然环境的生命支撑功能，将人类生存的居住环境融入自然，突出生态功能的网络结构；是将生态系统服务的思想与生态"基础性"价值和生态系统结构相结合。

生态基础设施用地强化了对生态用地重要性的认识。生态基础设施用地是保障生态系统稳定、社会经济发展和居民身心健康所必须具备的基础性、支持性的基础设施用地（Weber，2004；Tzoulas et al.，2007）。生态基础设施用地使生态用地上升到了基础设施高度，同时强调了不同类型生态用地之间的有效连接和生态用地作为一个网络体系的特征。生态基础设施用地包含多种生态用地，如公园、自然林地、人工绿地、河流湿地、海岸湿地等，这些生态用地之间的有效连接可使生态基础设施成为一个有机整体，从而发挥整体功能，更好地维持其间的自然生态过程（杜士强等，2010）。生态基础设施用地是一个综合的概念，不但包括传统的生态用地，而且包含一切能提供各种生态系统服务的空间，如大尺度地貌格局、自然保护地、林业及农业生态系统等生态用地。

六、土地生态状况

土地生态状况是指土地生态系统的结构、生态功能及其具备的生态系统服务能力，以及所存在生态问题的综合反映。土地生态状况是在土地生态系统原始的自然生态质量水平的基础上，经人类社会生活或社会经济活动影响后，对土地生态环境的改善或破坏共同作用的最终结果。土地生态状况调查，即对土地生态系统的结构、生态功能及其具备的生态系统服务能力，以及所存在生态问题和生态建设状况的综合调查。

土地生态状况质量即土地生态系统结构、生态功能和生态价值的综合属性，是指土地生态系统的结构和类型对其生态功能的容量或能力（The capacity of land use/land cover type to ecological function)。

土地生态状况质量综合评估是从土地利用/覆被变化的角度，基于不同土地生态系统类型，对土地生态系统的结构、生态功能及其具备的生态系统服务能力，以及所存在生态问题的评估，即针对土地生态系统服务的水源涵养、水土保持、碳固定、产品提供、人居保障等生态功能，以及生态系统受损、生态系统建设和保护等方面进行的综合评估。土地生态状况质量综合评估不仅包括对土地生态系统的结构与生态功能的评估，而且包括对土地生态系统的健康程度、退化程度、破坏程度，以及土地生态系统恢复状况的评估，尤其关注人类社会经济过程对土地生态系统的影响。

土地生态状况与生态用地结构、功能、利用状况和利用程度密不可分。从另一个角度看，土地生态状况质量综合评估实质上是对森林、草地、湿地、农田、城市和乡村聚落以及区域生态系统中各类生态用地结构、功能、利用状况和利用程度的评估，以及对与土地生态状况密切相关的"特殊生态用地"，如污染土地和损毁土地结构、功能、利用状况和利用程度的评估。

七、土地生态安全

生态安全是指生态系统的安全。生态系统包括自然生态系统、人工生态系统和自然-人工复合生态系统。在地域尺度上，包括全球生态系统、区域生态系统和微观生态系统等若干层次。生态安全是生态系统相对于生态威胁的一种功能状态，是生态系统在其一定时期本质属性和总体功能的表现。生态系统的状态可分为"安全"与"威胁"两种。生态安全与风险互为反函数。生态风险是指特定生态系统中所发生的非期望事件的概率和后果，如干扰或灾害对生态系统结构和功能可能造成的损害。其具有不确定性和危害性。

作为自然-人工复合生态系统的土地生态系统，土地生态安全是一个相对概念，由诸多因素构成。土地生态安全可以通过建立起反映生态因子及其综合体系质量的评价指标来定量地评价某一区域或国家的土地生态系统的安全状况。生态安全是一个动态概念。一个要素、区域和国家的生态安全不是一成不变的，它可以随环境变化而变化，即生态因子变化反馈给人类生活、生存和发展条件导致安全程度的变化，甚至由安全变为不安全。同时，人类可以通过整治，采取措施，解决环境灾害，变不安全因素为安全因素。生态安全是一个区域性概念，具有一定的空间地域性质。研究土地生态安全必须从区域的角度探讨，研究不同影响因子之间的相互作用，只有生态系统的自然、人文各因子之间的相互作用达到良性状态时，才可能使区域达到土地生态系统的安全状况。

八、生态补偿

生态补偿是指"通过对损害(或保护)生态环境的行为进行收费(或补偿),提高该行为的成本(或收益),从而激励损害(或保护)行为的主体减少(或增加)和减少(或增加)外部不经济性(或外部经济性),达到保护生态环境的目的"。其实质就是通过一定的政策手段实行生态保护外部性的内部化,让生态保护的"受益者"支付相应的费用,使生态建设和保护者得到补偿,通过制度创新解决好生态投资者的回报,激励人们从事生态保护投资并使生态资本增值。

生态补偿机制(eco-compensation mechanism)是以保护和可持续利用生态系统服务为目的,以经济手段为主调节相关者利益关系的制度安排。生态补偿机制是以保护生态环境、促进人与自然和谐发展为目的,根据生态系统服务价值、生态保护成本、发展机会成本,运用政府和市场手段,调节生态保护利益相关者之间利益关系的公共制度。目前,对生态补偿的理解有广义和狭义之分。广义的生态补偿既包括对生态系统和自然资源保护所获得效益的奖励或破坏生态系统和自然资源所造成损失的赔偿,也包括对造成环境污染者的收费。狭义的生态补偿则主要是指前者。

九、土地生态系统管理

20 世纪 80 年代初,我国生态学奠基人之一马世俊院士提出了复合生态系统概念和有关生态规划理论与方法;20 世纪 90 年代中后期,我国学者赵士洞、任海、傅伯杰、王如松、于贵瑞等对生态系统管理的概念和理论框架进行了理论和实践探索(赵士洞等,1997;于贵瑞,2001b;王如松,2004;傅伯杰,2010)。生态系统管理是对全球生态、环境和资源危机的一种响应,也是自然资源管理的一种整体性途径。有关生态系统管理(ecosystem management)概念存在三类相关观点。一是由学术界特别是生态学家提出,主要强调保持生态系统的结构和功能的稳定性、整体性和持续性,使其达到社会所期望的状态。二是由美国林学会(1992年)(SAF, 1992)、美国农业部林业署(1992~1994年)(Under, 1994)、美国内务部和土地管理局(1993年)(USDOIBLM, 1993)、美国环境保护署(1995年)(Lackey, 1995)等相关管理机构提出,侧重于强调各自管理目的和资源管理的方法(Christensen et al., 1996; Stanley, 1995),如美国土地管理局对生态系统管理定义为:综合生态、经济和社会原则管理生物与自然系统,实现景观的长期生态持续、自然多样性和生产能力。三是由专业社团和非政府组织提出,更强调生态、经济和社会目标的协调管理(表 1-3)。生态系统管理力求实现生态系统服务的多功能性(杨荣金等,2004;田慧颖等,2006;刘树臣等,2009)。

表 1-3 美国各机构关于生态系统管理的定义

部门	定义
国防部	有明确的目标驱动,通过最佳的科学知识,恢复和保持生态系统的健康、功能和价值
能源部	是一个基于最佳科学知识而达成共识的过程,其中尤其强调人类的参与和管理作用。在自然而非行政的边界内考虑问题,考虑到生态系统的动态特性,以及灵活的管理方案
农业部林业署	综合考虑人类需求和自然价值,采用生态学方法管理国家森林和草原,实现森林和草原的多样、健康和生产能力及持续性
土地管理局	综合生态、经济和社会原则管理生物与自然系统,实现景观的长期生态持续、自然多样和生产能力
渔业与野生动物司	保护和恢复生态系统的功能、结构、物种组成,了解各因素之间的相关性
环境保护署	将人类的需要综合到环境保护中,实现长时间的生态系统健康,强调经济繁荣与环境和谐之间的必然联系
环境质量委员会	是一个有明确目标驱动的方法,利用最佳的科学知识来恢复和保持生态系统的健康、功能和价值

土地生态系统管理即土地生态系统管理和保护。土地生态系统管理目标即按照土地利用的生态规律处理人地关系,以保持土地生态系统结构和功能的可持续性,促进社会经济与生态环境的和谐为目标(Millennium Ecosystem Assessment,2005;Chapin et al.,2009;蔡海生等,2010)。土地生态系统管理强调在土地利用过程中加强对土地生态系统的管理和保护,实现各类土地资源合理永续利用(宇振荣等,2013)。土地生态系统管理对象是土地生态系统,本质是按照土地资源可持续利用方式和土地资源的多功能综合管理模式处理人地关系。土地生态系统作为自然与人类活动相互作用的复合生态系统,土地生态系统管理的重点是基于复合生态系统管理原则,强调利用科学、技术和持续管理手段,对土地利用行为进行引导、调整和控制的综合性活动,提升土地生态系统结构、功能和生态服务以及对社会和经济服务的可持续性,注重系统的经济生产、社会生活及自然调节功能的强弱和活力,保育"自然-经济-社会"耦合系统的弹性(于贵瑞,2001a;美国生态学会,2005;吴次芳等,2003;傅伯杰,2010)。土地生态系统管理的重点是维护和恢复土地生态系统的健康,提升各类生态系统服务功能,优化不同尺度土地资源空间配置,以提高土地资源利用的多功能性。土地生态系统管理的行为主体包括所有可能影响土地生态系统的个人(农民)、社区、组织、政府等,应从法律法规、政策、制度、经济激励、技术等方面,多角度地构建和完善土地生态系统管理体系。

第二节 生态用地研究的理论支撑体系

一、生态用地研究背景

生态文明是人类社会文明的一种形式。它以人地关系和谐为主旨,以可持续发展为依据，在生产生活过程中注重维系自然生态系统的和谐，保持人与自然的和谐，追求自然-生态-经济-社会系统的关系和谐。1962年，美国环境生物学家卡逊女士的《寂静的春天》一书的出版，深刻揭示出工业繁荣背后人与自然的冲突，对传统的"向自然宣战"和"征服自然"等理念提出了挑战，敲响了工业社会环境危机的警钟，标志着人类环境意识的新觉醒。1972年，罗马俱乐部发表《增长的极限》，提出自然资源与环境是有限的。同年，联合国发表了《人类环境宣言》。1987年，联合国发表《我们共同的未来》，阐明可持续发展的含义。1992年，巴西里约世界环境与发展大会通过《环境与发展宣言》和《21世纪议程》，环境与发展成为全球共识和各国政治承诺。2002年，南非约翰内斯堡联合国可持续发展大会通过《可持续发展执行计划》，落实实施可持续发展战略。

目前，资源问题已成为全球可持续发展和国家战略的关键问题。全球化带来世界经济快速增长的同时，人口膨胀、资源短缺成为制约世界发展的最主要约束，世界各国政府越来越认识到人口、贫困，以及粮食安全、水资源、植被保护、能源和矿物原材料等资源问题，是世界可持续发展道路上的主要障碍。土地的可持续发展已成为各国可持续发展战略的重要组成部分（李文华，2002；刘彦随，2006）。如在澳大利亚，《国家土地保护计划》是其实施可持续发展战略的具体行动之一。奥地利、比利时、芬兰、以色列、韩国、新西兰、瑞典、美国、巴西、匈牙利和泰国等都将土地资源管理和保护作为实现可持续发展的重大战略内容。土地资源是人类赖以生存和进行生产活动的家园，随着人口激增，经济活动不断扩大，城市化快速蔓延，给全球土地资源造成空前强大压力；全球温室效应以及土地沙漠化等自然环境的恶化，更是加剧了土地资源减少的趋势；为满足粮食生产，一方面大量开垦耕地而减少了森林和草地并丧失了湿地，另一方面又有大量耕地被占用，引发种种社会矛盾与冲突。全球热带森林的消失在加速，有"地球之肺"称誉的巴西亚马孙地区，仅在过去10多年就被毁掉了40万平方公里的森林，人类生存环境日趋恶化。由于食物消费总量的急剧上升和可耕地的日益减少，世界将面临严峻的粮食安全问题。据联合国预测，2025年全球人口将增加到80亿，2050年将增加到93亿，最终全球人口可能稳定在105亿或110亿左右，而未来人口增长均来自发展中国家。在东亚和南亚，人均占有可耕地仅六分之一公顷，随着人口的增长，土地将不堪重负，加之灌溉用水短缺，将迫使上述地区增加粮食进口。

自然资源综合管理是未来资源管理的趋势。随着经济社会的发展，人们对资源的认识不断深化，发展了"资源的生态观"，即在以人为本、全面协调可持续发展观指导下的人口适度增长、资源永续利用和保持良好生态环境的资源发展观。一是从资源的数量管控向资源的生态保护转变。随着西方发达国家的经济增长，资源管理方式也从数量管理进入生态保护阶段，该转变是建立在对资源与经济社会之间关系的深刻理解之上。二是资源管理目标从单一向综合转变。由于人类的滥采滥用,现代社会的资源领域已经出现了诸多失衡,如人地关系失衡、资源开发与生态保护的失衡、资源利用的代际失衡、资源开发与使用的区域失衡、资源流的上下游失衡,资源管理目标趋向多元化,从单门类资源管理向资源综合管理和动态平衡转变,以提高管理效率,有效平衡各类资源开发与保护之间的关系,实现人与社会的和谐发展。在管理手段上,从以行政手段为主,向综合使用行政、经济、法律、技术等手段转变。

引入经济发展、资源开发与生态系统管理与保护之间动态平衡的理性发展理念是未来的发展趋势。国际生态系统管理研究进一步强调综合性和复合性。20世纪以来,由于自然资源的过度开发与消耗,污染物质的大量排放,导致全球性资源短缺、环境污染和生态破坏,世界面临着人口、资源和环境与经济、社会发展失衡的严峻挑战。世界各国强调在加强对资源和资产管理同时,开始注重协调资源开发与生态保护之间关系。欧美发达国家和地区在完成城市化、现代化、工业化后,开始在一个更高的层次上解决生态环境问题。生态环境保护目标优先的资源利用,是发达国家对资源高消耗性经济社会活动方式进行重新审视后的发展途径。在发展中国家,在城市化、现代化、工业化的过程中,资源管理领域遭受到前所未有的挑战,生态保护也正因此而受到广泛的关注。国际重大科学计划方面,有从1995年的"土地利用/土地覆被"(LUCC)研究计划,到2003年提出的"土地变化科学"(land change sciences,LCS)研究计划。LCS计划强调全球变化与陆地生态系统(global change in terrestrial ecosystem project,GCTE)研究计划的综合,其研究对象扩展到"陆地-人类与环境系统"(terrestrial-human-environmental systems,T-H-E),将人类对土地资源利用置于整个地球系统框架来考虑其变化的原因和影响。在上述两个科学计划基础上,国际地圈生物圈计划(IGBP)与国际全球环境变化人文因素计划(IHDP)提出一个新的联合核心计划——全球土地计划(GLP),目的是深化对地球系统演化背景下耦合的陆地-人类环境系统的理解。GLP包括以下3个专题研究领域:土地生态系统的动力机制、土地生态系统变化的后果和土地可持续性集成分析与模拟。联合国千年生态系统评估计划也提出通过对全球、区域、国家、局地不同尺度的生态评估,为决策者提供生态系统演变及造成的后果、生态系统的响应信息,指导和影响决策者的行动,最终改善自然和人为控制的生态系统。美国国家科学研究委员会(美国NRC)地理科学战略提出了未来10年地理科学的11个战略性科学问题,包括怎样理解和响应环境变化,如何促进可持续发展,如何认识和应对经济和社会的快速空间重组,如何使技术变化更有利于社会和环境。可以看出,国际有关科学研究计划的目标更进一步强调如何理解和综合管理人类活动与自然相互作用的"自然-经济-社会"耦合系统，以实现资源的可持续利用，进一步强调土地生态系统管理的综合性和复合性。

　　土地资源利用与社会经济发展和生态文明建设的辩证关系可用图 1-1 表示。在一定制度与政策和技术水平下，土地资源禀赋、土地供给和土地生态安全是构成一定生产、生活和生态用地结构的基础。增加土地资源的劳力、资本和技术投入，可提高土地利用效率，影响土地资源的生态安全程度，但不可能增加土地资源数量。土地供给面积的有限性，使土地资源成为一种稀缺资源，对社会经济的可持续发展构成一定的制约。由于土地供给面积的有限性和质量的固定性，以及土地生态建设保护的形势需求，生产、生活和生态用地结构的迅速变化由城镇化和工业化的发展、一定的投资和社会消费结构以及技术水平下的土地需求结构所导致。生产、生活和生态用地结构和土地利用的技术变迁与一定的土地资源利用制度、政策（包括土地产权制度和经营管理制度、土地资源利用与生态系统管理制度和政策等）互为条件。城镇化和工业化水平提高所导致的土地资源稀缺性增强和生态安全压力增大，会激励人类开发提高土地生产力的新技术。土地利用的技术进步可以提高土地利用效率，克服土地稀缺性的

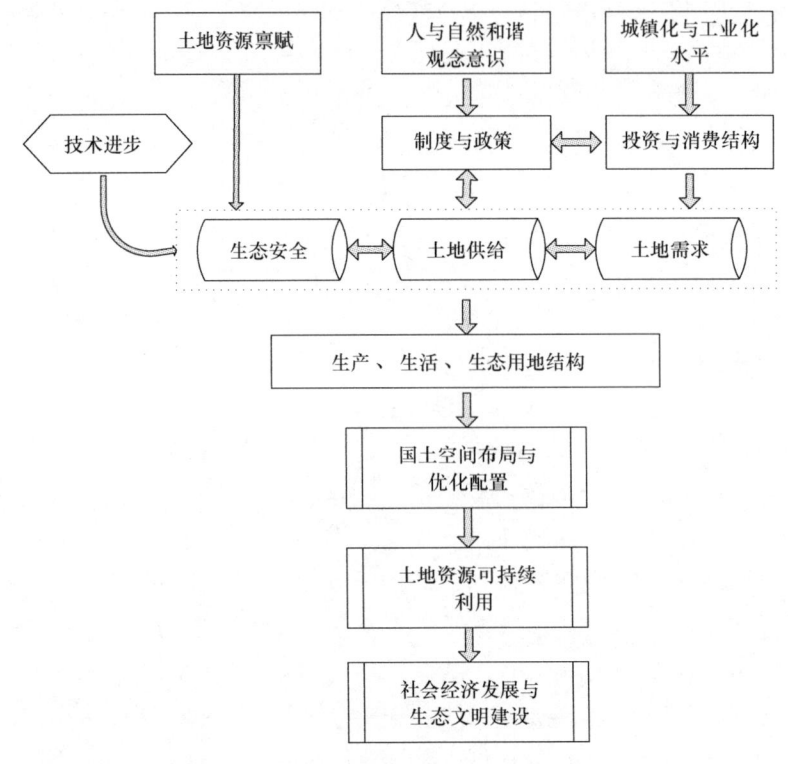

图 1-1　土地资源利用与社会经济发展和生态文明建设的辩证关系

制约。但新技术的使用和实现需要一定土地制度和政策作为保障,而技术创新将诱发土地制度和政策的调整和变迁。土地制度和政策是政府确定的利用和保护土地资源的规则。政策取得社会共识由法律或习俗固定下来即成为土地制度,制度要取得社会共识才得以成立。因此,人类的思想意识、价值观决定着土地资源利用和保护制度,人与自然和谐发展的观念意识和价值观是决定土地资源利用与生态系统管理政策制订和制度建设的重要影响因素之一,从而决定生产、生活和生态用地结构状况的一个基本因素。

不同的国家和地区在其发展的不同历史时期,由于土地资源禀赋的不同,基于不同时期的土地资源利用与生态系统管理政策和制度,在一定的技术条件下,将产生土地资源不足或利用效率不高、生态安全程度降低等土地资源利用问题和生态问题,从而制约土地资源的可持续利用与社会经济的发展。为保证和促进土地资源的可持续利用与社会经济可持续发展,就需要审视和研究土地资源利用与生态保护中存在的问题,分析对土地资源利用和生态安全有全局性影响的诸因素,探索和创新研究土地资源利用与生态保护的新技术和模式,提出土地资源利用与生态系统管理的可持续发展战略,据此制订正确的土地政策和制度。

当前,我国土地资源利用与生态保护所面临的突出矛盾和问题尚未能够从深层次切实有效解决,所存在的问题既包括管理模式和技术方法问题,也包括大环境、大政策、大体制问题。放眼世界、审视现状、展望未来,必须系统研究和科学分析掌握全国生态用地现状和变化态势,从技术支撑层面构建生态用地精细化管理模式,从国家层面和区域层面,审视和研究我国土地资源利用与生态保护所面临的严峻形势,客观提出新形势下土地生态系统管理发展战略和生态补偿政策,并通过体制、机制改革保障措施实施,为国家可持续发展实现提供重要支撑。

二、生态用地研究的理论支撑

土地科学作为自然科学、人文科学和技术科学的新型交叉研究方向,生态用地研究涉及多个方面,其理论基础主要包括可持续发展理论、人地关系协调理论、地球系统科学理论、区域发展控制理论、生态经济学理论、景观生态学理论、数理统计理论等,不仅具有丰富的科学内涵,而且具有迫切的社会需求和广阔的应用前景。

(一)可持续发展理论

可持续发展理论是生态用地研究的理论支撑之一,是"以人为本"与全面、协调、可持续的发展理论。世界环境与发展委员会(WCED)于1987年发表《我们共同的未来》,将可持续发展定义为满足当代需要又不损害后代满足其未来需求之能力的发展。人类发展需要代际公平，经济活动也必须在生态许可的范围内进行。可持续发展含义包含经济学与生态学理论：生态学认为应将可持续发展与生态系统保护相联系；经济学认为可持续发展的重点应在于维持和改善人们生活水平。

（二）人地关系协调理论

人类社会仅仅是地球系统的一个组成部分，同时人类社会活动系统又与地球系统及各个子系统之间存在相互联系、相互制约、相互影响的密切关系。现代人地关系协调理论主张，一方面顺应自然规律，充分合理地利用资源、环境；另一方面，要对已经破坏了的不协调的人地关系进行调整。生态伦理学的发展是人地关系协调思想的重要表现，即确立可持续发展观念，规范人类的社会经济活动。人地关系协调的原理告诉我们，区域发展应该是经济发展与生态保护和生态建设相结合的发展模式，是多目标实现中的利益协调过程。

（三）地球系统科学理论

地球系统科学将地学、生物学、生态学、资源学、环境科学、社会科学、技术科学等交叉融汇在一起，通过研究地球系统的各个圈层（子系统）及其相互作用，发现地球系统的演变规律与机理，探索人类赖以生存的地球环境发展变化，实现人类社会、资源与环境和谐发展。地球系统科学认为区域是由人口、资源、环境和经济发展等要素构成的一个"社会-经济-自然"复合的生态系统，人类（口）居于中心地位，它通过自身的生存活动和生产活动作用于资源与环境；资源与环境则为人类生存和发展提供了必要的物质基础。

（四）生态经济学等相关理论

生态经济学是研究经济发展与环境保护之间的相互关系，探索合理调节经济再生产与自然再生产之间的物质交换，用较少的经济代价取得较大的社会效益、环境效益和经济效益。当人类经济、社会活动的影响超过了环境阈值，生态系统将失去补偿功能，环境破坏、生态失衡等一系列问题就会接踵而来，这就要求我们在社会经济活动中，不仅要追求经济效益，更要注重生态效益。在经济核算中，考虑环境的成本价值以及人类生产生活中造成的环境价值损失，建立并实施环境价值损失的合理补偿机制，从而定量地观控环境价值损失及环境价值存量，为可持续发展决策服务。

相关的经济学理论还包括外部性理论、公共产品理论、生态资本理论、环境公平与正义理论等。

（五）区域发展控制理论

区域发展过程是一个动态的、可控制的过程。人口增长、资源消耗、环境演化和经济发展等问题都随时间的推移而变化，形成一个复杂的非线性过程。作为这一系统主体的人类，具有极大的积极性和能动性，可区分确定性因素和非确定性因素，建立常规线性控制系统和非线性控制系统，实现对区域发展过程有目的的控制。信息在区域发展过程中是最活跃、最基本的要素，区域持续发展的调控必须借助于信息。区域持续发展调控的实质是对人流、物质流、能量流和信息流的高技术调控。

（六）景观生态学理论

景观的异质性和格局与过程相互作用原理是景观生态学的核心内容。格局决定过程，反过来又被过程改变。土地资源的生态安全应该通过优化景观格局来实现，而优化的景观格局来源于对景观格局与生态过程关系的充分了解。通过改变景观格局，控制有害过程和恢复有利过程，才能实现土地资源的生态安全。

（七）数理统计理论

数理统计理论是研究随机现象统计规律性的一门数学科学。以概率论为基础，研究如何以有效的方式收集、整理和分析受到随机性影响的数据，并以这些有限的数据为依据对所考察的问题作出推断和预测，为采取决策提供依据。数理统计是一种使用局部现象去推断整体内在规律性的方法。土地生态系统管理研究的是地球表层自然要素与人文要素相互作用关系及其时空规律，应用计量地理学方法是其主要研究方法之一。计量地理学研究内容涉及地理要素的描述统计和数量分析技术，地理系统的分析方法、随机数学方法，数学模拟（仿真）技术，以及地理要素的预测与决策方法等。地理系统是多级、多元系统，分析一组或几组地理要素间的关系需应用多元统计方法；地理系统具有空间范围和地域界限，确定界限和进行地理区域划分需应用判别分析等数学分类技术；在探讨地理系统结构、类型组合、空间关系和空间特性时，需运用系统聚类、趋势面分析方法等；在模拟土地资源变化规律时，需应用马尔可夫链、多元线性方程和微分方程等；研究土地资源的优化配置时，需运用运筹学和最优化方法等。

第三节　生态用地分类研究进展

近年来，从全球生态系统的视角研究土地利用及其变化，对人类活动改变地球表层系统及其过程的各种反馈作用成为生态系统研究的重点。从宏观到微观尺度，作为地理空间单元的土地生态系统是一个自然-社会-经济复合生态系统，不同层级生态系统的同质性逐渐增强（Bailey，1983，1985，1987；Urban et al.，1987；Allen et al.，1992；Klijn et al.，1994；White et al.，2001）。以服务于自然资源管理和保护政策实施为目标，不同尺度生态空间分类的最小单元是自然、气候、植被特征相似和功能相似的土地空间单元即土地利用类型（Zonneveld，1989；Cleland et al.，1997；Bailey，2009）。不同土地利用类型的生态系统服务供给类型与能力有着巨大差异（Millennium Ecosystem Assessment，2003），土地的"生态功能""生产功能"和"生活功能"三者相互关联，又具有一定独立性（陈婧等，2005）。随着土地生态系统研究的深入和生态用地概念的提出，生态用地分类体系研究进一步深入，建立生态用地分类体系为以土地为载体的自然资源综合管理提供了一种有效方式，并成为研究的发展趋势。多数学者认为，在不同空间尺度上对维护关键生态过程具有重要意义的生态系统（土地单元）及空间部位均为生态用地（Hills，1960；Bailey，1976，1987；Wiken et al.，1977；Wiken，1979；Bailey et al.，1985；Omernik，1995；俞孔坚等，2009）。Zonneveld 等（1990）提出了土地生态系统的不同等级水平：生态地境（ecotope）、土地片（land facet）、土地系统（land system）、主景观（main landscape）。加拿大生态土地分类委员会（CCELC）提出的生态土地分类体系分为6个等级：生态大区（ecozone）、生态省（ecoprovince）、生态区（ecoregion）、生态小区（ecodistrict）、生态区位（ecosite）和生态要素（ecoelement）（Wiken，1977）。国内外不少地区提出各具特色的生态分区框架（Bailey，1976，1987；Gregorio et al.，2000；Giulia et al.，2012；Pierre et al.，2014；Lei et al.，2015；黄秉维，1959；侯学煜，1988；任美锷，1992；傅伯杰等，1999，2001），在宏观和中观尺度划分了生态空间，取得了丰富的系统深入研究成果。微观尺度的生态空间划分即生态用地类型的区分。董雅文（1999）将生态要素的空间定位统称为生态用地。有学者认为，凡是具有生态服务功能，对于生态系统和生物生境保护具有重要作用的地区都可视为生态空间，包括农田、林地、草地、水域和沼泽在内的、地表无人工铺盖的、具有透水性的地面都可以算作生态用地的范畴（岳健等，2003；张红旗等，2004；邓小文等，2005；邓红兵等，2009；周跃等，2015）。还有学者认为，以土地的主体功能来划分生态用地或生态空间，对于以经济产出为主的农业生产用地，如耕地、养殖水面等不作为生态空间考虑（徐健等，2007）。对生态用地类型的区分，第一种是依据土地覆被类型划分（董雅文等，1999；岳健等，2003；陈婧等，2005），第二种是基于人为干扰程度视角进行划分（张红旗等，2004；黄秀兰，2008），第三种是结合生态用地功能划分（邓红兵等，2009）。

土地利用变化通过对生态系统格局与过程的影响，改变着生态系统产品与服务的提供能力（傅伯杰，1985，2010）。土地利用是研究生态系统服务的重要切入点，土地利用分类或生态用地分类对生态系统服务的研究单元、研究内容产生了影响（吴次芳，2003；傅伯杰，2009）。土地利用现状分类是应用最为广泛的用地分类体系（中华人民共和国国土资源部，2007），在土地调查、土地规划、土地利用管理方面具有重要作用，但此分类体系侧重于土地利用的生产功能，属土地利用类型的划分，尚未体现土地利用的生态功能和不同尺度生态空间的划分（王静，2006，2012；龙花楼等，2015）。同一土地利用类型所涵盖的地物生态功能差别较大，难以服务于土地生态系统管理（唐秀美，2011）。尽管目前许多学者提出了不同类型的生态用地分类体系，但迄今针对全国不同尺度尚未形成统一的生态空间分类方案，与现有国土资源管理衔接较为薄弱，与服务于我国自然资源综合管理具有差距，制约着自然资源综合管理和生态保护工作及其信息共享。本书所研究的生态用地界定为不同空间尺度上对维护关键生态过程具有重要意义的土地空间，以服务于国家自然资源综合管理为目标，将我国生态功能分区和土地利用现状分类有机结合，构建全国生态用地分类体系；并根据全国土地利用现状调查和土地利用变更数据，分析我国生态用地时空分布格局和变化特征，提出了我国生态用地保护和土地资源可持续利用的建议，为我国自然资源综合管理提供技术支撑。

一、生态用地分类国内外研究现状

（一）生态用地分类国外研究现状

国外与生态用地相关的土地利用/土地覆被分类系统主要包括 IGBP（国际地圈生物圈计划）的 LUCC（土地利用/土地覆被）分类法，美国 USGS（美国地质调查局）的 ANDERSON（基于遥感数据的土地利用/地表覆盖分类系统）分类法，欧盟的 CORINE（欧盟环境信息协调）分类法。

1. LUCC 分类法

LUCC（土地利用/土地覆被）为了保护地球上的自然资源，避免土地的退化，对土地利用/土地覆被的动态变化进行监测，关注世界温室气体排放、全球变化的研究和监测，其分类方法也体现了这些目的。主要根据自然地物被人工地物的替代程度，土地利用的功能，人类管理方式、手段和方法的不同进行分类，但对生态环境、生态系统和生态功能的体现不够，同一土地利用类型涵盖的地物生态功能差别太大（表 1-4）。LUCC 分类法的最大优点是它们有严格的分类原则。LUCC 由于影响到了人类生存与发展的自然基础，如气候、土壤、植被、水资源与生物多样性等，影响到地球生物化学圈层的结构、功能以及地球系统能量与物质循环等方面，与全球的气候变化、生物多样性的减少、生态环境演变以及人类与环境之间相互作用的可持续性等密切相关，是所有土地可持续发展相关问题的核心。

表 1-4　IGBP 的全球土地利用/土地覆被分类系统

编码	类型	含义
1	常绿针叶林	覆盖度>60%和高度超过 2 m，且常年绿色，针状叶片的乔木林地
2	常绿阔叶林	覆盖度>60%和高度超过 2 m，且常年绿色，具有较宽叶片的乔木林地
3	落叶针叶林	覆盖度>60%和高度超过 2 m，且有一定的落叶周期，针状叶片的乔木林地
4	落叶阔叶林	覆盖度>60%和高度超过 2 m，且有一定的落叶周期，具有较宽叶片的乔木林地
5	混交林	前四种森林类型的镶嵌体，且每种类型的覆盖度不超过 60%
6	郁闭灌木林	覆盖度>60%，高度低于 2 m，常绿或落叶的木本植被用地
7	稀疏灌木林	覆盖度在 10%~60%之间，高度低于 2 m，常绿或落叶的木本植被用地
8	有林草地	森林覆盖度在 30%~60%之间，高度超过 2 m，和草本植被或其他林下植被系统组成的混合用地类型
9	稀树草原	森林覆盖度在 10%~30%之间，高度超过 2 m，和草本植被或其他林下植被系统组成的混合用地类型
10	草地	由草本植被类型覆盖，森林和灌木覆盖度小于 10%
11	永久湿地	常年或经常覆盖着水（淡水、半咸水或咸水）与草本或木本植被的广阔区域，是介于陆地和水体之间的过渡带
12	农田	指由农作物覆盖的土地利用类型，包括作物收割后的裸露土地；永久的木本农作物可归类于合适的林地或者灌木覆盖类型
13	城镇与建成区	被建筑物覆盖的土地类型
14	农田与自然植被镶嵌体	指由农田、乔木、灌木和草地组成的混合用地类型，且任何一种类型的覆盖度不超过 60%
15	冰雪	指常年由积雪或者冰覆盖的土地类型
16	裸地	指裸地、沙地、岩石，植被覆盖度不超过 10%
17	水体	海洋、湖泊、水库和河流，可以是淡水或咸水

注：参考张景华等（2011）研究绘制

2. ANDERSON 分类法

ANDERSON（基于遥感数据的土地利用/地表覆盖分类系统）分类法提出的时间最早，是目前应用最广的土地分类法。美国学者的相关研究很多都是在 ANDERSON 分类法的基础上进行的。ANDERSON 分类法的一级分类有城市、农业用地、森林、水体、湿地、牧场、苔原、裸地和冰雪覆盖区共 9 大类。随后，1976 年美国地质调查局（USGS）利用高轨道飞行数据对 Anderson 等提出的分类系统进行了验证和评估，发展了一套适用于遥感数据的土地覆被分类系统。该分类系统由 4 个层次构成：一级分类和二级分类适用于全国或全州范围，其中一级分类是根据当时的卫星遥感影像（Landsat/ERTS）可以直接目视判读的地物，包括城镇或建成区、农业用地、草地、林地、水体、湿地、荒地、苔原、冰川或永久积雪9类；二级分类是根据比例尺小于1∶8万的航空相片可以判读的地物，分为37个类别（表1-5）。三级、四级分类适用于州内的、区域性的、县域的研究，其中三级分类适用于比例尺大于1∶8万小于1∶2万的航空遥感，四级分类适用于比例尺大于1∶2万的航空遥感。后两级分类依据各级需求在二级分类基础上灵活扩展，其最小土地分类单元的划分依赖于制图比例尺和遥感数据的分辨率，要求在遥感影像上能够辨认出来的最低级别的分类类别应该达到85%以上，各类别的解译精度要近似相等（王静等，2006）。Anderson 和 USGS 的土地覆被分类系统是美国土地利用/土地覆被分类的里程碑。

表 1-5　基于 ANDERSON 分类法的美国土地分类系统

一级类 编码	一级类 类型名	二级类（编码+类型名）
1	城镇或建成区	11 住宅用地，12 商服用地，13 工业用地，14 交通、通信和公共设施用地，15 工商综合体，16 城镇或建成区混合体，17 其他城镇或建成区
2	农业用地	21 农田和牧场，22 果园、园林、葡萄园、苗圃和园艺用地，23 圈养场，24 其他农用地
3	草地	31 草本草地，32 灌木和灌丛草地，33 混合草地
4	林地	41 落叶林地，42 常绿林地，43 混合林地
5	水体	51 河流和沟渠，52 湖泊，53 水库，54 海湾和河口
6	湿地	61 有林地覆盖的湿地，62 无林地覆盖的湿地
7	荒地	71 干旱盐碱地，72 海滩，73 沙地（不包括海滩），74 裸岩，75 露天矿、采石场和采砂场，76 过渡带，77 混合荒地
8	苔原	81 灌木与灌丛苔原，82 草本苔原，83 裸地苔原，84 湿苔原，85 混合苔原
9	冰川或永久积雪	91 永久积雪，92 冰川

注：参考张景华等（2011）研究绘制

3. CORINE 分类法

CORINE（欧盟环境信息协调）分类方法基于欧洲自然环境的特点，其分类体系共有人工表面、农业区、森林和半自然区、湿地、水体5大类。二级分类分为15类（表1-6）。其分类系统强调人类对自然环境的影响，提出各土地利用子类的连续性。对各子类的最小面积有比较明确的规定。

表 1-6　CORINE 土地分类系统

一级类 编码	一级类 类型名	二级类（编码+类型名）
1	人工表面	11 城镇建筑物，12 工业、商业和交通运输用地，13 矿山、垃圾场和建筑工地，14 人工非农业用地
2	农业用地	21 耕地，22 多年生作物，23 牧场，24 其他农业用地
3	林地和半自然用地	31 林地，32 灌木或草本植物，33 少植被或无植被覆盖的空地
4	湿地	41 内陆湿地，42 沿海湿地
5	水体	51 内陆水体，52 海水

注：参考张景华等（2011）研究绘制

国际上土地利用/覆被分类体系未明确将生态用地作为单独和专门的地类提出。但在土地管理实践中，已将生态用地的理念与思想广泛应用，土地的生态属性越来越受到重视，许多国家也开展了对土地资源生态要素的合理保护与利用，如欧洲土地利用分类体系中森林和半自然区、沼泽地、水体具备自然生态用地类型的共同特征，不同于人工表面和农业用地两类主要以人类生产或活动为目的的用地（表 1-7）。联合国 1993 年土地利用分类体系中，分为内地水域、木本沼泽、裸地、森林和林地、灌木群落、矮灌群落、草地、耕地、建设用地；韩国 1993 年的土地分类有城市地域、准城市地域、农林地域、准农林地域和自然环境保护地域；俄罗斯 2000 年的土地分类有农业用地、居民用地、专业用途用地、特别保护区和它的客体用地、森林资源用地、水资源用地和储备用地；日本现行的土地分类分为农用地、森林地、原野、水面、道路用地、宅地和其他用地。各国的土地分类系统在一定程度上按土地受人类活动影响程度进行分类，强调土地的自然生态属性。

美国的 Veatch、英国的 Bourne 和 Milne 等对生态土地分类的发展做出了重要贡献。20 世纪 30 年代，Veatch 认为自然土地类型是由各种自然要素组成，包括气候、地文、植被、动物及土壤等，突出了生态学含义，并提出了自然土地类型的概念（David et al., 1996）：自然土地类型是由土壤类型和地形特征（如丘陵、盆地、湖泊、沼泽及各种坡度的比例）的各种组合所组成。自然土地类型的概念与 1972 年在荷兰瓦格宁根召开的土地评价专家会议确定的土地定义较接近，其中，土地被定义为"包括地球特定地域表面及其以上和以下的大气、土壤、基础地质、水文和植被，还包括这一地域范围内的过去和现在人类活动的种种后果，以及动物就它们对目前和未来人类利用土地所施加的重要影响"。此观点现在已经被各国学者所广泛接受，并且成为各国学者在考虑土地分类时的基本原则（Robert et

表 1-7 国外土地利用分类体系一级分类

欧洲 (徐健等, 2007)	日本 (王国强, 2002)	俄罗斯 (贾雪池, 2006)	韩国 (刘黎明等, 2004)	联合国 (何宇华等, 2005)
人工表面 (artificial land)	农用地 (agricultural land)	农业用地 (agricultural land)	城市地域 (urban area)	内地水域 (inland water area)
农业用地 (agricultural land)	森林地 (forest land)	居民用地 (residential land)	准城市地域 (semi-urban area)	木本沼泽 (swamp)
森林和半自然区 (forest land and semi-natural area)	原野 (grassland)	专业用途用地 (special purposes land)	农林地域 (agricultural and forest area)	裸地 (bare land)
沼泽地 (marsh)	水面 (water area)	特别保护区和它的客体用地 (special conservation area)	准农林地域 (semi-agricultural and forest area)	森林和林地 (forest land)
水体 (water area)	道路用地 (transportation land)	森林资源用地 (forest land)	自然环境保护地域 (natural conservation area)	灌木群落 (shrub community)
	宅地 (homestead)	水资源用地 (water area)		矮灌群落 (dwarf shrubs)
	其他用地 (other lands)	储备用地 (reserved land)		草地 (grass land)
				耕地 (crop land)
				建设用地 (construction land)

al., 1978)。英国 Bourne 提出了地文区、单元区、单元立地的概念, 发展了不同等级土地单位的思想, 后来三级术语被以各种方式继承下来。国际上具有代表性的生态分类系统为加拿大 1976 年成立的生态土地分类委员会建立的 6 级生态土地系统和美国农业部林业署的 8 级分类系统 (陈蕾等, 2013)。加拿大生态土地分类建立了六级生态土地系统: 生态省 (eco-province)、生态区 (eco-region)、生态县 (eco-district)、生态组 (eco-section)、生态立地 (eco-site) 和生态要素 (eco-element)。美国受生态系统思想的影响, 更多立足于生态系统分类来进行土地分类等级体系研究。美国农业部林业署根据空间尺度将土地分为不同生态单位, 并且不同生态单位的划分具有不同的划分依据和主导因子。其将整个北美划分为领域、区域、省、地区、亚地区、生态土地类型集、生态土地类型和生态土地类型相 8 个等级的生态分类系统 (表 1-8)。

国外的生态用地分类是从宏观上把土地作为一个生态系统来看待, 将生态系统综合为较大地理单元, 并与其周围交互作用的单元相联系。国外学者认为生态土地具有由微观到宏观的等级水平, 不同等级生态系统分类形成具有特有的概念、

表 1-8 美国的 8 级生态分类系统

尺度	生态单位	应用目的
生态区（面积大于数万平方公里）	1级:领域 2级:区域 3级:省	大区域的模拟、抽样、规划、评价及国际合作
亚区（面积约数千平方公里）	4级:地区 5级:亚地区	多州和部门间的合作及分析和评价
景观（面积大于数百平方公里）	6级:生态土地类型集	森林或全区的规划和流域分析
土地单位（小于数十平方公里）	7级:生态土地类型 8级:生态土地类型相	项目区域和管理区域的规划和分析

实际意义和价值。美国生态用地分类方法是基于其自身的具体情况设计的，与我国土地利用特点有一定的相似性。由于我国区域差异大，生态用地类型较复杂，仍需要根据自身自然条件和社会经济发展水平，在借鉴国外生态用地分类的基础上，制订符合我国国情的生态用地分类体系，促进资源合理利用、生态环境保护和可持续发展。

（二）生态用地分类国内研究现状

关于生态用地分类，国内诸多学者从不同的角度开展了大量研究（张红旗等，2004；邓小文等，2005；陈婧等，2005；邓红兵等，2009）。对生态用地的分类方式包括三种：第一种是依据土地覆被类型划分，如岳健等（2003）将生态用地分为生态林地、生态水域及湿地、生态草地、生态裸露地、生态保护区用地、建设用地内的绿地及景观用地等；陈婧（2005）提出生态用地包括自然保护区，林地，灌丛，草地，水体，湿地，苔原，沙地，盐碱地，裸岩、裸土地，冰川及永久积雪等。第二种是从人为干扰程度的视角，如张红旗等（2004）将生态用地细分为人工型生态用地和自然型生态用地；黄秀兰（2008）将生态用地划分为自然生态用地、半自然生态用地、人工生态用地和其他生态用地。第三种是结合生态用地功能划分，如张颖等（2007）提出将生态用地区分为主导功能型生态用地和辅助功能型生态用地；邓红兵等（2009）细分为自然土地、保护区土地、休养与休闲用地、废弃与纳污用地四类（表1-9）。

基于普适性和区域性研究尺度，不同学者从不同专业背景和研究目的出发，发展了生态用地的概念和内涵。一种是普适性的生态用地概念，即对生态用地进行统一而非针对某个特定区域的界定，如岳健等（2003）、张颖等（2007）、韩冬梅（2007）、黄秀兰（2008）、唐双娥（2009）、俞孔坚等（2009）；另一种是针对特定区域的生态用地概念研究，如张红旗等（2004）针对干旱区生态用地的概念研究，邓小文等（2005）针对城市生态用地的研究（表1-10）。

表 1-9　基于土地覆被类型和土地利用程度的 "生态用地" 概念及分类

编号	作者	年份	生态用地概念	生态用地分类
1	董雅文等	1999	生态要素的空间定位统称为生态用地	未提出
2	岳健等	2003	将生态用地定性描述为除农用地和建设用地以外的土地，包括为人类所利用但是用于农用和建设用以外用途的土地，或主要由除人类之外的其他生物所直接利用，或被人类或其他生物间接利用，并主要起着维护生物多样性及区域或全球的生态平衡以及保持地球原生环境作用的土地	生态林地（eco-forest land） 生态水域及湿地（eco-water area and wet land） 生态草地（eco-grass land） 生态裸露地（eco-bare land） 生态保护区用地（eco-reserved land） 建设用地内的绿地及景观用地（green land in industrial land）
3	柏益尧等	2004	生态用地是以发挥自然生态功能为主的土地类型，在生态用地中包括未利用土地，这部分用地是指目前未被人类直接用于生产生活（包括难利用），但具有显著生态及科研价值的土地	林地（forest land） 园地（garden plot） 牧草地（grass land） 水域及湿地（water area and wet land） 未利用地（unused land）
4	张红旗等	2004	在干旱区环境内通过维持或改善自身生态环境质量，进而能对主体生态系统（人工绿洲）良性发育及稳定性、高生产力及其可持续性起到支撑和保育作用，最终达到增加整个区域生态系统生产力的土地及目标	人工型生态用地（artificial ecological land） 自然型生态用地（natural ecological land）
5	陈婧等	2005	未提出	自然保护区（natural conservation area） 林地（forest land） 灌丛（dwarf shrubs） 草地（grass land） 水体（water area） 湿地（wet land） 苔原（tundra） 沙地（sandy land） 盐碱地（saline-alkali land） 裸岩、裸土地（bare land） 冰川及永久积雪（glacier）

续表

编号	作者	年份	生态用地概念	生态用地分类
6	邓小文	2005	城市生态用地是指为了改善和提高城市中人群的生活质量，保护重要的生态系统和生物栖息地，维持和改善城市中各种自然和人工生态单元，将城市生态系统稳定在一定水平所需要的土地	服务型生态用地（ecological land for service） 功能型生态用地（ecological land）
7	王振健	2006	同邓小文关于城市生态用地的概念	湿地生态用地（ecological land of wet land） 绿地生态用地（ecological land of green land）
8	张德平等	2006	"生态用地"的研究在一定程度上源于各学者对《全国土地分类（试行）》的质疑，他们认为当前土地分类中"未利用地"忽视了很多土地类型的生态功能和作用，导致整个分类体系的导向忽视了生态环境建设，应改为"生态用地"	未提出
9	徐健等	2007	保全性生态用地是指以发挥自然生态功能为主，除农用地和建设用地之外的土地类型，它们主要起着维护生物多样性及区域或全球的生态平衡以及保持地球原生环境的作用，主要由人类之外的其他生物所直接利用，或被人类或其他生物间接利用	保护区用地（reserved land） 草地（grass land） 特殊生态用地（special ecological land） 裸地（bare land） 水域及湿地（water area and wet land）
10	邓红兵等	2009	生态用地指的是区域或城镇土地中以提供生态系统服务功能为主的土地利用类型，即能够直接或间接改良区域生态环境、改善区域人地关系（如维护生物多样性、保护和改善环境质量、减缓干旱和洪涝灾害和调节气候等多种生态功能）的用地类型	自然用地（natural land） 保护区用地（reserved land） 休养与休闲用地（leisure purpose land） 废弃与纳污用地（pollutant containing land）

在生态用地概念界定基础上，相关学者针对生态用地的范围也开展了大量研究。主要观点分为两种：一种认为凡是具有生态服务功能，对于生态系统和生物生境保护具有重要作用的地区都可视为生态空间，划为生态用地，包括农田、林地、草地、水域和沼泽在内的、地表无人工铺盖的、具有透水性的地面都可以算作生态用地的范畴；另一种认为应以土地的主体功能来划分生态用地和生态空间，对于以经济产出为主要目的的农业生产用地，如耕地、养殖水面等不作为生态空

间考虑，以利于更有效和更有针对性地管理和保护耕地。

表 1-10 生态用地概念界定

类别	作者	概念
统一性生态用地概念	岳健等（2003）	除农用地和建设用地以外的土地
	张颖等（2007）	对人类生存环境具有生态功能的土地
	韩冬梅（2007）	具有较强的自我调节、自我修复、自我维持和自我发展能力，能通过维持自身生物多样性、协调生态结构和功能，从而对主体生态系统的稳定性、高生产力及可持续发展起到支撑和保育作用的土地
	黄秀兰（2008）	对保持良好生态环境质量、维持区域生态平衡直接有益或具有潜在价值的所有土地利用方式
	唐双娥（2009）	保证人类生态安全、以发挥生态功能为主的土地，或者其生态功能重要或非常脆弱需要修复、保护的土地
	俞孔坚等（2009）	在不同空间尺度上，对维护关键生态过程具有重要意义的生态系统（土地单元）及空间部位
区域性生态用地概念	张红旗等（2004）	在干旱区环境内通过维持或改善自身生态环境质量，进而能对主体生态系统（人工绿洲）良性发育及稳定性、高生产力及其可持续性起到支撑和保育作用，最终达到增加整个区域生态系统生产力的土地及目标
	邓小文等（2005）	城市生态用地是为了改善和提高城市中人群的生活质量，保护重要的生态系统和生物栖息地，维持和改善城市中各种自然和人工生态单元，将城市生态系统稳定在一定水平所需要的土地
	周焱等（2006）	指在一定的经济发展环境下，某些地类的保护对于该地区经济的发展和环境的改善有重要作用的地类
	邓红兵等（2009）	区域或城镇土地中以提供生态系统服务功能为主的土地利用类型，即能够直接或间接改良区域生态环境、改善区域人地关系（如维护生物多样性、保护和改善环境质量、减缓干旱和洪涝灾害以及调节气候等多种生态功能）的用地类型
	赵丹等（2009）	除人工硬化表面外，其他能够直接、间接提供生态系统服务的城市用地

但总的来看，由于生态用地的分类与不同研究区域有关，需要对各种层次和类型的生态用地按照统一标准进行分类。在这些分类体系当中，存在类型间界限不清晰，缺乏统一的标准；目前的土地利用分类侧重于土地利用生产和生活用地类型的分类，忽视土地的生态功能。随着各种生态与环境问题的剧增，人们越来越关注"生态用地"的存在及价值。国务院 2000 年发布的《全国生态环境保护纲要》（国发[2000]38 号）中首次提到了"生态用地"。该文件中没有给出生态用地明确的定义，但从土地资源开发和生态环境保护的角度，提出了生态用地是具有重要生态功能的草地、林地和湿地等，并指出"大中城市要确保一定比例的公共绿地和生态用地"。在此基础之上，城市规划部门人员从土地利用分类的角度对生

态用地进行诠释，如以绿地系统、以自然环境用地与人工环境用地或以非建设用地代称。但是这些称谓规避了整个城市是一个生态系统的事实，无法体现生态城市的内涵和外延。

针对城市生态用地，同样包括以上三种分类方式，依据土地覆被分类的典型代表如赵丹等（2009）提出分为绿地、水体、稀疏及无植被地三大类；从人为干扰程度和方式的角度，姚立英等（2006）提出自然生态用地和人工生态用地两类；王振健等（2006）提出湿地生态用地、防护绿地、公共绿地和庭院绿地四类；从生态系统服务功能角度，邓小文等（2005）将城市生态用地区分为服务型生态用地和功能型生态用地两类（表1-11）。

表1-11 城市生态用地分类研究

作者	邓小文等（2005）	姚立英等（2006）	王振健等（2006）	赵丹（2009）
分类	服务型生态用地 功能性生态用地	自然生态用地 人工生态用地	湿地生态用地 防护绿地 公共绿地 庭院绿地	绿地 水体 稀疏及无植被地 （裸土）

由于对"生态用地"一词的概念和范畴尚未有统一的认识，而2002年实施的《全国土地分类（试行）》侧重于土地利用的生产和生活功能，对"未利用地"类型忽视了土地类型的生态功能和作用，导致整个分类体系的导向忽视了生态环境建设。有学者特别指出，目前的土地利用分类对"土地利用"这一概念在理解上仅侧重于土地利用的生产和生活功能，局限于人类直接利用并在空间上对其占有、对其直接施加重要影响的土地作为"已利用土地"，而除此之外的其他土地均作为"未利用土地"，包括十分重要并广泛存在的自然保护区等用地，未考虑"生态用地"的存在。一些学者提出了用"生态用地"取代土地利用分类中的"未利用土地"，应该在提出生态用地定义的同时，对土地利用分类系统提出了新的分类方案。一些学者尝试性地把土地利用分类中的农用地和未利用地两大类进行生态用地归纳，但是这样的分类体系并不能满足实际运用。

尽管目前不同学者出于不同研究目的对生态用地提出了分类体系，但迄今尚未形成一个统一的标准，制约着自然生态空间用途管制和生态保护工作。因此，有必要在综合现有相关研究的基础上，充分尊重科学性、全面性、协调性、实用性和可操作性等分类原则，以服务于国家自然资源综合管理为目标，将我国生态功能区划和土地利用现状分类体系有机结合，构建全国生态用地分类体系。

二、生态用地管理国内外对比研究

（一）生态用地管理政策与制度

1. 国内生态用地管理政策与制度

目前生态用地管理政策与制度保障严重缺失，有必要从政策、机制和法律层面构建和完善生态用地管理制度。

在生态用地所有权制度方面，《宪法》有关土地所有权的规定是我国土地所有权制度的基础。我国土地所有权包括国有土地所有权和农民集体土地所有权。用现行土地所有权制度保障生态公益性用地存在较大问题，因此，生态用地被挤占、侵占现象十分突出。生态用地是公益性用地，其收益并不具有独占性，而是服务于公共利益。另一方面，由于生态用地直接关系到国家的生态安全，关系到后代人的利益，其完全符合公产所有权理论。因此，满足生态保护公共目的的土地作为公有土地，其所有权应是公产所有权，而不是目前统称的国家所有或农民集体所有，才能使以发挥生态功能为主的生态用地在土地经济利益供给的巨大冲击下，被随意侵占改为他用。

在生态用地利用规划制度方面，《土地管理法》第19条规定了编制土地利用总体规划的原则，其中重要的一个便是"保护和改善生态环境，保障土地的可持续利用"。国办发［2005］32号文件要求"深入分析资源供给、环境容量等限制因素，研究土地利用方式、空间布局对生态环境的影响，提出环境友好型土地利用模式；研究提出有利于环境保护和生态建设的土地利用调控指标和空间管制措施"。但《土地利用现状调查技术规程》认为：土地资源分类和管理系统以土地资源的人类利用方式为主要依据，未考虑土地的生态功能，在一定程度上造成了土地资源的利用过度、生态环境用地不足等问题。建议将生态用地类型作为一类独立土地类型，在土地利用总体规划中科学安排。

在生态用地用途管制制度方面，生态用地的用途管制已体现在我国相关政策中。例如，1998年，国务院《关于保护森林资源制止毁林开垦和乱占林地的通知》要求严格实施林地用途管制；2000年，《全国生态环境保护纲要》规定"依据土地利用总体规划，实施土地用途管制制度，明确土地承包者的生态环境保护责任，加强生态用地保护，冻结征用具有重要生态功能的草地、林地、湿地。建设项目确需占用生态用地的，应严格依法报批和补偿，并实行'占一补一'的制度，确保恢复面积不少于占用面积"。

在生态用地征收制度方面，有关林地、草地等生态用地征收审批手续较为完善的规定是依据《中华人民共和国森林法》和《中华人民共和国草原法》。但这两部法律仍存在缺陷，在办理建设用地审批之前需要审核同意的机关级别不一样，前者为县级以上林业主管部门，后者为省级以上草原行政主管部门。另一方面，由于林地和草地被视为"非耕农用地"予以保护，《土地管理法》第四十五条中的严格征收程序只适用于耕地和基本农田，征收的林地和草地只有超过70公顷，才报国务院批准，这与前面指出的冻结征用时的审批权限规定极不一致。2006年3月实施的《草原征占用审核审批管理办法》对征占草地的条件也只作了列举规定，超过70公顷的草原也由农业部批准。因此，对于确因公共利益需要征收林地、草地的，首先应经不同类型的省级以上相关行政主管部门审核同意后，报国务院批准。因此，生态利益作为最高层次的公共利益，其最大的特点是无法通过进口等方式弥补，只能自我供给。为防止生态用地通过征收改为建设用地，法律必须规定生态用地为公益性用地，确需征收，其目的须高于公共利益，并参照耕地完善生态用地征收的审批手续。

2. 国外生态用地管理政策与制度

德国保护生态用地的重要手段之一是利用规划手段。德国空间规划的主要目标之一是改善居住区环境，保护开敞空间以及发展文化景观。为了保护以农业、林地和水域以及多种自然景观为特点的开敞空间，且提高其生态功能，德国通过空间规划专门划出580个天然林保护区，占国土面积的4.5%；12个生物圈保护区，占国土面积的3.2%；12个国家公园和5171个自然保护区，占国土面积的3.8%；85个自然公园，占国土面积的16%以上，设立不同类别的生态保护区，严格保护生态系统，提高生态系统功能。德国空间规划理念要求创建一个跨区域的开敞空间网。为了保障这一网络的正常运行，要保证规划的安全性，包括跨区域规划的安全性。人口稠密地区的开敞空间保护要并入开敞空间网络并且进行强化稳固。在一些地区，开敞空间要通过联邦州层面的空间规划和区域规划进行恢复，以形成连续的绿色连接通道。同时，各州利用土地规划将土地生态功能发挥出来，在人居生态环境的改善中起到重要作用。如：柏林州在其土地规划中明确要求自然保护区的比例应该从占城市面积的1.6%提高到3%；景观保护区域的面积从11%提高到20%。除了利用规划手段对生态用地进行保护外，德国还对土地生态功能实施动态监测，保证及时发现生态用地管理中存在的问题。此外，德国将土地整理与生态用地的保护利用相结合，在土地整理中体现了尊重自然、顺应自然和保护自然的理念，注重保持生物多样性和保护土地其他的生态价值。

日本是通过制定严格的土地开发法规，并实施国土规划宏观政策，保障了生态用地有效保护。日本国家和地方都制定了一系列法律法规，并对土地开发做出了严格规定。开发土地5公顷以上、农用地2公顷以上、农耕地1公顷以上、防护林地域、原生自然环境保护地域，要经过专门程序许可后方可进行。日本将土地的开发与自然生态环境保护相结合，并于 1950~1972 年颁布了《森林法》、《自然公园法》、《自然环境保护法》、《矿业法》、《采石法》等，严格控制和规范土地开发行为，有效地保护了生态环境。日本土地利用的基本法律之一《国土利用计划法》明确规定了国土利用的基本方针是优先发展公共福利、保护自然环境，强调要防止污染，着力保护农林地，治山，治水等。在规划保障方面，日本最新国土规划"六全综"的主要内容是制定综合国土形成的政策，将规划的主题确定为促进持续发展的国土。该规划明确提出，通过形成广域绿色生态网络来实现对自然的保护和生态的平衡，从国家层面来说，保护世界自然文化遗产，遵守国际湿地保护公约，划定自然环境保护区和国家级森林公园，通过制定各种跨地区的环境保护政策确保区域生态用地的保护水平和力度。

美国国土资源的管理不仅直接管理联邦政府拥有的土地，还统一管理全国的森林、河流、沼泽、珍稀动物、自然保护区和地表以下所有的矿产资源、水资源。美国是联邦制国家，各州有相对较大的自主权，有独立的行政权、立法权和司法权。因而，在国土资源管理体制、机构设置和管理职能等方面，各州与联邦中央有一定不同。如华盛顿州设有自然资源部，管理华盛顿州境内的土地、水、野生动物、森林、矿产等资源，这与联邦政府行政机构的内政部在管理国土资源范围、机构设置和机构名称上均有一定不同。各级政府各司其职，管理职权范围内的生态用地。美国通过联邦立法、州和城市的立法，形成了纵横交叉的国土资源管理法律法规体系，如《荒野法》、《国家原生和风景河流法》、《国家遗迹法》、《阿拉斯加国家利益土地保护法》、《国家环境政策法》、《资源保护和恢复法》、《露天开矿控制和复垦法》、《海洋哺乳动物保护法》、《濒危物种法》等，形成完整的法律法规体系，为生态用地管理提供了依法行政的良好基础。美国对于生态保护区的设置与管理具有悠久的历史。罗斯福总统早在 1902 年就批准建立了黄石、优山美地、红杉、格兰特将军和圣雷尼尔等 5 个国家公园，于 1906 年敦促国会通过了《古迹法》（或称《国家遗迹法》），并通过行政命令创建国家野生动物保护区，采取严厉措施恢复和保护野生动物生活的生态环境。美国于 1903 年建立了佩利肯国家野生动物保护区，这是世界上第一个国家野生动物保护区。目前，美国国家公园管理局管理着 57 座国家公园、327 处自然和历史胜地及 12 000 个历史遗址。环境评价贯穿美国土地资源管理的始终，1970 年美国的环境政策法案在全世界首次提出了环境影响评价，要求所有对人类环境质量产生重要影响的法律和其他主要的联邦行动建议报告都需要进行环境影响评价。美国联邦土地局负责的国有土地，基本上是自然保护区。联邦土地规划的宗旨即保护环境，环境评价一直贯穿于美国的整个规划过程中。同时，美国十分重视对国土资源保护的宣传与教育。许多机构都设有国土资源保护的宣传部，不定期发布资源保护信息，以提高公众对国土资源保护的认识。同时，美国许多民间组织和团体都积极参加政府对资源保护和环境保护的监督。

3. 对我国生态用地管理制度的启示

结合我国土地资源国情和经济社会发展状况，在建设生态文明的大背景下，面对严峻的形势和历史机遇，我国的土地资源管理工作应把握这一契机，通过分析、总结国外生态用地管理的政策、手段，在以下几个方面提升。

一是加快生态用地管理方面的法制化进程。以法治而不是人治来约束和指导管理工作，以不同的生态用地类型（如森林、湿地等）颁布法律法规；或根据生态保护区类型（如地质公园、名胜古迹等）颁布法律法规；或在其他相关法律（如《土地管理法》、《环境保护法》等）中增加或加强与生态用地保护相关的条款。在完善相关立法的同时，保证法律法规条文具体、目的明确、针对性强，具有较强的可操作性。

二是完善生态用地相关规划法规。目前我国部分综合规划已考虑生态用地的保护，如《全国土地利用总体规划纲要》、《全国生态环境保护纲要》和《全国主体功能区规划》等，对生态用地的重要性和保护方针进行了说明。然而，这些规划在生态用地管理问题上存在着职能交叉、范围不清，甚至在生态用地区域界定上还存在分歧，对生态管理工作产生不利影响。应统一管理我国各类生态用地，制定、完善相关规划，且以立法的形式保障规划的实施。

三是将生态用地的管理与相关管理手段相结合。生态用地不是独立存在的，应将整个土地视作一个大型生态系统。土地整治、生态农业、生态旅游、土地利用的环境评价等与生态用地管理相辅相成，将生态保护理念渗透到土地管理工作多个方面，使生态用地管理成为有机复合的整体。

四是加强教育宣传，引入公众参与和监督。相关部门应及时发布资源保护信息，以提高公众对生态用地保护的认识，并引导鼓励公众参与，尤其是相关的公益组织、非政府组织、研究机构等，能够为生态用地的管理出谋划策、贡献力量和监督政府行为。

（二）生态用地规划与保护研究

生态用地评价、规划、保护研究是生态用地管理的依据。生态用地规划研究目前主要侧重于定性定量的研究，以及与空间布局相结合的研究，研究方法包括碳氧平衡法、景观安全格局方法、GIS 技术等。如邓小文等（2005）结合对各类型生态用地估算方法及规划进行了定性分析；张颖等（2007）应用碳氧平衡法定量测算了生态用地需求量，但缺乏对生态用地空间布局分析；俞孔坚等（2009）指出城市生态用地研究绝不仅是"量"的问题，更重要的是空间格局和"质"的问题，需从景观生态学途径，分析基于雨洪管理和生物保护需求的生态用地数量和空间格局；王振健等（2006）在生态用地现状调查的基础上，提出了中心城区生态用地规划设计思路；杨建敏等（2009）对生态用地控制性详细规划进行了全面研究，提出了生态用地界定与分类，以及生态用地控制性详细规划编制内容、单元划分、指标构建等技术方法。国外也开展了很多类似的研究工作。美国国家土地管理局在西部 12 个州实施的以国家公园、国家森林、自然保护区等为主的国有土地利用规划，实际进行的就是生态用地规划（邓红兵等，2009），并开展了针对特定类型的生态用地，如城市森林的建设、湿地公园的设计以及各种自然保护区的设计，城市绿色空间、城市绿地系统等的功能评价和规划研究（唐双娥，2009）。

在生态用地评价方面，何春阳等（2004）利用系统动力学（SD）原理和方法发展了区域土地利用情景变化 SD 模型，模拟了生态用地的数量变化及相应的生态效益变化情况。王利文（2009）分析了中国北方农牧交错带生态用地变化对农业经济的影响。张旭东等（2002）以生态用地覆盖率及组成生态用地的绿地等各分项的覆盖率指标对各区生态环境进行评价，提出生态建设措施。曾招兵等（2007）和李晓丽等（2010）突破生态用地数量评价，从分布格局及协调度方面对生态用地进行综合的分析与评价，形成了一套较为科学、完整的生态用地评价系统。另外，苏伟忠等（2007）建立了生态用地破碎度综合模型，对生态用地的破碎度及质量进行了评价。宗毅等（2005）对城市生态用地"协调-集约"度进行了评价。

在生态用地保护研究方面，唐双娥等（2008）从法律角度对我国生态用地保护法律制度进行了研究，认为生态用地蕴含公共利益，需构建生态用地公产所有权，生态用地在法律上应成为独立类型的土地，需建立生态用地利用规划制度，建立生态用地用途管制制度，防止生态用地征收，完善生态用地征收的审批手续。郭玲霞等（2010）从博弈论视角，分无政府干预和有政府干预两种情况进行生态用地保护中各利益方的博弈分析，提出生态用地保护必须要靠政府合理干预和公众生态意识的提高。岳健等（2003）和刘昕等（2010）提出对生态用地实行分级分类保护，将生态用地分为禁止占（利）用的、限制占（利）用的和不限占（利）用的三类，分别采取不同的保护措施。刘昕等（2010）通过建立生态用地保护重要性评价指标体系，研究其生态保护重要性和空间分布，根据生态用地保护重要性将其划分为禁止开发生态用地、限制开发生态用地和可适当开发生态用地三类，并分别提出不同的保护建议，具有较强的指导意义。

在生态服务价值估算与生态补偿机制方面，Costanza 等（1997）率先明确生态用地具有九大类服务功能后，国外的一些生态学家逐步开展了生态系统服务价值的相关研究和探索（Daily，1997；Wallace，2007）。这些研究思路和研究方法为我国的生态服务价值估算的研究提供了有益的借鉴。我国对生态服务价值的研究始于 20 世纪 90 年代。欧阳志云等（1999）运用生态系统生态学知识与生态经济学方法初步估算了我国陆地生态系统服务功能的价值；赵同谦等（2004）建立了由13项功能指标构成的森林生态系统评价指标体系，评估了我国森林、草地、地表水等生态系统类型的生态服务价值。谢高地等（2001）、李文华等（2009）制订了中国陆地生态系统单位面积服务价值当量表，并评估了我国自然草地和青藏高原生态系统服务价值。2014年，Costanza等学者对全球生态系统服务价值系数进行了最新修订和测算，国内学者结合中国实际情况对生态系统服务价值系数进行了修订（Long et al.，2014；刘永强等，2015），进而对天津滨海新区和湖南省土地利用转型导致的生态系统服务价值变化进行了测度和分析。其测算结果可作为公众认识生态服务价值的量化参考，并约束和引导政府决策以及企业和公众行为。

生态补偿是以保护和可持续利用生态系统服务为目的、以经济手段为主调节相关者利益关系的制度安排。国外的生态补偿制度，如直接公共补偿、限额交易计划、私人直接补偿和生态产品认证计划等为我国生态补偿政策的制定提供了许多可资借鉴的经验（Zbinden et al.，2005；Pagiola，2008），但就生态系统服务的付费问题，国内外的研究都还处在探索阶段（李文华，2006）。我国已明确提出要尽快建立生态补偿机制。中国环境与发展国际合作委员会组建的"中国生态补偿机制与政策"课题组，对流域、矿产资源开发、森林和自然保护区等重点领域的生态补偿机制进行研究，并就实施生态补偿提出若干建议。尽管生态补偿备受关注，但由于我国生态补偿研究起步较晚，生态类型复杂多样，区域生态补偿更为复杂，导致我国区域生态补偿还存在不少问题。安晓明等（2013）研究提出，在区域生态补偿过程中，生态职能区域政府应根据生态职能定位承担不同的生态补偿责任。

综上所述，我国对生态用地的重要性已受到广泛关注和重视。生态用地的内涵与外延界定、现状评价、需求规划、保护等方面的研究已取得了一定成果。但生态用地管理仍较薄弱，生态用地内涵、范围、标准等基础理论方面研究仍有待于统一，制定生态用地分类标准与现行的国家标准《土地利用现状分类》结合，以保证生态用地落到实地，是生态用地现状调查、评价、规划与保护的基础。生态用地保护应从规划制定时给予充分考虑，很多学者建议在编制和修订土地利用总体规划时充分考虑生态用地，并指出保护耕地是为了保障吃饭问题，而保护生态用地为了保障长远生存与发展。目前，生态系统服务价值评估结果很难运用到现实的生态补偿中，在我国实行生态补偿市场化仍不现实，政府补偿机制仍是我国开展生态补偿最重要的形式，财政补贴、政策倾斜、项目实施、税费改革和人才技术投入等方式仍然是我国生态环境脆弱的西部地区和大型水系上游地区等生态环境屏障区进行生态补偿的主要方式。国家的生态补偿政策的推行可促进生态敏感地区的城市合理发展,同时要遏制局部生态用地以较低的代价被蚕食和占用。

第四节 生态用地分类体系

生态用地分类的目的是为国家级和大区域级生态监测与生态宏观管理服务,为生态管理提供可靠的基础数据和相关的科学依据,及时、准确地把握宏观生态的现状和发生的变化。生态用地分类体系构建应反映我国土地利用的生态功能区和生态系统类型,并在一定程度上体现我国的生态问题、反映人类活动对生态系统影响的程度。此外,生态用地分类体系还要适当兼顾国内外现有的分类系统,尤其是国内外目前使用比较广泛的土地分类系统,以便实现与历史数据的对接。

一、多层级生态用地分类体系框架

本研究所构建的生态用地分类体系以服务于国家自然资源综合管理为目标,将我国生态功能区划和土地利用现状分类体系有机结合,基于不同空间尺度的主导因子,采用综合分类方法构建全国生态用地分类体系。宏观、中观尺度的生态大区(eco-zone)、生态亚区(eco-region)、生态区(eco-district)依据原国家环境保护总局和中国科学院制订的《生态功能区划暂行规程》分区,即东部湿润半湿润生态大区(I)、西部干旱半干旱生态大区(II)和青藏高寒生态大区(III),以及东北地区、华北地区、华中地区、华南地区、内蒙古地区、西北地区、青藏高原等7个生态亚区和48个生态区[①]。中观、微观尺度的生态用地分类体系包括生态系统(eco-system)、生态网格单元(eco-unit)、生

---

① 生态区名称:大兴安岭北部落叶针叶林生态区(I-1)、小兴安岭山地针阔混交林生态区(I-2)、三江平原温带湿润农业与湿地生态区(I-3)、长白山-千山山地针阔混交林生态区(I-4)、东北平原东部农业生态区(I-5)、东北平原西部草甸草原生态区(I-6)、大兴安岭中南部落叶阔叶林与森林草原生态区(I-7)、辽东-山东丘陵落叶阔叶林生态区(I-8)、京津唐城镇与城郊农业生态区(I-9)、燕山-太行山山地落叶阔叶林生态区(I-10)、汾渭盆地农业生态区(I-11)、黄土高原农业与草原生态区(I-12)、华北平原农业生态区(I-13)、淮阳丘陵常绿阔叶林生态区(I-14)、秦巴山地落叶与常绿阔叶林生态区(I-15)、长江三角洲城镇与城郊农业生态区(I-16)、长江中下游平原农业生态区(I-17)、三峡水库生态区(I-18)、四川盆地农林复合生态区(I-19)、天目山-怀玉山山地常绿阔叶林生态区(I-20)、浙闽山地丘陵常绿阔叶林生态区(I-21)、湘赣丘陵山地常绿阔叶林生态区(I-22)、武陵-雪峰山地常绿阔叶林生态区(I-23)、黔中部喀斯特常绿阔叶林生态区(I-24)、川西南-滇中北山地常绿阔叶林生态区(I-25)、南岭山地丘陵常绿阔叶林生态区(I-26)、滇桂粤中部-闽南山地丘陵常绿阔叶林生态区(I-28)、珠江三角洲城镇与城郊农业生态区(I-29)、滇桂粤南部热带季雨林与雨林生态区(I-31)、海南环岛热带农业生态区(I-32)、海南中部山地热带雨林与季雨林生态区(I-33)、内蒙古高原中东部典型草原生态区(II-1)、内蒙古高原中部-陇中荒漠草原生态区(II-2)、内蒙古高原中部草原化荒漠生态区(II-3)、内蒙古高原西部-北山山地荒漠生态区(II-4)、阿尔泰山-准噶尔西部山地森林与草原生态区(II-5)、准噶尔盆地荒漠生态区(II-6)、天山山地森林与草原生态区(II-7)、塔里木盆地-东疆荒漠生态区(II-8)、祁连山森林与高寒草原生态区(III-1)、柴达木盆地荒漠生态区(III-2)、帕米尔-昆仑山-阿尔金山高寒荒漠草原生态区(III-3)、江河源区-甘南高寒草甸草原生态区(III-4)、藏北高原高寒荒漠草原生态区(III-5)、阿里山地温性干旱荒漠生态区(III-6)、藏东-川西寒温性针叶林生态区(III-7)、藏南山地高寒草甸草原生态区(III-8)、藏东南热带雨林季雨林生态区(III-9)。

态用地类型（eco-land type）3 级体系（表 1-12）。生态系统是按照湿地生态系统、林地生态系统、草地生态系统、荒漠生态系统、农田生态系统、城镇生态系统等生态系统类型进行划分。生态网格单元是根据自然地理条件（土壤、植被、地貌等）、土地利用方式、土地利用类型相对一致的单元进行划分，即土地利用生态功能相似的最小单元，不打破行政村（镇）界限和交通线自然地理单元。生态用地类型是依据土地利用现状分类（中华人民共和国国土资源部，2007），根据土地利用类型的主导功能及其生态功能强弱的差异，对生态网格单元进一步按照地块进行细分。生态用地类型与生产和生活用地类型具有一定重叠，但显著区别于生产和生活用地类型。

表 1-12　生态用地分类体系层级框架

类型	尺度	主导因子	应用
生态大区 （eco-zone）	1∶500 000～1∶1 000 000 100 000～1 000 000 km^2	气候因子、地势地形等	全国层面生态区划/战略规划、政策制定和自然资源综合管理
生态亚区 （eco-region）	1∶500 000 10 000～100 000 km^2	气候因子、地势地形、地理位置等	大区域（大江大河流域）层面或跨省域战略规划、政策制定、实施和自然资源综合管理
生态区 （eco-district）	1∶250 000～1∶500 000 1000～10 000 km^2	气候因子、地貌类型、植被类型、土地利用、生态系统服务类型、生态敏感性差异	省域或区域（流域）层面规划、政策实施、自然保护区规划，以及自然资源综合管理
生态系统 （eco-system）	1∶50 000～1∶250 000 10～1000 km^2	湿地、林地、草地、荒漠、农田、城镇等生态系统类型，以及生态系统服务类型	小区域（流域）、县域层面规划与政策落实，生态用地调查监测网络体系构建和生态系统制图，生态空间管控红线与相关规划协调
生态网格单元 （eco-unit）	1∶10 000～1∶50 000 10～1000 hm^2	土壤、植被、地貌、土地利用方式与类型、行政村（镇）界限和交通线等	生态用地调查监测网络布设、生态用地评价与制图，生态用地规划与生态空间管控红线划定
生态用地类型 （eco-land type）	1∶2 000～1∶10 000 100～100 000 m^2	土地利用类型的生态功能及其强弱程度等	生态用地地块调查监测、生态用地评价与制图，生态用地规划与生态空间管控红线划定

二、生态用地类型划分

（一）生态用地类型划分依据及思路

生态用地类型划分依据包括《土地利用现状分类（GB/T 21010—2007）》《城市用地分类与规划建设用地标准（GB 50137—2011）》《第二次全国土地调查技术规程（TD/T 1014—2007）》《生态功能区划暂行规程》等。本研究借鉴国外关于生态用地的分类方法，以《土地利用现状分类》为基础进行生态用地划分并与之科学衔接。参考国内学者关于生态用地的相关研究以及《中华人民共和国森林法》、《中华人民共和国草原法》中关于林地和草地的定义和分类(徐健等,2007;唐秀美,2011),基于"土地利用-生态功能-生态用地"影响反馈机理,依据湿地生态系统、林地生态系统、草地生态系统、荒漠生态系统、农田生态系统、城镇生态系统等不同生态系统类型,将生态用地分为主导功能生态用地和多功能生态用地2个一级类;根据人类活动对生态用地影响范围和程度的不同而导致发挥的生态功能强弱的差异,划分10个二级类;在此基础上继续划分出30个三级类。

具体操作上,本研究采用"逆向递推"的分类思路:首先,根据生态用地的概念、内涵和划分原则,剔除不属于生态用地范畴的《土地利用现状分类》中的二级地类,剩余的则属于生态用地范畴;其次,在此基础上,将剩余的二级地类对应转化为生态用地的三级地类;再次,将生态用地三级地类根据人类活动对生态用地影响范围和程度的不同而导致发挥的生态功能强弱的差异,命名二级地类;最后,根据人类利用活动对生态用地的影响程度和生态用地对于人类生产生活环境作用的不同,划分确定一级地类。

(二) 非生态用地的剔除

生态用地应该是非建设性的,如岳健等(2003)从土地利用分类角度分析,认为广义上的生态用地可以理解为地球上全部土地。建设用地是指建造建筑物、构筑物的土地,是城乡住宅和公共设施用地,工矿用地,能源、交通、水利、通信等基础设施用地,旅游用地,军事用地等,是利用土地的承载能力或建筑空间,不以取得生物产品为主要目的用地。但在土地利用分类中,城镇建设用地中的绿地、水域、公园,交通用地中的铁路和公路防护林均属于生态用地范畴。在土地利用分类中,生态用地包括具有主导生态功能的未利用土地,也包括具有生产和生态多功能的农用地,以及建设用地中具有主导生态功能的绿地、水域、公园、防护林地等土地。生态用地主要起着维护生态过程及区域或全球的生态平衡以及保持地球原生环境作用的土地。本研究结合生态用地的概念、内涵以及国内外学者的相关分类研究,将《土地利用现状分类》中不属于生态用地的地类剔除。不属于生态用地的地类见表1-13。

表1-13 《土地利用现状分类》中不属于生态用地的地类

一级类		二级类	
类别编码	类别名称	类别编码	类别名称
5	商服用地	51	批发零售用地
		52	住宿餐饮用地
		53	商务金融用地
		54	其他商服用地

续表

一级类		二级类	
类别编码	类别名称	类别编码	类别名称
6	工矿仓储用地	61	工业用地
		62	采矿用地
		63	仓储用地
7	住宅用地	71	城镇住宅用地
		72	农村宅基地
8	公共管理与公共服务用地	81	机关团体用地
		82	新闻出版用地
		83	科教用地
		84	医卫慈善用地
		85	文体娱乐用地
		86	公共设施用地
		88	风景名胜设施用地
9	特殊用地	91	军事设施用地
		92	使领馆用地
		93	监教场所用地
		94	宗教用地
		95	殡葬用地
10	交通运输用地	101	铁路用地（除林木用地）
		102	公路用地（除林木用地）
		103	街巷用地（除行道树用地）
		104	农村道路
		105	机场用地
		106	港口码头用地
		107	管道运输用地
11	水域及水利设施用地	118	水工建筑用地
12	其他土地	122	设施农业用地

（三）生态用地类型归类和依据

在对《土地利用现状分类》中的非生态用地剔除的基础上，将剩余的地类均归为生态用地，并具体提出其归为生态用地的依据，见表1-14。

表 1-14 《土地利用现状分类》中生态用地归类依据

一级类		二级类		归为生态用地的依据
类别编码	类别名称	类别编码	类别名称	
1	耕地	11	水田	耕地、园地生态系统在供给人类稳定的粮食、水果和其他生物产品的同时,又提供了一种新的生物生存环境,形成耕地、园地生态系统特刊的生物种群结构和食物链,为生物多样性的存续及发展提供了条件,而且还具有改变空气中物质构成、净化环境中的有害物质、涵养水源等功能
		12	水浇地	
		13	旱地	
2	园地	21	果园	
		22	茶园	
		23	其他园地	
3	林地	31	有林地	林地具有重要的气体、气候调节功能,是鸟类、动物栖息的天堂,对环境的改善起着重要的促进作用,是必不可少的生态用地类型
		32	灌木林地	
		33	其他林地	
4	草地	41	天然牧草地	草地具有多种多样的生态功能,如涵养水源、防止水土流失、调节大气和气候、美化和休憩等功能,是维持生物多样性和区域生态平衡的重要生态用地类型
		42	人工牧草地	
		43	其他草地	
8	公共管理与公共服务用地	87	公园与绿地	公园与绿地、铁路林木用地、公路林木用地、街巷行道树用地等能为城乡居民提供特殊的生态服务,以及保持一定的景观效果,有着明显的社会属性,它与城市的发展水平和人群对生活品质的要求是息息相关的
10	交通运输用地	101	铁路林木用地	
		102	公路林木用地	
		103	街巷行道树用地	
11	水域及水利设施用地	111	河流水面	各种河流、湖泊、水库和坑塘水面在调节区域气温、稳定局部气候等方面具有不可替代的重要作用,因此也列为生态用地范畴
		112	湖泊水面	
		113	水库水面	
		114	坑塘水面	
		115	沿海滩涂	湿地作为"地球之肾",其生态服务功能种类之繁多,价值之巨大难以历数,是当之无愧的生态用地
		116	内陆滩涂	
		117	沟渠	沟渠是农业区常见的景观要素,对农业生产和生态环境具有重要的影响。沟渠的排灌功能是农业生态安全的重要保障。随着水环境问题的日益严重,沟渠在水环境污染的防治和生物多样性保护等方面的作用日益显著,成为减轻氮、磷和农药等农田非点源污染的重要场所
		119	冰川及永久积雪	冰川及永久积雪是天然固体水库,是补给江河水量的重要源泉之一
12	其他土地	121	空闲地	指城镇、村庄、工矿内部尚未利用的土地,其中没有建筑物,或者少于十分之一的用地有建筑物,而剩余用地作为公园或娱乐场所,或者是堆放废弃物,或不被利用的地域。城市中的这部分用地对于城市防灾、提高城市景观质量有着十分重要的意义
		123	田坎	主要指耕地中南方宽度≥1.0 m、北方宽度≥2.0 m 的地坎。田坎因为一般常在沟渠旁,十分有利于各种野菜的生长、种子传播,可种植作物
		125	沼泽地	属于湿地
		124	盐碱地	沙地、裸地、盐碱地是自然存在的自然空间,在盐碱地上种植的耐盐植物,不仅可以改善生态环境,还可以利用耐盐植物发展养殖业
		126	沙地	
		127	裸地	

（四）基于土地利用生态功能的生态用地类型

在上述研究基础上，依据不同土地类型生态功能的强弱，研究提出生态用地类型方案，将生态用地分为主导功能生态用地和多功能生态用地：

- 主导功能生态用地，是指具有较强生态服务功能的生态用地，包括湿地、滩涂、天然水域、盐碱地、荒漠、沙漠、裸地、冰川及永久积雪地等，以及城市绿地、人工水域、防护林等。区别于具有多功能的生态用地，如耕地、林地、草地等。
- 多功能生态用地，是指具有生态、生产、生活多功能的生态用地类型，如耕地、林地、草地等。

全国生态用地类型及对应的土地利用类型见表1-15。从中可以看出，生态用地分类均有对应的土地利用类型，与现有土地利用分类系统具有较好的衔接性。主导功能生态用地生态功能最强，其次为多功能生态用地。

主导功能生态用地主要包括湿地、天然水域、荒漠、沙漠、冰川及永久积雪地、盐碱地等，以及城市绿地、人工水域、防护林等。此类土地具有较强的生态服务功能，对改良区域生态环境、改善区域人地关系具有重要作用。此类土地多数尚未受到人类影响或影响较小，土地生态功能最强。荒漠、沙漠、裸地、冰川及永久积雪用地也归为此类，对改良区域生态环境、改善区域人地关系具有重要作用。土地生态价值不仅表现为直接的生态价值，即直接供养或产出多少生物，还表现为间接的生态价值。有学者（岳健等，2003）举例说明，如同南极冰盖、北极苔原以及分布于南极洲之外其他大洲的冰川及永久积雪地属于生态用地一样，沙漠、盐沼地对整个生态系统起着重要的作用，如果没有塔克拉玛干沙漠这一特殊下垫面存在，便无法保证盆地气候的形成，盆地周缘的绿洲便可能无法产出众多独具特色的瓜果园艺产品，因此盆地及其周围一定区域范围内包括人类在内的各种生物都在直接或间接地"利用"着塔克拉玛干沙漠，"利用"其生态价值。因此，该类土地也归为主导功能生态用地。

多功能生态用地主要包括耕地、园地、林地、草地、水产养殖用地等，此类土地的主要目的仍是为了满足人类农业生产或休闲娱乐需要，同时，也具有生物保护或生态协调功能，用以改良区域生态环境、改善区域人地关系。多功能生态用地受人类活动影响较大，具有生产和生态等多种功能（表1-15）。

我国地域条件复杂，区域分异明显，不同区域土地生态状况和土地利用差异显著。不同土地利用类型在不同区域的生态功能作用和程度不同，需在全国生态用地分类框架指导下，进一步细化不同区域的生态用地分类，以及不同生态用地类型所对应的土地利用类型。

表 1-15　基于土地利用生态功能的生态用地类型

一级类		二级类		三级类		含义
类别	类别名称	代码	类别名称	代码	类别名称	
主导功能生态用地	湿地生态系统 01	11	河流水面	111	1、2、3级河流	指天然形成或人工开挖河流常水位岸线之间的水面，不包括被堤坝拦截后形成的水库水面
				112	4、5级河流	
				113	其他河流	
		12	湖泊水面	121	重要湖泊*	指天然形成的积水区常水位岸线所围成的水面
				122	一般湖泊	
		13	沿海、内陆滩涂	131	苇地	指沿海大潮高潮位与低潮位之间的潮浸地带，以及河流、湖泊常水位至洪水位间的滩地；时令湖、河洪水位以下的滩地；水库、坑塘的正常蓄水位与洪水位间的滩地
				132	滩涂	
				133	排洪用地	
		14	沼泽地	141	重要沼泽地*	指经常积水或渍水，一般生长沼生、湿生植物的土地
				142	一般沼泽地	
	荒漠生态系统 02	21	盐碱地	211	盐碱地	指表层盐碱聚集，生长天然耐盐植物的土地
		22	沙地	221	固定沙丘、沙地	指表层为沙覆盖、基本无植被的土地。不包括滩涂中的沙地
				222	半固定沙丘、沙地	
				223	流动沙丘、沙地	
		23	裸地	231	裸土地	指表层为土质，基本无植被覆盖的土地；或表层为岩石、石砾，其覆盖面积≥70%的土地
				232	裸岩、砾石地	
	其他主导功能性生态用地 03	31	冰川及永久积雪	311	冰川	指表层被冰雪常年覆盖的土地
				312	永久积雪	
		32	公园、绿地及其他	321	绿地	指城镇、村庄内部的公园、动物园、植物园、街心花园和用于休憩及美化环境的绿化用地；以及居民点内部的绿化林木用地，铁路、公路征地范围内的林木，以及河流、沟渠的护堤林等
				322	水面	
				323	护堤林	
				324	防护林	
多功能生态用地	林地生态系统 04	41	有林地	411	乔木林	指树木郁闭度≥0.2的天然乔木林地，包括红树林地和竹林地
				412	红树林	
				413	竹林	
		42	灌木林	421	灌木林	指灌木覆盖度≥40%的天然林地
		43	其他林	431	其他林地	指树木郁闭度≥0.1、<0.2的林地，以及未成林地、迹地、苗圃等林地
	草地生态系统 05	51	天然牧草地	511	天然牧草地	指以天然草本植物为主，用于放牧或割草的草地
		52	人工牧草地	521	人工牧草地	指人工种植牧草的草地

续表

一级类		二级类		三级类		含义
类别	类别名称	代码	类别名称	代码	类别名称	
多功能生态用地	草地生态系统05	53	其他草地	531	其他草地	指树木郁闭度<0.1，表层为土质，以生长草本植物为主，不用于畜牧业的草地
	耕地生态系统06	61	水田	611	水田	指用于种植水稻、莲藕等水生农作物的耕地。包括实行水生、旱生农作物轮种的耕地
		62	水浇地	621	水浇地	指有水源保证和灌溉设施，在一般年景能正常灌溉，种植旱生农作物的耕地，包括种植蔬菜等的非工厂化的大棚用地
		63	旱地	631	旱地	指无灌溉设施，主要靠天然降水种植旱生农作物的耕地，包括没有灌溉设施，仅靠引洪淤灌的耕地
		64	果园	641	果园	指种植果树的园地
		65	茶园	651	茶园	指种植茶树的园地
		66	其他园地	661	其他园地	指种植桑树、橡胶、可可、咖啡、油棕等的园地
	其他多功能性生态用地07	71	水库水面	711	水库水面	指人工开挖河流常水位岸线之间的水面及人工拦截汇集而成的总库容≥10万 m³ 的水库正常蓄水位岸线所围成的水面
		72	坑塘水面	721	坑塘水面	指人工开挖或天然形成的蓄水量<10万 m³ 的坑塘常水位岸线所围成的水面
		73	沟渠	731	沟渠	指人工修建，南方宽度≥1.0 m、北方宽度≥2.0 m 用于引、排、灌的渠道，包括渠槽、渠堤、取土坑
		74	空闲地	741	空闲地	指城镇、村庄、工矿内部尚未利用的土地
		75	设施农用地	751	作物栽培与养殖水面	指直接用于工厂化作物栽培或水产养殖的生产设施用地

*重要湖泊、沼泽地包括重要水源地、自然保护区、保护物种栖息地内的湖泊、沼泽地

  土地生态状况受自然生态系统和人类社会经济活动影响的双重作用，不同的土地利用方式和土地覆被类型对土地生态状况有着或正面或负面的影响。生态用地以生态环境保护为目的，具备显著的生态服务功能，可以通过自身的生态过程，对人类生存、环境质量的提高、可持续发展保障以及人与自然的和谐具有关键性的作用。而另一部分废弃及污染土地类型，由于受自然灾害或人类不合理的开发利用影响，造成地表自然过程的退化性演替，破坏了土地生态系统的自身平衡，

导致土地生态状况恶化，土地生态功能基本丧失甚至对生态环境有负面影响，可称为"受损生态用地"。其可细分为挖损土地、塌陷土地、压占土地、自然灾毁土地、废弃撂荒土地和污染土地等（表1-16）。

表1-16 受损生态用地类型

废弃及污染土地类型	定义
挖损土地	主要指露天开采矿藏、勘探打井、挖沙取土、采石淘金、烧制砖瓦、修建公路及铁路、兴修水利、工矿建设、城镇和农业建筑等工程完毕后留下的毁损废弃地
塌陷土地	地下开采矿产资源和地下工程建设挖空后，由于地表塌陷而废弃的土地
压占土地	指采矿、冶炼、燃煤发电、水泥厂等排放的废渣、石、土、煤矸、粉煤灰等工业固体废弃物，露天矿排土场及生活垃圾等所压占的土地中可复垦为耕地的部分
自然灾毁土地	因地震、暴雨、山洪、泥石流、滑坡、崩塌、沙尘暴等自然灾害而被损毁的土地
废弃撂荒土地	废弃撂荒土地指由于自然或人为原因造成土地使用价值丧失或停止使用的土地，如撂荒耕地，废弃水域，废弃居民点用地，废弃工矿用地，火烧、砍伐的迹地，交通、生活设施、军用设施废弃地等
污染土地	指含有能对人身健康、环境或其他目标产生直接或间接危害的污染物的土地

第五节 生态基础设施用地划定

随着城市的可持续发展，为调整城市经济发展与人文环境和生态环境之间的关系，世界许多城市将城市绿地、水体等生态用地作为城市基础设施进行保护和重建（Ahern，1995；Tzoulas et al.，2007）。自19世纪以来，美国地方政府不断调整土地保护策略和目标（表1-17），相继出现了一系列城市生态保护方面的概念（运动），如城市公园建设及道路绿化、城市精明增长、绿色通道、反规划、生态基础设施等，均强调了城市生态用地所具有的维持城市生态环境健康和稳定的重要作用（Ahern，1995；Walmsley，2006）。

表1-17 美国地方政府的土地保护策略演变（吴伟等，2009）

时期	类型	保护途径	首要目标
1980年以前	公园和休闲规划	土地取得；公园规划和管理	主动的休闲活动、风景宜人性
20世纪80年代	开放空间规划	土地取得、地役权；公园规划和管理	主动的休闲活动、风景宜人性；农田保护、城市森林保护
20世纪90年代	绿色通道和开放空间规划	土地取得、地役权、洪泛平原区划；公园和绿色通道规划和管理	主动和被动的休闲活动、风景宜人性；农田保护、城市森林保护、城市生物保护
2000年之后	绿地（生态）基础设施	土地取得、地役权、洪泛平原管理、精明增长管理途径、保护土地开发、土地所有者权利、土地基金	划分核心区域，建立连接，用以主动和被动的休闲活动、风景宜人性；农田保护、城市森林保护、城市生物保护、区域和州生态系统保护、保护和增长管理的整合

生态基础设施（EI）一词最早见于联合国教科文组织的《人与生物圈计划》（MAB）。在 MAB 的 1984 年的报告中，提出了生态城市规划的五项原则，包括生态保护战略、生态基础设施、居民生活标准、文化历史保护及将自然引入城市。EI 主要指自然风景和绿地对城市的持久支撑能力（吴伟等，2009）。

与生态基础设施（EI）概念比较相似的是绿色基础设施（GI）。GI 表示连续的绿地空间网络，实际上与 MAB 的生态支撑系统及生态网络的概念趋于一致。GI 概念于 1999 年正式提出，美国保护基金会（Conservation Fund）和农业部林业署（USDA Forest Service）定义 GI 是国家的自然生命支持系统——一个由水道、湿地、森林、野生动物栖息地和其他自然区域，绿道、公园和其他保护区域，农场、牧场、森林、荒野和其他维持原生物种、自然生态过程和保护空气和水资源，以及提高社区和人民生活质量的荒野和开敞空间所组成的相互连接的网络。GI 包含了各种天然、恢复再造的生态元素与风景要素。GI 是由多个组成部分协同形成的互相连接的绿色空间网络（包括自然区域，公共和私人保护土地、具有保存价值的生产土地以及其他保护开放空间），用以规划管理其自然资源价值（Benedict et al.，2002）。《加拿大城市绿色基础设施导则》所提出的加拿大 GI 概念是生态化的工程基础设施，不同于英美等国的概念（Moffatt，2002）。2006 年，英国西北绿色基础设施小组提出 GI 是一种自然环境和绿色空间组成的系统。

与生态基础设施概念相关的包括生态网络、生境网络、绿色通道、环境廊道、绿带等（表 1-18）。

表 1-18　生态基础设施相关概念（Ahern，1995）

概念	概念应用地区	功能			尺度				空间基础		
		生物	文化	多功能	大洲	国土	区域	地方	物质	生物	文化
生态网络	欧洲	√			√	√	√	√		√	
生境网络	欧洲、美洲	√				√	√	√		√	
生态基础设施	欧洲	√			√	√	√	√	√	√	√
绿色通道	美洲	√	√	√			√	√		√	√
野生生物廊道	美洲	√					√	√		√	
滨水缓冲区	欧洲、美洲	√		√				√	√		
生态廊道	美洲	√					√	√	√	√	
环境廊道	美洲			√			√	√	√	√	
绿带	欧洲、美洲			√			√	√			√
景观连接体	美洲	√					√	√		√	

生态基础设施是指对人类的栖息地系统具有基础性支持功能的自然生态用地及其生态服务。其内涵是国家的自然生命支持系统，由保护土地和水系相互联系组成

的网络，如由河流（溪流）、湿地、森林、野生动物栖息地和其他自然区域，以及绿道、公园、农田、牧场和保护区域等组成，支持物种生长，保持自然生态过程，维持空气和水资源，并且致力于改善区域和居民健康及生活质量的开敞空间。生态基础设施的核心是由自然环境决定土地利用，突出自然环境的生命支撑功能，将人类生存的居住环境融入自然，突出生态功能的网络结构；是将生态系统服务的思想与生态"基础性"价值和生态系统结构相结合。生态基础设施建设的目的即发挥其作为整体生态系统的功能，而不是独立无关联的自然区域的随意集合，将公园、保护区、湿地以及其他绿色空间连接对于生态过程和服务至关重要，如排放和过滤雨水、存储和清洁淡水、清洁城市空气、保持人体健康、保持野生动物种群的多样性等。

从区域尺度上来看，生态基础设施体系是指能够有效维系生态格局并指导人类活动的自然生态网络结构，即通过相互联系的生态廊道（corridors）将森林、湿地、自然保护区和公园等连接起来，维持区域生态安全格局和过程，并促进人居环境的改善。生态基础设施规划是在综合分析区域土地利用、自然地理、交通和自然保护等基础之上，通过生态枢纽和生态廊道，构建生态基础设施网络结构体系。生态枢纽是指生态核心生态用地斑块，一般包括成片的森林，湿地、河流及两侧区域，生态保护用地等，主要依据面积和位置属性确定。生态廊道一般为连接核心生态用地斑块之间，具有一定宽度的河流、山体等自然区域。核心生态用地斑块和生态廊道的用地即生态基础设施用地。

生态基础设施用地是指对人类的栖息地系统具有基础性支持功能的自然生态用地及其生态服务用地，具备较强的生态系统服务，对维护关键生态过程具有重要意义的生态用地，包括河流（溪流）、湿地、森林、野生动物栖息地、生物多样性保护区用地、自然保护区用地、水源地保护区和其他自然区域，以及防护林、洪水调蓄地、废物处理地、公园、农田、牧场等。生态基础设施用地是由上述生态用地相互联系组成的网络，支持物种生长，保持自然生态过程，维持空气和水资源，并且致力于改善区域和居民健康及生活质量的开敞空间所需的用地。

生态基础设施用地是国家自然生命支持系统，是不得占用的基础性生态用地。生态基础设施用地是生态用地的一部分，主要包括具备较强的生态功能、对维护关键生态过程具有重要意义的那一部分生态用地。生态基础设施用地的核心是由自然环境决定土地利用，突出自然环境的生命支撑功能，将人类生存的居住环境融入自然，突出生态功能的网络结构；是将生态系统服务的思想与生态"基础性"价值和生态系统结构相结合。

一、生态基础设施用地划定思路

生态基础设施用地的划定是根据不同类型生态用地对维护关键生态过程所起

的作用和其在不同区域生态功能重要性程度，确定生态基础设施用地的类型、空间位置、数量等信息的过程。如处于野生动物栖息地、生物多样性保护区核心区、自然保护区核心区、水源涵养地（水源地保护区）核心区的所有生态用地均划定为生态基础设施用地。

生态基础设施用地具有尺度性。区域级（regional）生态基础设施用地包括国家公园、国家自然保护区、主要河流、湖泊、国家文化遗产等；次区域级（subregional/county）生态基础设施用地包括重要规模的公园、森林公园、区域自然保护区、河流、湖泊、海岸线、连续大片的湿地、农田、森林、草地等；市区级（district/borough）生态基础设施用地包括城市公园、花园、河流、湖泊、绿色通道、绿地、农田、林地、草地、湿地、水库、海滨等；邻里级（neighborhood）生态基础设施用地包括街景（树木、花坛）、庭院、水体、绿色通道、绿地、农田、林地、草地、湿地等。生态基础设施用地是不同尺度、不同类型生态用地的综合，一方面可维系自然过程，如物种保护、保持水土、防风固岸及维持水体自净能力等；另一方面可改善人居环境质量，即缓解交通污染，调节空气与降低热岛效应，促进休闲文化和生态教育，促进社会经济发展，以及导向和约束城市扩张。

二、生态功能重要性评估与生态基础设施用地划定

生态基础设施用地的划定分为两类，一类是针对处于野生动物栖息地保护区、生物多样性保护区核心区、自然保护区用地核心区、水源地保护区等各类生态保护区内的生态用地；另一类是针对非生态保护区的生态用地。

1. 生态保护区内的土地利用生态功能重要性评估与生态基础设施用地划定

生态保护区内的土地利用生态功能重要性评估是依据生态保护区的重要性等级进行评估。

生态保护区的重要性等级划分（国家环境保护总局，2003）：

（1）生物多样性保护区对生物多样性保护的重要性等级划分：

  优势生态系统或物种占全省物种数量比率 > 30%：极重要；

  优势生态系统或物种占全省物种数量比率 15%~30%：重要；

  优势生态系统或物种占全省物种数量比率 5%~15%：比较重要；

  优势生态系统或物种占全省物种数量比率 < 5%：不重要。

（2）自然保护区或生物多样性保护区重要性等级划分：

  国家一级自然保护区或生物多样性保护区：极重要；

  国家二级自然保护区或生物多样性保护区：重要；

  其他国家与省级自然保护区或生物多样性保护区：比较重要；

其他自然保护区或生物多样性保护区：不重要。
（3）野生动物栖息地保护区重要性等级划分：
　　国家一级野生动物栖息地保护区：极重要；
　　国家二级野生动物栖息地保护区：重要；
　　其他国家与省级野生动物栖息地保护区：比较重要；
其他野生动物栖息地保护区：不重要。
（4）水源涵养地（水源地保护区）重要性等级划分：
干旱地区：
　　城市水源地：极重要；
　　农灌取水地：极重要；
　　洪水调蓄地：不重要；
半干旱地区：
　　城市水源地：极重要；
　　农灌取水地：极重要；
　　洪水调蓄地：不重要；
半湿润地区：
　　城市水源地：极重要；
　　农灌取水地：重要；
　　洪水调蓄地：重要；
湿润地区：
　　城市水源地：极重要；
　　农灌取水地：不重要；
　　洪水调蓄地：极重要。

在上述基础上，凡属于比较重要、重要、极重要野生动物栖息地保护区核心区、生物多样性保护区核心区、自然保护区核心区、水源涵养地（水源地保护区）核心区、其他生态保护区核心区内所有生态用地，均划定为生态基础设施用地。

2. 非生态保护区内的土地利用生态功能重要性评估与生态基础设施用地划定

不同生态用地类型对维护关键生态过程所起的作用和其生态功能重要性程度有所不同，并在不同区域也有差异。

比较重要、重要、极重要的河流、湖泊和湿地划定为生态基础设施用地：
（1）河流水体重要性等级划分（国家环境保护总局，2003）：
水田、湿地、林地生态系统区：
　　1~2级河流及大中城市主要水源水体：极重要；

3级河流及小城市水源水体：重要；

4～5级河流：比较重要；

旱地、草地、荒漠生态系统区：

1～2级河流及大中城市主要水源水体：极重要；

3级河流及小城市水源水体：极重要；

4～5级河流：重要。

(2) 湖泊、湿地重要性等级划分（国家环境保护总局，2003）：

1、2、3级河流上游的生态保护区中的湖泊和湿地：极重要；

一般湖泊湿地：重要；

1、2、3级河流中游的生态保护区中的湖泊和湿地：极重要；

一般湖泊湿地：重要；

1、2、3级河流下游的生态保护区中的湖泊和湿地：重要；

一般湖泊湿地：比较重要；

4、5级及其他河流上游的生态保护区中的湖泊和湿地：重要；

一般湖泊湿地：比较重要；

4、5级及其他河流中游的生态保护区中的湖泊和湿地：重要；

一般湖泊湿地：比较重要；

4、5级河流及其他下游的生态保护区中的湖泊和湿地：比较重要；

一般湖泊湿地：比较重要。

耕地、林地、草地等生态功能重要性评估，是在全面分析本区域土地生态状况本底条件基础上，依据耕地、林地、草地等生态用地的类型、规模、空间位置，以及对本区域生态系统服务功能和贡献程度，进行耕地、林地、草地生态功能重要性等级划分。生态用地生态功能重要性等级划分依据生态功能重要性指数进行划分。

生态用地生态功能重要性指数（I_i）表达为

$$I_i = S_i \times \sum_{j=1}^{N} R_{ij}$$

式中，I_i 为第 i 类生态用地生态功能重要性指数；S_i 为第 i 类生态用地的面积；R_{ij} 为第 i 类生态用地与第 j 类生态功能的关系指数。

第 i 类生态用地与第 j 类生态功能的关系指数 R_{ij} 表达为

$$R_{ij} = C_{ij} \times A_i \times B_j$$

式中，R_{ij} 为第 i 类生态用地与第 j 类生态功能的关系指数；C_{ij} 为第 i 类生态用地对不同类型生态功能贡献程度分值；A_i 为第 i 类生态用地对本区域生态过程的重要性分值；B_j 为第 j 类生态功能对本区域生态过程的重要性分值。

生态基础设施用地的划定是依据耕地、林地、草地等生态用地生态功能重要性指数，同时考虑生态用地的规模、空间位置、自然或原生状况、生态系统服务、与河流（溪流）连接状况、植被与土壤状况等，针对区域内具有重要生态功能的生态用地进行遴选和评价。

下述生态用地划定为生态基础设施用地：

——连续分布的大面积质量较好的耕地（大于100公顷，且有一定宽度的缓冲带，农用地等级较高），生态功能重要性指数较高；

——连续分布的大面积郁闭度较高的林地（大于100公顷，且有一定宽度的缓冲带），生态功能重要性指数较高；

——连续分布的大面积植被覆盖较高的草地（大于100公顷，且有一定宽度的缓冲带），生态功能重要性指数较高；

——连续分布的大面积自然植被区域，生态功能重要性指数较高；

——连续分布的大面积自然开敞空间，生态功能重要性指数较高；

——河流、溪流及其两侧的生态用地，生态功能重要性指数较高；

——城市公园或绿地；

——对土地生态系统具有重要作用的排洪用地、废物处理用地。

第六节 结 论

土地作为一个自然社会经济复合生态系统，对人类生产、生活及生态环境建设具有重要意义。随着全球范围内土地利用中的生态问题不断突出，以土地为载体的生态系统研究已成为国内外相关领域研究的热点。

本研究将所研究的生态用地界定为不同空间尺度上对维护关键生态过程具有重要意义的土地空间，并以服务于国家自然资源综合管理为目标。本研究所构建的生态用地分类体系将我国生态功能区划和土地利用现状分类体系有机结合，以此构建全国生态用地分类体系。宏观、中观尺度的生态大区（eco-zone）、生态亚区（eco-region）、生态区（eco-district）依据原国家环境保护总局和中国科学院制订的《生态功能区划暂行规程》分区，即东部湿润半湿润生态大区（Ⅰ）、西部干旱半干旱生态大区（Ⅱ）和青藏高寒生态大区（Ⅲ），以及东北地区、华北地区、华中地区、华南地区、内蒙古地区、西北地区、青藏高原等7个生态亚区和48个生态区。中观、微观尺度的生态用地分类体系包括生态系统（eco-system）、生态网格单元（eco-unit）、生态用地类型（eco-land type）3级体系。生态系统是按照湿地生态系统、林地生态系统、草地生态系统、荒漠生态系统、农田生态系统、城镇生态系统等生态系统类型进行划分。生态网格单元是根据自然地理条件（土壤、植被、地貌等）、土地利用方式、土地利用类型相对一致的单元进行划分，即土地利用生态功能相似的最小单元，不打破行政村（镇）界限和交通线的自然地理单元。生态用地类型是依据土地利用现状分类，根据土地利用类型的主导功能及其生态功能强弱的差异，对生态网格单元进一步按照地块进行细分。生态用地类型与生产和生活用地类型具有一定重叠，但显著区别于生产和生活用地类型。生态用地类型可归纳为主导功能生态用地和多功能生态用地 2 类：主导功能生态用地，是指具有较强生态服务功能的生态用地类型，包括滩涂、天然水域、盐碱地、荒漠、沙漠、裸地、冰川及永久积雪地等，以及城市绿地、城市人工水域、防护林等。区别于具有多功能的生态用地，如耕地、林地、草地等。多功能生态用地，是指具有生态、生产、生活多功能的生态用地类型，如耕地、林地、草地等。

  主导功能生态用地的生态系统服务供给能力明显强于其他地类，荒漠、沙漠、裸地、冰川及永久积雪用地也归为此类。土地生态价值不仅表现为直接的生态价值，即直接供养或产出多少生物，还表现为间接的生态价值。沙漠、荒漠、盐沼地等类型对生态系统起着重要的作用，如果没有塔克拉玛干沙漠这一特殊下垫面存在，便无法保证盆地气候的形成，盆地及其周围一定区域范围内包括人类在内的各种生物均直接或间接地"利用"着塔克拉玛干沙漠，"利用"其生态价值。因此，将该类土地归为主导功能生态用地。多功能生态用地主要目的仍是为了满足人类生产或休闲娱乐需要，同时也具有生物保护或生态调节功能，用以改良区域生态环境和改善区域人地关系。多功能生态用地受人类活动影响较大，具有生产和生态等多种功能。不同生态用地类型的生态系统服务类型与能力差异较大，如耕地的供给服务能力较强，林地的调节与支持服务能力较强。一个区域内各类生态用地的面积和结构可衡量其生态系统服务能力的强弱。

参 考 文 献

安晓明, 郭志远, 张可云. 2013. 生态职能区划: 区域生态补偿的区划基础. 地域研究与开发, 32(5): 78-82.

柏益尧, 李海莉, 唐二春, 等. 2004. 生态城市概念性规划新探. 2004 城市规划年会论文集.

卜正富. 2008. 土地(利用)生态学的机遇与挑战. 新观点新学说学术沙龙文集: 土地生态学——生态文明的机遇与挑战. 北京: 中国科学技术出版社.

蔡海生, 张学玲, 黄宏胜. 2010. "湖泊-流域"土地生态管理的理念与方法探讨. 自然资源学报, 25(6): 1049-1058.

陈百明. 1986. 土地分类体系与土地评价问题探讨. 资源科学, (2): 91-96.

陈百明. 2006. 土地资源学. 北京: 北京师范大学出版社.

陈婧, 史培军. 2005. 土地利用功能分类探讨. 北京师范大学学报(自然科学版), 41(5): 536-540.

陈蕾, 唐立娜, 胡冬雪. 2013. 生态土地分类研究进展综述. 中国人口·资源与环境, 23(5): 66-70.
邓红兵, 陈春娣, 刘昕, 等. 2009. 区域生态用地的概念及分类. 生态学报, 29(3): 1519-1524.
邓小文, 孙贻超, 韩士杰. 2005. 城市生态用地分类及其规划的一般原则. 应用生态学报, 16(10): 2003-2006.
董雅文, 周雯, 周岚, 等. 1999. 城市化地区生态防护研究——以江苏省、南京市为例. 城市研究, (2): 6-10.
杜士强, 于德永. 2010. 城市生态基础设施及其构建原则. 生态学杂志, 29(8): 1646-1654.
傅伯杰. 1985. 土地生态系统的特征及其研究的主要方面. 生态学杂志, 4(1): 35-38
傅伯杰. 2010. 我国生态系统研究的发展趋势与优先领域. 地理研究, 29(3): 383-396.
傅伯杰, 陈利顶, 刘国华. 1999. 中国生态区划的目的、任务及特点. 生态学报, 19 (5) : 591-595.
傅伯杰, 刘国华, 陈利顶, 等. 2001. 中国生态区划方案. 生态学报, 21 (1) : 1-6.
傅伯杰, 周国逸, 白永飞, 等. 2009. 中国主要陆地生态系统服务功能与生态安全. 地球科学进展, 24(6): 571-576.
郭玲霞, 黄朝禧. 2010. 博弈论视角下的生态用地保护. 广东土地科学, 9(3): 30-33.
国家环境保护总局. 2003. 生态功能区划暂行规程. http://sts.mep.gov.cn/stbh/stglq/200308/t20030815_90755.htm.
韩冬梅. 2007. 临沂市生态用地规划布局研究. 石家庄: 河北师范大学硕士学位论文.
何春阳, 史培军, 李景刚, 等. 2004. 中国北方未来土地利用变化情景模拟. 地理学报, 59(4): 599-607.
何宇华, 谢俊奇, 孙毅. 2005. FAO/UNEP 土地覆被分类系统及其借鉴. 中国土地科学, 19(6): 45-49.
侯学煜. 1988. 中国自然生态区划与大农业发展战略. 北京: 科学出版社, 55-62.
黄秉维. 1959. 中国综合自然区划草案. 科学通报, (18) : 594-602.
黄秀兰. 2008. 基于多智能体与元胞自动机的城市生态用地演变研究. 长沙: 中南大学硕士论文.
贾雪池. 2006. 俄罗斯联邦土地管理制度的特点. 林业经济, (7): 78-80.
李锋, 叶亚平, 宋博文, 王如松. 2011. 城市生态用地的空间结构及其生态系统服务动态演变——以常州市为例. 生态学报, 31(19): 5623-5631.
李文华. 2006. 生态系统服务研究是生态系统评估的核心. 资源科学, 28(4): 4.
李文华, 王如松. 2002. 生态安全与生态建设. 北京: 气象出版社.
李文华, 张彪, 谢高地. 2009. 中国生态系统服务研究的回顾与展望. 自然资源学报, 24(1): 1-10.
李晓丽, 曾光明, 石林, 等. 2010. 长沙市城市生态用地的定量分析及优化. 应用生态学报, 21(2): 415-421.
梁留科, 曹新向, 孙淑英. 2003. 土地生态分类系统研究. 水土保持学报, 17(5): 142-146.
刘黎明, Rim Sangkyu. 2004. 韩国的土地利用规划体系和农村综合开发规划. 经济地理, 24(3): 383-386.
刘树臣, 喻锋. 2009. 国际生态系统管理研究发展趋势. 国土资源情报, 2: 12-17.
刘昕, 谷雨, 邓红兵. 2010. 江西省生态用地保护重要性评价研究. 中国环境科学, 30(5): 716-720.
刘学录, 曹爱霞. 2008. 土地生态功能的特点与保护. 环境科学与管理, 33(10): 54-57.
刘彦随. 2006. 保障我国土地资源安全的若干战略思考. 中国科学院院刊, 21(5): 379-384.
刘永强, 廖柳文, 龙花楼, 等. 2015. 土地利用转型的生态系统服务价值效应分析——以湖南省为例. 地理研究, 34(4): 1-10.

龙花楼, 刘永强, 李婷婷, 等. 2015. 生态用地分类初步研究. 生态环境学报, 24(1): 1-7.
美国生态学会. 2005. 土地利用与管理的生态系统原理和准则. 中国土地学会会刊 (特刊).
　　[Ecological Society of America. Ecosystem principle and rule of land use and management. Ecological Applicatlions, 2010, 10(30): 639-670.]
欧阳志云, 王效科, 苗鸿, 等. 1999. 中国陆地生态系统服务功能及其生态经济价值的初步研究. 生态学报, 19(5): 607-613.
任美锷, 包浩生. 1992. 区域及开发整治. 北京: 科学出版社.
苏伟忠, 杨桂山, 甄峰. 2007. 长江三角洲生态用地破碎度及其城市化关联. 地理学报, 62(12): 1309-1317.
唐双娥. 2009. 生态用地的内涵与外延. 生态经济, (7): 189-193.
唐双娥, 郑太福. 2008. 我国生态用地保护法律制度论纲. 法学杂志, (5): 138-140.
唐秀美. 2011. 北京市土地利用生态分类与格局变化研究. 北京: 中国科学院研究生院博士学位论文.
田慧颖, 陈利顶, 吕一河, 傅伯杰. 2006. 生态系统管理的多目标体系和方法. 生态学杂志, 25(9): 1147-1152.
王国强. 2002. 中日土地利用管理比较研究. 国土资源科技管理, 19(4): 5-9.
王静, 等. 2006. 土地资源遥感监测与评估方法. 北京: 科学出版社.
王静, 郑振源, 邵晓梅. 2012. 中国土地利用变化和可持续发展研究. 北京: 中国财政经济出版社.
王利文. 2009. 中国北方农牧交错带生态用地变化对农业经济的影响分析. 中国农村经济, (4): 80-85.
王如松, 胡聃, 王祥荣, 唐礼俊. 2004. 城市生态服务. 北京: 气象出版社.
王振健, 李如雪. 2006. 城市生态用地分类、功能及其保护利用研究——以山东聊城市为例. 水土保持研究, (6): 306-308.
吴次芳, 徐保根. 2003. 土地生态学. 北京: 中国大地出版社.
吴伟, 付喜娥. 2009. 绿色基础设施概念及其研究进展综述. 国际城市规划, 24(5): 67.
谢高地, 鲁春霞, 成升魁. 2001. 全球生态系统服务价值评估研究进展. 资源科学, 23(6): 5-9.
谢高地, 鲁春霞, 冷允法, 等. 2003. 青藏高原生态资产的价值评估. 自然资源学报, 18(2): 189-192.
谢花林, 李秀彬. 2011. 基于 GIS 的区域关键性生态用地空间结构识别方法探讨. 资源科学, 33(1): 112-119.
徐健, 周寅康, 金晓斌, 易理强. 2007. 基于生态保护对土地利用分类系统未利用地的探讨. 资源科学, 29(2): 137-141.
杨建敏, 马晓萱, 董秀英. 2009. 生态用地控制性详细规划编制技术初探——以天津滨海新区外围生态用地为例. 城市规划, S1: 21-25.
杨荣金, 傅伯杰, 刘国华等. 2004. 生态系统可持续管理的原理和方法. 生态学杂志, 23(3): 103-108.
姚立英, 黄洁云, 沈伟然, 等. 2006. 应用景观生态学进行天津市生态用地规划. 中国环境科学学会2006年学术年会优秀论文集(上卷).
于贵瑞. 2001a. 略论生态系统管理的科学问题与发展方向. 资源科学, 23(6), 1-4.
于贵瑞. 2001b. 生态系统管理学的概念框架及其生态学基础. 应用生态学报, 12(5): 787-794.
俞孔坚, 乔青, 李迪华, 等. 2009. 基于景观安全格局分析的生态用地研究—以北京市东三乡为例. 应用生态学报, 20(8): 1932-1939.

宇振荣, 肖禾, 张鑫. 2013 中国土地生态管护内涵和发展策略探讨. 地球科学与环境学报, 35 (4): 83-89.
岳健, 张雪梅. 2003. 关于我国土地利用分类问题的讨论. 干旱区地理, 26(1): 78-88.
曾招兵, 陈效民, 李英升, 等. 2007. 上海市青浦区生态用地建设评价指标体系研究. 中国农学通报, 23(11): 328-332.
张德平, 李德重, 刘克顺. 2006. 规划修编, 别落了生态用地. 观察与思考, 12: 26-27.
张红旗, 王立新, 贾宝全. 2004. 西北干旱区生态用地概念及其功能分类研究. 中国生态农业学报, 12(2): 5-8.
张景华, 封志明, 姜鲁光. 2011. 土地利用/土地覆被分类系统研究进展. 资源科学, 33 (6): 1195-1203.
张旭东, 臧利强, 何晨燕, 等. 2002. 哈尔滨市市区与城区生态用地遥感综合调查与评价. 北方环境, (2): 47-50.
张颖, 王群, 李边疆, 等. 2007. 应用碳氧平衡法测算生态用地需求量实证研究. 中国土地科学, 21(6): 23-28
赵丹, 李锋, 王如松. 2009. 城市生态用地的概念及分类探讨. 2009 年中国可持续发展论坛暨中国可持续发展研究会学术年会论文集(上册).
赵士洞, 汪业勖.1997.生态系统管理的基本问题. 生态学杂志, 16(4): 35-38, 46 .
赵同谦, 欧阳志云, 郑华, 等. 2004. 中国森林生态系统服务功能及其价值评价. 自然资源学报, 19 (4): 480-491.
中华人民共和国国土资源部. 2007. 第二次全国土地调查技术规程(TD/T 1014—2007).
周焱, 蔡学成, 谢元贵, 等. 2006. 典型岩溶地区生态用地研究——以清镇市为例.中国土地科学, 20(5): 38-41, 62.
周跃, 王新军, 苏海龙, 等. 2015. 平顶山新区生态用地的识别与安全格局构建. 生态学报, 35(6): 1-13.
宗毅, 汪波. 2005. 城市生态用地的"协调-集约"度创新研究. 科学管理研究, 23(6): 32-35,57.
Ahern J. 1995. Greenways as a planning strategy. Landscape and Urban Planning, 33: 131-155.
Allen T F H, Hoekstra T W. 1992. Toward a unified ecology. New York: Columbia University Press.
Bailey R G, Zoltai S C, Wiken E B. 1985. Ecological regionalization in Canada and the United States. Geoforum, 16(3): 265-275.
Bailey R G. 1976. Ecoregions of the United States. Ogden. UT USDA Forest Service. Intermountain Region. 1: 7500000 (Colored).
Bailey R G. 1983. Delineation of ecosystem regions. Environmental Management, 7(4): 365-373.
Bailey R G. 1987. Suggested hierarchy of criteria for multi-scale ecosystem mapping. Landscape and Urban Planning, 14: 313-319.
Bailey R G. 1989. Explanatory supplement to the eco-regions map of the continents. Environmental Conservation, 16(4): 307-309.
Bailey R G. 2009. Ecosystem geography: From eco-regions to sites. 2nd. Secaucus: Springer.
Benedict M A, Mcmahon E T. 2002. Green infrastructure: Smart conservation for the 21st century. Renewable Resources Journal, 20: 12-17.
Boyd J, Banzhaf S. 2007. What are ecosystem services? The need for standardized environmental accounting units. Ecological Economics, 63(2/3): 616-626.
Chapin F S, Carpenter S R, Kofinas G P, et al. 2009. Ecosystem stewardship: sustainability strategies for a rapidly changing planet. Trends in Ecology and Evolution, 25(4): 241-249.
Christensen N L, Bartuska A M , Brown J H , et al . 1996 . The report of the Ecological Society of

America Committee on the Scientific Basis for Ecosystem Management. Ecol. Appl. , 6 : 665-691.

Cleland D T, Avers P E, McNab W H, et al. 1997. National hierarchical framework of ecological units. In: Boyce MS, Haney A, eds. Ecosystem management applications for sustainable forest and wildlife resources. New Haven: Yale University Press, 81-200.

Costanza R, d'Arge R, De Groot R, et al. 1997. The value of the world's ecosystem services and natural capital. Nature, 386(6630): 253-260.

Costanza R, De Groot R, Sutton P, et al. 2014. Changes in the global value of ecosystem services. Global Environmental Change, 26: 152-158.

Daily G. 1997. Nature's services: Societal dependence on natural ecosystem. Washington DC: Island Press.

David H A, Glendon W S, Edward R B. 1996. Land type forest community relationships: A case study on the mid−cumberland plateau. Environmental Monitoring and Assessment, 39: 339-352.

Giulia C, Domenico G, Vincenzo S, et al. 2012. Ecological classification of land and conservation of biodiversity at the national level: The case of Italy. Biological Conservation, 147: 174-183. http: //dx. doi. org/10. 1016/j. biocon. 2011. 12. 028.

Gregorio A D, Jansen L. 2000. Land cover classification system LCCS: Classification concepts and user manual, FAO Environment and Natural Resources Service/ FAO Land and Water Development Division. http: //www. fao. org/docrep/003/x0596e/x0596e00. htm.

Hills G A. 1960. Regional site research. For. Chron., 36: 401-423.

Klijn F, De Haes H. 1994. A hierarchical approach to ecosystems and its implications for ecological land classification. Landscape Ecol., 9: 89-104.

Lackey R T. 1995. Seven pillars of ecosystem management. Draft, (3): 13.

Lei C, Lina T, Yin R, Jiangfu L. 2015. Ecological land classification: A quantitative classification and ordination of forest communities adjacent to a rapidly expanding urban area in southeast coastal China. Acta Ecologica Sinica, 35: 46-51. http: //dx. doi. org/10. 1016/ j. chnaes. 2014. 12. 002.

Long H L, Liu Y Q, Hou X G, et al. 2014. Effects of land use transitions due to rapid urbanization on ecosystem services: Implications for urban planning in the new developing area of China. Habitat International, 44: 536-544.

Losey J E, Vaughan M. 2006. The economic value of ecological services provided by insects. BioScience, 56(4): 311-323.

Millennium Ecosystem Assessment(MEA). 2005. MA conceptual framework. Ecosystems and Human Well-being: Current State and Trends, Vol. 1. Washington DC: Island Press, 25-36.

Moffatt S. 2002. A guide to Green Infrastructure for Canadian Municipalities. http://www. sustainablecommunities. fcm. ca/files/GreenGaide Eng Oct.

Omernik J M. 1995. Ecoregions of the conterminous United States. Annals of the Association of American Geographers, 77(1): 118-125.

Pagiola S. 2008. Payments for environmental services in Costa Rica. Ecological Economics, 65 (4): 712-724.

Pierre G, Sylvie G, Daniel B, et al. 2014. A new approach to ecological land classification for the Canadian boreal forest that integrates disturbances. Landscape Ecol., 29: 1-16, DOI 10. 1007/s10980-013-9961-2.

Robert G B, Robert D P, Henderson J A. 1978. Nature of land and resource classification: A review. Journal of Forestry, 76: 650-655.

SAF Task Force ed. 1992. Sustaining long term forest health and productivity. Bethesda (Maryland): Society of American Foresters. 2.

Stanley T R. 1995. Ecosystem management and the arrogance of humanism. Conserv. Biol., 9: 255-262.

Tzoulas K, Korpela K, Venn S, et al. 2007. Promoting ecosystem and human health in urban areas using Green Infrastructure: A literature review. Landscape and Urban Planning, 81: 167-178.

Under D G. 1994. The USDA forest service perspective on ecosystem management . *In* : Symposium on Ecosystem Management and North eastern Area Association of State Foresters Meeting. Burlington, Virginia. Washington DC: United States Government Printing Office. 22-26.

Urban D L, O'Neill R V, Shugart H H Jr. 1987. Landscape ecology. A hierarchical perspective can help scientists understand spatial patterns. Bioscience, 37(2): 119-127.

USDOIBLM. 1993. Final supplemental environmental impact statement on management of habitat for late successional and old growth related species within range of the northern spotted Owl. Washington DC: U. S. Forest Service and Bureau of Land Management. 19-21.

Wallace K J. 2007. Classification of ecosystem services: Problems and solutions. Biological Conservation, 139(3/4): 235-246.

Walmsley A. 2006. Greenways: Multiplying and diversifying in the 21st century. Landscape and Urban Planning, 76: 252 -290.

Weber T. 2003. Maryland's green infrastructure assessment: A comprehensive strategy for land conservation and restoration. Maryland Department Nat. Res., Annapolis, MD, 246 pp., plus appendices. Online: available at http://www.dnr.state.md.us/ greenways/gi/gi.html.

White P S, Jentsch A. 2001. The search for generality in studies of disturbance and ecosystem dynamics. Prog Bot, 62: 399-450.

Wiken E B. 1979. Rationale and methods of ecological land surveys: An overview of Canadian approaches. In: Taylor D G. Land/wildlife integration. Ecological Land Calssification Series no. 11, Lands Directorate Environment Canada.

Wiken E B, Ironside G. 1977. The development of ecological (biophysical) land classification in Canada. Landscape Planning, 4: 273-275.

Zbinden S, Lee D. 2005. Paying for environmental services: An analysis of participation in costa Rica's PSA program. World Development, 33(2): 255-272.

Zonneveld I S. 1989. The land unit—A fundamental concept in landscape ecology and its applications. Landscape Ecol, 3: 67-86.

Zonneveld L S, Forman R T T. 1990. Changing Landscapes: An Ecological Perspective. New York: Springer Verlag.

第二章 生态用地遥感信息提取

一、概述

（一）研究背景

"生态用地"一词最早由董雅文等（1999）提出，随后石玉林在中国工程院咨询项目《西北地区水资源配置与生态环境保护》报告中对生态用地概念进一步加以阐述。但到目前为止，生态用地的概念和分类在学术界尚未达成共识。岳健等（2003）认为生态用地是指除农用和建设用地外的用途，或主要由除人类之外的其他生物所直接利用，或被人类或其他生物间接利用，并主要起着维护生物多样性及区域或全球的生态平衡以及保持地球原生环境作用的土地；龙花楼等（2015）认为生态用地是以保护和稳定区域生态系统为目标，能够直接或间接发挥生态环境调节（防风固沙、保持水土、净化空气、美化环境）和生物支持（提供良好的栖息环境、维持生物多样性）等生态服务功能且其自身具有一定的自我调节、修复、维持和发展能力的除人工硬化表面之外，其他能够直接或间接提供生态系统服务的土地。生态用地信息获取的技术途径有传统方法和遥感技术。传统方法是指采用仪器实地采集生态用地信息，此方法精准，但耗时耗力，仅适用于小区域测算。遥感技术是指采用航空或者航天技术获取光学遥感影像、航空影像、微波雷达影像以及激光点云数据等，进而提取生态用地信息（吴天君等，2012；童庆禧等，1997；黎夏等，2006；汤旭光，2013）。随着遥感技术的不断发展，遥感已成为生态用地信息获取的主要技术途径，此方法具有可大范围获取影像资料、资料更新周期短、信息获取受限条件少，能够为大、中比例尺的生态用地信息提取提供经济、快捷、方便的有效途径。生态用地信息遥感提取包括生态用地分类、生态用地类型变化检测、生态用地参数定量反演三个方面的内容。

本章以我国城镇化、工业化快速发展背景下的滨海开发带盐城大丰典型区为研究区域，利用获取的多源、多时相高分辨率、高光谱光学影像、LiDAR等遥感数据，发展生态用地信息遥感提取方法和技术，拓展我国土地资源与生态系统遥感监测方法。

（二）国内外研究现状

随着空间探测技术的发展，遥感技术成为人类探索地球及资源环境研究的重要技术手段。资源卫星能够提供大范围、多角度、多时相、大容量的实时信息，为地表资源的动态变化监测带来便捷。遥感影像信息提取技术主要经历三个阶段，即目视解译、传统基于像元的信息提取及面向对象的信息提取。早期的遥感影像信息的提取仅单纯地依靠单个像元光谱信息，对影像丰富的空间信息利用率几乎为零（Pouteau，2012）。随着高分辨率影像的迅速发展，面向高分辨率影像的遥感影像分类已经成为分类领域的主要发展趋势。但是基于像元的遥感影像分类方法应用到高分辨率影像中分类精度较低，会造成数据大量冗余，同时，传统的分类方法无法满足不同尺度下对地物信息的提取，这也在很大程度上制约着传统分类方法在高分辨率遥感影像分类中的应用。自 20 世纪 90 年代开始，基于对象的影像分割与信息提取方法逐渐在遥感影像的研究中展开应用（Murray，2010）。Baatz（2000）提出从单个像元开始，按照一定的尺度规则与最邻近的像元自下而上进行合并形成对象，随着种子对象的不断扩大最终完成影像分割。这一算法的出现推动了遥感领域内基于对象影像分析技术的发展，并促进了第一款基于对象影像分析软件 eCognition 的问世。该软件通过设置阈值控制分割，并通过光谱信息、纹理特征、上下文信息等有效提高了分类精度。其后，面向对象的遥感分类方法逐渐得到国内外学者的重视，开展了大量的相关研究。例如，游丽平（2007）通过实现对不同地物分割尺度最佳选择，利用模糊集理论，实现对研究区域的面向对象的遥感影像分类。邵龙（2013）将集成学习理论应用到遥感影像分类中，开展了基于集成学习理论的面向对象高分辨率遥感影像分类实验，通过实验证明集成学习技术和面向对象技术在遥感分类的巨大潜力。陈杰（2010）针对面向对象遥感影像分类的核心问题影像分割和尺度选择进行了方法研究，并且研究基于粗糙集和结合支持向量机与粒度计算进行面向对象遥感影像分类实验，证明了算法的实用性。近年来有国外学者分别用基于像元的提取方法和基于面向对象的提取方法对 Quick Bird 卫星影像数据进行信息提取，发现面向对象的精度高达 90.04%（Gober et al.，2011）。

在开展生态用地参数定量反演研究方面，国内外学者进行了大量研究。譬如，植被生物量测算方法方面，主要包括传统测定方法：观测估算法和模型模拟法。观测估算法是指在不破坏植被组织结构的情况下，通过测定一些外部参数来推算植被生物量的方法，如大多学者常通过量算树木的高度、胸径和密度来推算区域林地的生物量（黄玫等，2006）。模型模拟法主要包括经验公式法和回归等式法。遥感反演算法实质上也是模型模拟法的一种，区别是模拟参数选取的不同。模型模拟法是实测的植被生长参数，遥感反演方法则是通过遥感影像采用一定的数学物理模型或数理统计方法，提取定量化生态参数信息。由于遥感具有可大范围获取影像资料、资料更新周期短、信息获取受限条件少等特点，能够为大、中比例尺的湿生植被生物量研究提供经济、快捷、方便的有效途径。Kasischke 等（1997）利用 ERS-1 的 SAR 影像对南佛罗里达州的湿地进行了监测。Fatoyinbo 等（2010）研究表明，通常情况下融入 LiDAR 等主动数据进行生物量参数等的获取时，精度比其他光学传感器高。吴洪波（2011）利用星载大光斑 LiDAR 数据估算了吉林省汪清县森林冠层高度以及森林生物量。

随着遥感科学、计算机技术以及数理统计等学科技术的不断发展，遥感变化检测作为这些学科交叉后新的增长点，是遥感数据处理技术发展方向的代表（马建文等，2004）。经过近几十年的发展，遥感影像变化检测方法与手段日臻完善，应用深度和广度也在不断扩展，同时针对不同角度对这些方法进行分类。从分类角度看，遥感影像变化检测方法可以分为分类前变化检测和分类后变化检测。从变化检测的算法策略角度看，遥感影像变化检测方法可以归纳为七类：算术运算法、变换法、分类法、高级模型法、GIS 方法、视觉分析法和其他方法。Lu 等（2004）对这七类方法的基本原理及其典型算法都进行了概述，并且对各类算法的优缺点也做出了分析。目前，面向对象的变化检测法已经成为国内外学者研究的热点。面向对象的变化检测算法多是基于分类提出的，该类算法一般先通过对分割后的高分辨率遥感影像进行特征提取，再依据监督或非监督的分类方式来获取不同时相遥感影像之间的变化范围。这种方法能够综合多种影像特征信息，且特征信息的组合较为灵活，更易于区分变化与非变化信息。此外，面向对象的变化检测形成的像斑结果一致性较高，边界信息保留较好，能够有效地避免基于像元变化检测方法中的破碎现象。例如，龚浩等（2009）采用基于对象的对应分析差值方法对高分辨率遥感影像进行变化检测，证明了面向对象方法在高分辨率遥感影像变化检测的可行性；刘锋（2006）综合了现有的土地利用辅助资料以及高分辨率遥感影像数据，提出了一种面向影像图斑的变化检测方法，证明了面向影像图斑的变化检测算法的有效性；张继贤和杨贵军（2005）利用前后时相数据构建知识库，通过基于知识库引导完成单一遥感影像自动变化检测；王文杰等（2009）以高分辨率遥感影像为数据源，用面向对象特征融合的方法对其进行土地利用变化检测，研究表明，面向对象的方法在影像特征信息提取以及多尺度分析等方面具有积极的作用，并能在一定程度上有效去除由于不同辐射条件引起的伪变化信息。同时，研究也指出了影像特征选择以及最佳尺度选择方面的缺陷，仍需对其进行深入的研究。

由于影像灰度在地物对象的表达上存在缺陷，变化检测的结果"伪变化"现象的产生便成为一个不可避免的问题。同时，高分辨率影像自身特性以及影像预处理的精度都在一定程度上影响变化检测的结果，或多或少也会导致"伪变化"现象的产生。因此，如何更好地减少变化检测中出现的"伪变化"以及如何实现对变化区域"伪变化"的识别，提高变化检测的精度成为目前变化检测领域中的一个重点研究问题。近年来，国内外学者针对如何消除变化检测中出现的"伪变化"，进行了大量的理论与实验研究。徐丽华（2005）针对影像的配准精度误差，顾及投影差和阴影对变化检测结果的影响，提出了基于移动变化率的变化检测方法和基于区域变化率的变化检测方法,从一定程度上减少了投影差和阴影在变化检测中产生"伪变化"的数量;宋翔等(2014)根据前期矢量数据,提出基于矢量属性信息构建先验知识库结合像斑光谱向量相似度,对变化区域类型进行识别,判断出真正变化区域和伪变化区域。Im 等(2005)提出一种基于邻域相关图像理论的变化检测模型,利用斜率和截距作为辅助要素,挖掘其包含的图像信息,结合专家系统和基于对象分类模型,实现对变化区域类型的分类判别和对伪变化像元的识别。

综上所述,针对生态用地遥感信息提取国内外学者已开展了大量研究,由于高分辨率影像的快速发展,其研究重心已经从传统的基于像元的遥感影像分类和变化检测方法研究逐步转为面向对象的分类和变化检测方法研究。而近年来随着人工智能和专家系统发展,建立在语义知识层面上的遥感影像分类和变化检测方法研究也越来越成为该方面一个重要的研究方向。在生态用地参数定量反演方面,则逐渐从单一的多光谱影像发展到基于新型传感器数据如 SAR、LiDAR 等的反演方法研究,以及多种传感器数据融合的反演方法研究。

(三)本章主要研究内容

本章基于激光点云、高光谱影像、高分辨率影像以及实地采集数据对开展了生态用地信息提取方法的研究,主要发展了一种基于知识库的生态用地类型自动识别方法,为后期面向网格化土地变化监测奠定基础;同时,研究了基于激光点云与高空间分辨率影像的湿地植被精细分类和植被生物量反演,并验证激光雷达技术在生态用地信息提取中潜在的应用价值。发展了两种遥感影像变化检测方法,并在高分辨率遥感影像生态用地变化提取中验证了其有效性;在此基础上,提出了基于地理本体语义模型伪变化识别方法,并在大丰市试验区得到有效利用。

二、基于知识库的生态用地类型自动识别方法

基于知识库的生态用地类型自动识别方法研究,主要面向网格化土地变化监测任务。针对不同生态用地类型的特点,研究建立于多源、多类型、多尺度遥感卫星影像的生态用地类型特征库与解译知识库,构建生态用地监测信息提取等级体系,采用典型生态环境要素提取与解译技术,建立多维动态遥感数据形态、时态、纹理和空间关系等特征提取及其优化组合方法。

以地理本体作为知识库的载体,用于生态用地类型自动识别的知识库构建流程如图 2-1 所示。从技术的流程来看,首先,按实际应用需求,选取足够数量的样本,自动提取样本本质特征和全局特征(部分信息需手工填写)。其次,进行数据入库处理。样本数据入库后,数据库中会存储大量的样本特征信息。然后,通过对样本库进行分析,在样本库中提取分类规则及地理要素和属性关系并确定地理本体的领域与范围、明确其重要地理概念。接下来,根据应用需求,建立地理

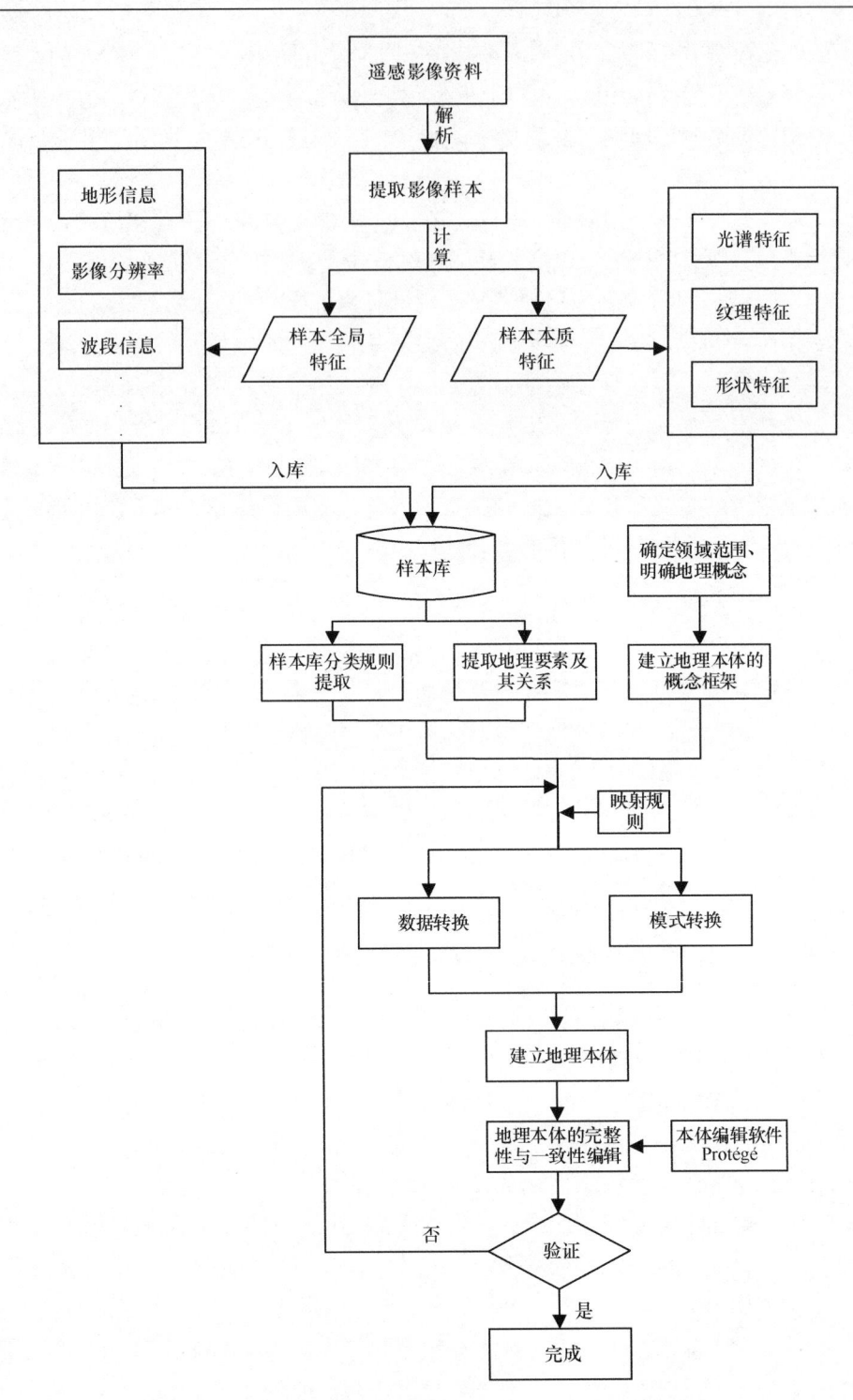

图 2-1　生态用地类型自动识别的知识库构建流程图

本体的结构框架，根据定义的映射规则，将在样本库中提取的地理要素及属性关系进行数据及模式转换，生成地理本体。最后，在本体构建与编辑软件 Protégé 4.1 中对所生成的地理本体做进一步编辑，编辑完成后验证地理本体，直到所构建的地理本体符合本体构建标准为止。

（一）知识库系统

知识库系统的算法及其基本功能基于 Microsoft Visual Studio 2008 平台使用 C#编程语言和 ArcEngine 二次开发来实现，特征数据利用 Oracle 10g 数据库进行存储。其中，样本特征值的计算采用 C++语言结合 GDAL 影像处理库实现，地理本体采用 Java 语言结合 Jena 工具生成。系统集成了生态用地分类与地理国情普查两种分类标准。用户也可以根据需要按照系统要求格式自定义分类标准，数据以 XML 形式进行交互。系统功能设计为九个模块：文件、定义分类标准、样本属性查询、图层管理、录入样本、浏览样本、查找样本、规则提取、生成地理本体。系统主要模块如图 2-2 所示。

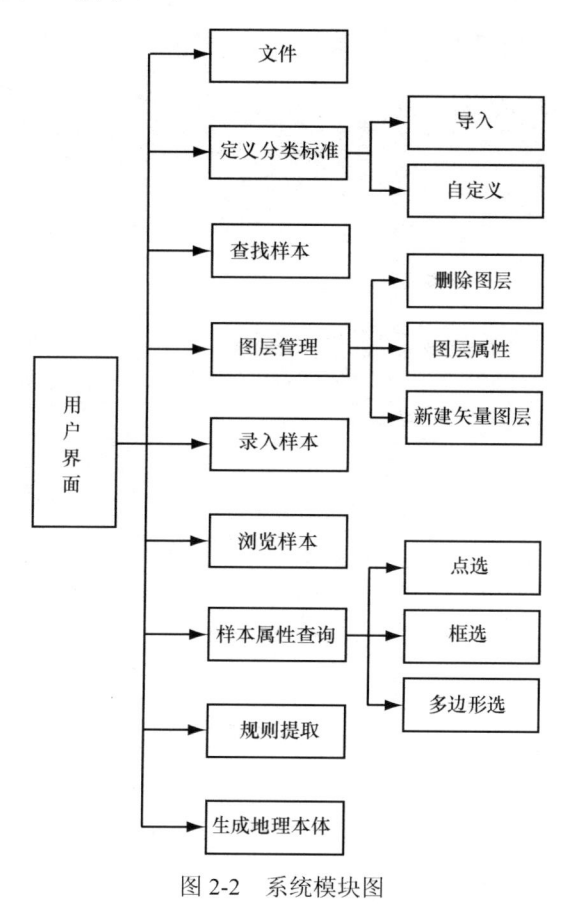

图 2-2 系统模块图

下面简要介绍系统各功能模块。

1）文件

此模块主要是系统的一些基本操作功能，包括加载影像、加载 DEM、导出数据库、导入数据库、初始化数据库等。系统支持加载任何格式的栅格影像，可以为影像加载对应高程数据。当样本数据入库完成以后，可以将数据库导出，数据库以 dmp 文件格式保存至硬盘备份，以免数据丢失。也可以将已有数据库导入系统。数据库的导入导出仅仅是在逻辑层次上的操作，因此，当用户向数据库中导入数据时，导入的数据库的逻辑格式必须与本系统所建立的数据库一致，否则不能导入。初始化数据库用来清空样本库所有存储信息，清空后不可恢复。

2）定义分类标准

根据实际应用需求，系统为用户提供了自定义分类标准接口。按照系统提示格式填入相应类别名称和类别代码（如没有，可不填写）。内容填写完成后，点击"导入数据库"按钮，该分类标准即存入数据库中，若点击"保存 XML"按钮，则该分类标准可按指定路径存为 XML 文件。点击定义分类标准模块的"导入"按钮，可将该 XML 文件直接导入数据库中，如图 2-3 所示。

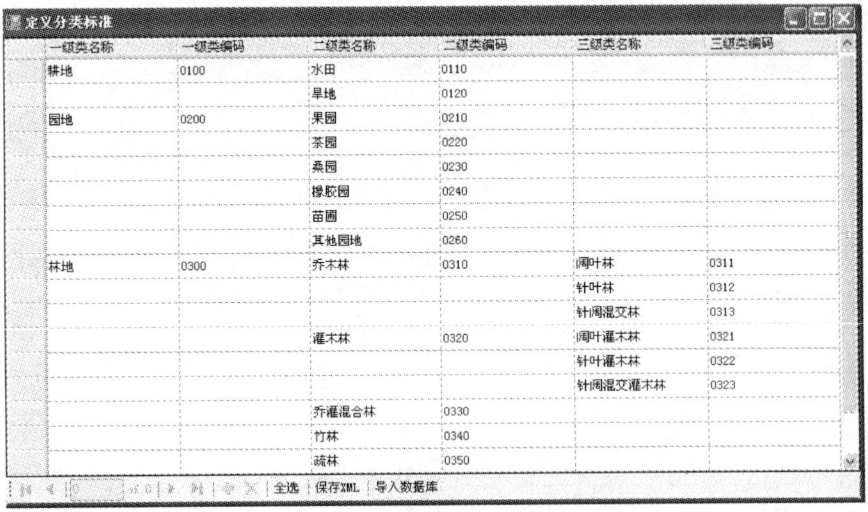

一级类名称	一级类编码	二级类名称	二级类编码	三级类名称	三级类编码
耕地	0100	水田	0110		
		旱地	0120		
园地	0200	果园	0210		
		茶园	0220		
		桑园	0230		
		橡胶园	0240		
		苗圃	0250		
		其他园地	0260		
林地	0300	乔木林	0310	阔叶林	0311
				针叶林	0312
				针阔混交林	0313
		灌木林	0320	阔叶灌木林	0321
				针叶灌木林	0322
				针阔混交灌木林	0323
		乔灌混合林	0330		
		竹林	0340		
		疏林	0350		

图 2-3　自定义分类标准

3）图层管理

图层管理模块为用户提供了管理当前所加载栅格图层的功能，包括设置图层属性、删除当前图层，以及新建矢量图层等功能。图层属性功能可以显示当前栅格图层基本属性信息，可对栅格影像定义投影以及拉伸着色处理等基本操作（图 2-4）。

图 2-4　图层属性显示

4）录入样本

点击"录入样本"按钮，进入录入样本模块，技术流程如图 2-5 所示。首先，在精度设置区域选择时间精度等级、定位精度等级和高程精度等级，在 ROI 设置区域设置采样多边形样式。然后，双击界面左侧分类标准类别名称，并填写样本属性信息（样本名称、样本状态、成像时间、采集者、采集地地形）。属性信息填写完整后，便可以选取感兴趣样本区域。所有样本采集结束以后，点击"入库"按钮，系统会计算样本特征信息并对特征信息进行入库。

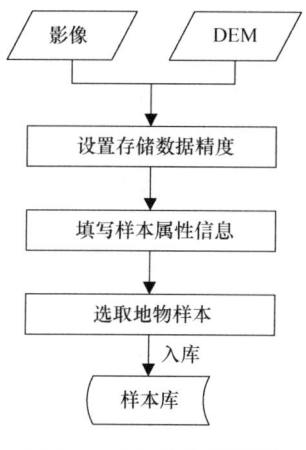

图 2-5　录入样本流程图

5) 样本属性查询

样本入库工作完成以后，用户可以查看样本的特征属性信息。点击或框选所需查看属性信息的样本，样本的属性数据在界面下方显示。界面如图 2-6 所示。

图 2-6　样本属性查询界面

6) 浏览样本

可以通过浏览样本模块浏览样本库中所录入的样本的属性数据。模块界面如图 2-7 所示，双击表头，主界面显示所对应的样本影像。同时也可按照样本的属性字段筛选满足一定条件的样本。

图 2-7　浏览样本界面

7）查找样本

系统可根据输入的地物 ID 编号或地物名称查询相应的样本及样本描述。流程如图 2-8 所示。

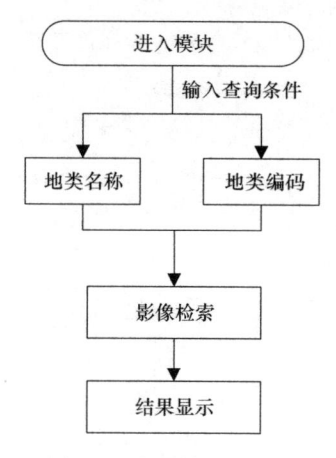

图 2-8　查找样本流程图

8）规则提取

规则提取模块是联系样本信息与地理本体的关键模块，它可通过对样本库中的属性数据进行信息挖掘，获取可用于影像分类的规则信息，进而将这些规则转换至地理本体中。该模块以决策树 C4.5 算法为依据，从样本库中提取影像分类规则，并以指定的格式存储于文本文件中。

9）生成地理本体

本模块将地理本体生成分两步进行，第一步，模式转换。所谓模式转换，就是通过对样本库中的表结构和数据进行分析，结合"规则提取"模块中提取的分类规则，构建出地理本体的类、属性、约束等基本框架，也就是构建出了一个地理本体模型。第二步，数据转换。所谓数据转换，就是依据映射规则，从样本库的海量数据中提取本体实例的过程。其生成地理本体的主要流程图如图 2-9 所示。

（二）应用实例

打开系统，进入主界面。加载影像及影像对应 DEM 数据，在图层管理模块可以查看图层基本信息。若影像视觉效果不好，可以对影像进行拉伸着色处理，如图 2-10 所示。

点击"录入样本"按钮，进入样本采集界面，设置好参数（精度设置、ROI

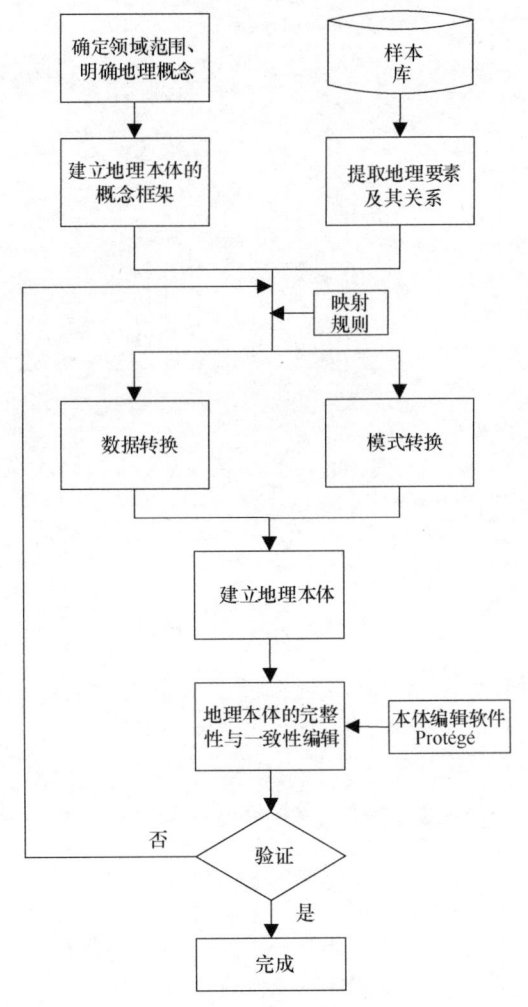

图 2-9　地理本体生成流程图

样式设置），便可以进行样本采集工作。首先根据影像特点选取样本采集区域。观察本研究所用的大丰市三龙镇遥感影像数据特点，可知该遥感影像地物主要由耕地、房屋建筑区、水体和乡村道路组成，其中，道路和水体贯穿于耕地和房屋建筑区内。因此，经过综合分析，本研究在选取样本采集区域时，按照耕地和房屋建筑区的分布特点进行选取。样本采集区域如图 2-11 所示。

划分好样本采集区域后，在各个样本采集区域内进行样本地物采集。为了能完整地提取样本地物之间的空间关系，本研究先对样本采集区域进行分割，然后对分割结果可再根据分割效果进行适当人工编辑。编辑后结果如图 2-12 所示。

图 2-10 图层信息

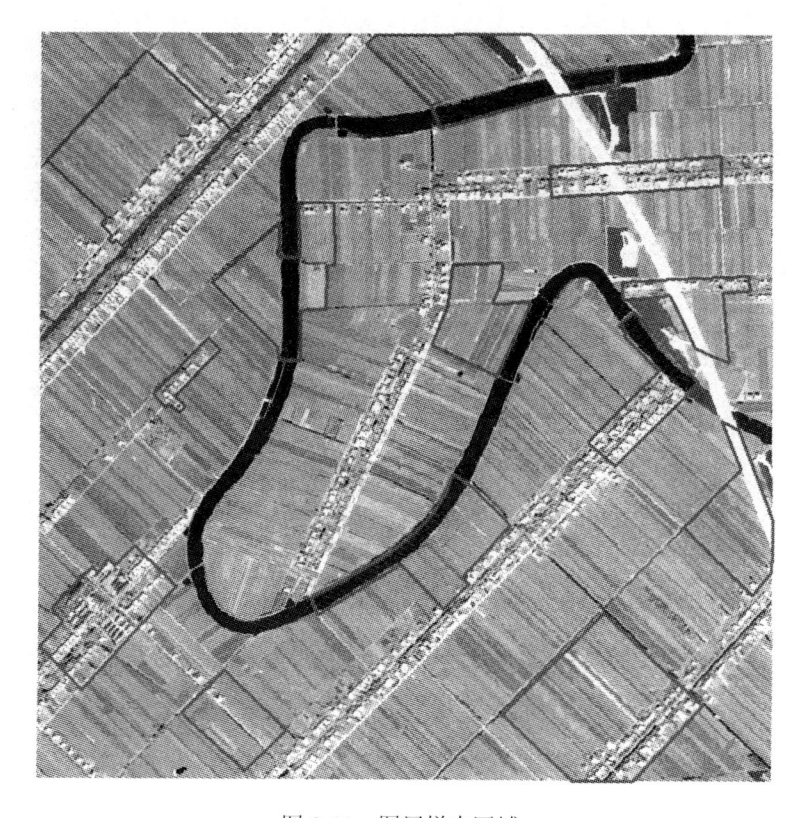

图 2-11 图层样本区域

图 2-12 样本采集区域内分割

检查采集的样本及要求人工填写的样本属性数据,如果有错误,入库之前可以进行修改或删除,确保数据无误后,即可将样本影像及数据入库。点击"入库"按钮,即可将样本影像及其特征数据入库存储。

样本影像及数据入库以后,可以通过类别名称或代码查看样本影像,如果样本库中有相应类别的描述信息,可以查看样本描述信息,如图 2-13 所示。

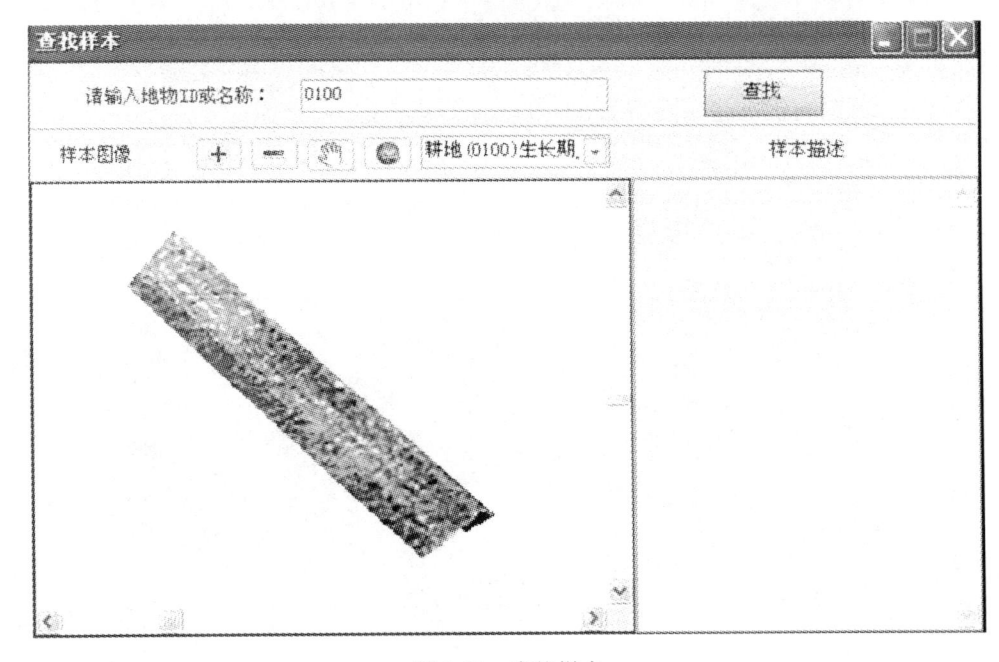

图 2-13 查找样本

样本特征数据是以无序形式存储于样本库中的,各个数据之间没有明显的联系,因此,需要运用一定的算法来挖掘样本特征数据的分类规则。本书用 C4.5 算法生成分类规则,分类规则以文本文件格式输出到指定路径。点击"规则提取"按钮,弹出"规则提取"对话框,选择参与分类规则计算的属性以及属性的数据类型,设置存储路径,点击"确定"按钮,即可提取样本库分类规则,如图 2-14 所示。

本书将影像分为耕地、道路、房屋建筑区和水体四类,以特征值影像为输入影像,应用在样本库中提取的分类规则对该影像进行分类。分类结果如图 2-15 所示。

图 2-14 特征数据分类规则提取

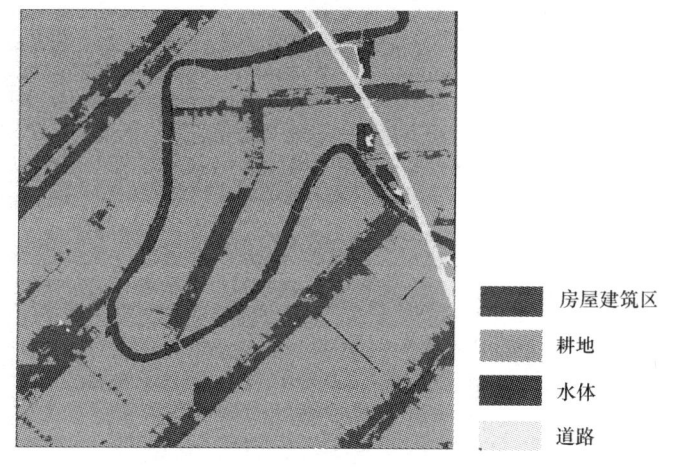

图 2-15 分类结果图

从分类结果中我们可以看出，尽管加入了纹理特征和形状特征，但是仍然不可避免地出现了一些误分类现象。将分类结果图与原始影像叠加对比，发现分类结果中耕地、水体和道路分类结果较好。房屋建筑区中出现的误分类较多的主要原因是房屋建筑区内地物类别复杂，仅利用光谱特征、纹理特征和形状特征难以完全区分各类地物，而目视解译提取这些误分类又十分复杂，所示利用所构建的知识库对这些误分类提取。

将样本库中采集所得到的样本依据上述所定义的样本库与地理本体的映射规则，映射为地理本体的实例，地理本体的数据属性关系、对象属性关系以及类别间的层次关系均已完成定义。因此，如果新加入的地理本体实例不满足原地理本体所构建的属性规则，便可以对其进行提取，提取结果如图 2-16 所示。

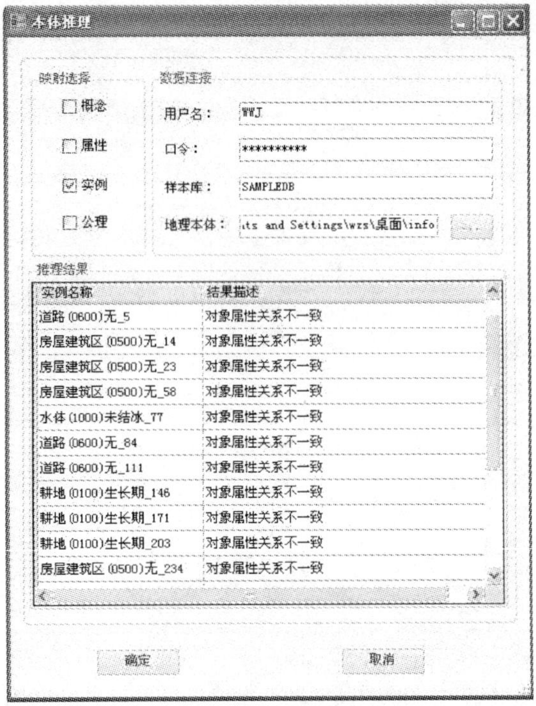

图 2-16 误分类提取

结果分析共提取出了 25 个不符合原地理本体定义的实例，其中，误分为道路的有 7 个、误分为水体的有 5 个、误分为房屋建筑的有 7 个、误分为耕地的有 6 个。在"查找样本"模块中，查看所提取的误分类样本影像，经过验证，检验结果中误分为房屋建筑区的提取结果有两处错误，如图 2-16 所示，其余均为正确提取。出现错误的原因是因为在样本采集时房屋建筑区与水体之间并未提取出如图 2-16 所示的"接触"空间拓扑关系，而实际情况却存在这种关系。这是样本采集得不够充分导致出现了错误结果。提取的结果中并未出现因数据属性关系不符导致的误分类现象，原因是本研究对影像进行分类所使用的分类规则与地理本体的数据属性关系是一致的，均来自决策树算法所生成的分类规则。将所提取的误分类结果进行修改，在一定程度上提高了遥感影像的分类精度。

三、基于激光点云与高空间分辨率影像的生态用地信息提取与挖掘研究

激光雷达（light detection and ranging，LiDAR），包括地面激光雷达和机载激光雷达。机载激光雷达是一种安装在飞机载体上的激光探测和测距系统，可以用于测量地面物体的三维坐标。它集成激光测距技术、惯性测量单元 IMU/DGPS 差分定位技术于一体，具有自动化程度高、受天气影响小、数据生产周期短、精度高等特点。该技术在三维空间信息的实时获取方面产生了重大突破，为获取高时空分辨率地球空间信息提供了一种新的技术手段。其提供的高程、回波强度及波形等信息有望为生态用地信息提取与挖掘提供其他遥感手段不可替代在信息支撑，在生态用地信息提取与挖掘中具有潜在的应用价值。融合激光点云数据与其他光学影像或者微波遥感影像进行生态用地信息提取与挖掘具有较好的发展前景与潜力。因此，本节基于激光点云、高分辨率影像探讨对滨海湿地生态用地的精细分类方法。

（一）基于决策树的生态用地精细分类方法

由于不同的地表植被具有不同的高度和光谱特征，可以利用其作为生态用地分类、参数提取的可靠信息。利用机载激光雷达系统测量得到的高精度激光点云数据，获取各类生态用地数字表面模型（DSM）及归一化数字表面模型（NDSM），由此获得植被冠层及建筑物等地物的高度。在此基础上，结合机载高分辨率、高光谱影像数据所具有的空间纹理特征、光谱特征，实现基于激光点云与高分辨率、高光谱影像的生态用地精细分类。

由于融合了 LiDAR 和高光谱数据，且有较多的先验知识，故可以选取人工参与度较高，实验流程较为简便的决策树分类算法作为滨海湿生植被分类的核心算法。决策树分类算法是一种逼近离散函数值的方法。它是一种典型的分类方法，首先对数据进行处理，利用归纳算法生成可读的规则和决策树，然后使用决策对新数据进行分析。该方法较适用于本实验区中有规则可循、有依据可查的植被分类研究。

总体分类流程如图 2-17 所示。

（二）应用实例

以大丰市沿海滩涂湿地为例，以激光点云与高分辨率、高光谱影像为数据源，

进行生态用地精细分类实验。

根据实验区地表覆盖类型特征，将植被地物细分为芦苇、盐蒿、互花米草、林地以及其他植被。利用选取的特征变量和训练样本，基于 CART 算法对影像进行构树，获取最佳分类规则（图 2-18）。规则中共包含 22 个特征变量，分别为 B1~B22。其中，"LD"代表"林地"，"LW"代表"芦苇"，"YH"代表"盐蒿"，"MC"代表"互花米草"，"QT"代表"其他植被"；B1~B10 分别代表 452 nm、534 nm、694 nm、700 nm、865 nm、553 nm、637 nm、675 nm、762 nm 以及 810 nm 波长处反射率值，B11 代表植被冠层高度值，B12~B22 分别代表植被指数 ARVI、DVI、EVI、GEMI、GNDVI、NDVI、RDVI、RVI、SAVI、TVI 以及 VARI。

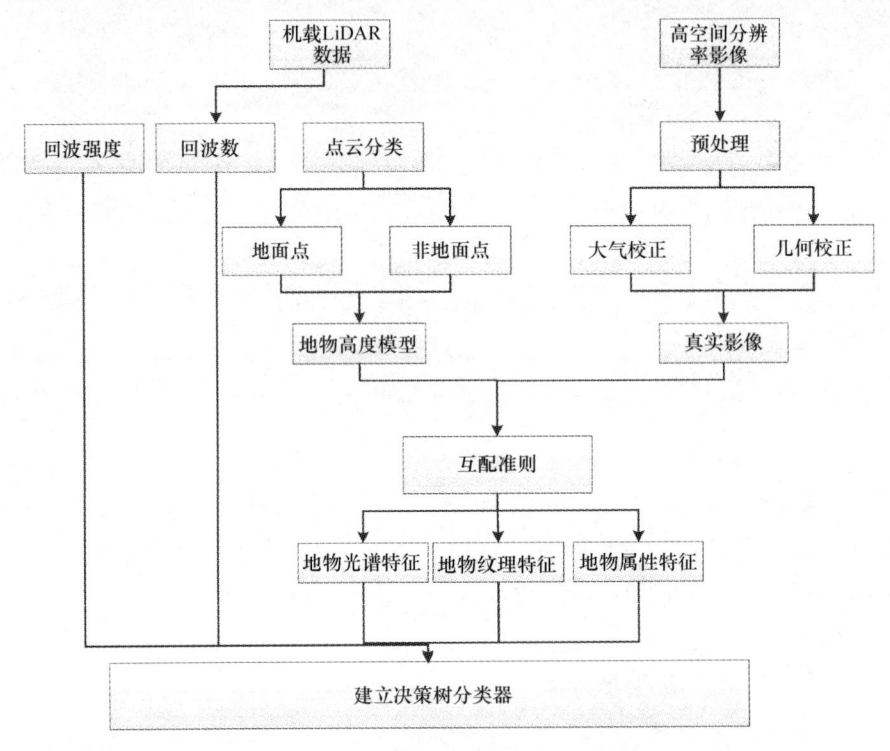

图 2-17 基于 LiDAR 影像和高光谱影像开展生态用地的分类流程图

运用图 2-18 所示规则，得出的分类结果如图 2-19 所示，从图上可以看出互花米草主要分布在沿海区域，盐蒿和芦苇则大多分布在内陆区域。对分类结果进行统计分析，可知研究区内共包含盐蒿 1.39 km^2；互花米草 0.99 km^2；芦苇 1.62 km^2；林地 0.21 km^2；其他植被 0.34 km^2。

为了更加直观分析融入 LiDAR 数据的 CART 算法分类效果，研究基于相同的训练样本，仅基于高光谱数据特征（剔除冠层高度模型特征）对研究区进行分

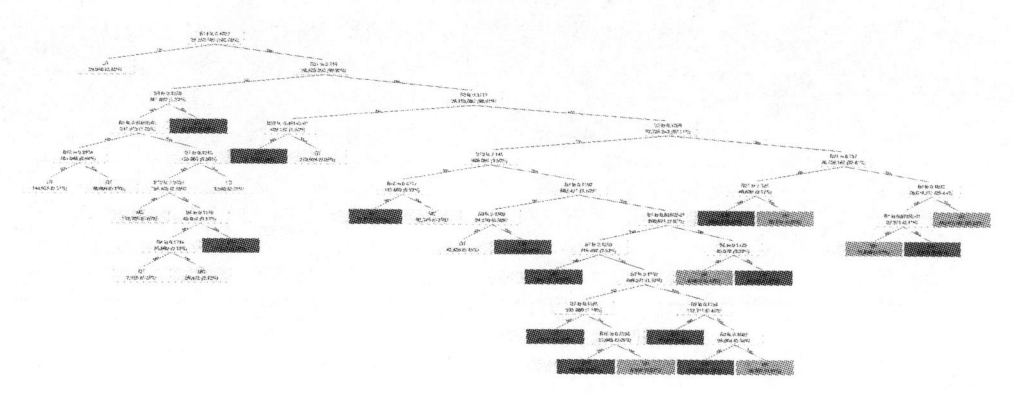

图 2-18　最佳分类规则

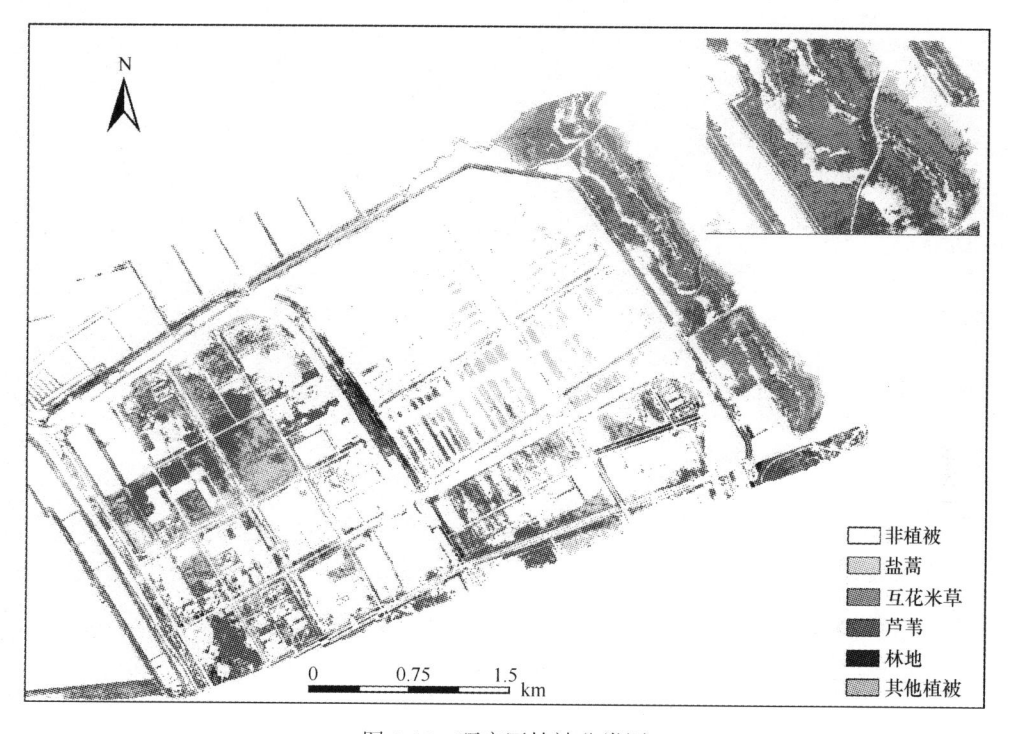

图 2-19　研究区植被分类图

类。分类完成后,基于事先选取的验证样本分别计算两种分类方法的误差矩阵,获取地物的分类精度,如表 2-1 所示(只对目标地类展开分析)。

从表 2-1 可以看出,相同的分类算法,融入植被冠层高度的分类结果无论是总体精度还是单个类别精度,均高于未融入植被冠层高度的分类结果。其中,总体分类精度提高了 8.6%,芦苇分类精度提高了 14.8%,盐蒿分类精度提高了 4.4%,互花米草分类精度提高了 8.9%。由于芦苇和互花米草的植被高度均较高且生长茂密,冠层高度模型的融入对地物分类精度有较大改善。盐蒿生长较芦苇和互花米草稀疏且高度小，植被光谱特征也存在差异，故冠层高度模型的融入对分类精度的改善没有前两者显著。

表 2-1 湿生植被分类结果精度比较

类别	芦苇	盐蒿	互花米草	总体
CART（HIS+CHM）	90.1%	95.9%	83.6%	87.2%
CART（HIS）	75.3%	91.5%	74.7%	78.6%

四、面向对象的高分辨率遥感影像生态用地变化检测

（一）矢栅结合的高分辨率影像变化检测

1. 矢栅结合的高分辨率影像变化检测原理

矢栅结合的高分辨率遥感影像变化检测方法将基期矢量数据与后一时相遥感影像配准套合，利用基期矢量数据图斑边界对后一时相影像进行叠置分析，获取同质像斑，使得分割结果兼顾前后两个时相的地物特征；以分割结果为基准，分别提取两期遥感影像的光谱、纹理、指数和形状特征，通过合理选取影像波段及其属性特征，构建基准时期和待检测时期的特征空间向量，通过计算特征空间的相似度对前后时相的影像像斑进行对比分析，获取变化的区域。

多元变化检测(multivariate alteration detection, MAD)于 1994 年由 Nielsen 等提出（Nielsen and Morton, 2008）。它继承了典型相关分析的特点，在保留不同时相遥感影像数据之间的所有变化信息的同时，既可以有效地去除同一时相遥感影像不同波段间的相关性，又可以去除不同时相遥感影像相对应波段间的相关性。多元变化检测就是对典型相关分析得到的不同时相的典型变量进行差值计算，获取差异即 MAD 变量（马超，2013），可以如下表述。

在典型相关分析的基础上，典型变量 U 和 V 的差值即是 MAD 变量表示为

$$\mathrm{MAD} = U - V \tag{2-1}$$

进一步表达为

$$M_i = U_i - V_i = \boldsymbol{a}_i^T F - \boldsymbol{b}_i^T T, i = 1, 2 \cdots K \tag{2-2}$$

在 $\mathrm{Var}(U) = \mathrm{Var}(V) = 1$ 条件下，使得差值变量 $\mathrm{MAD} = U - V$ 的方差最大化，$\mathrm{Var}(M)$ 可以表示为

$$\mathrm{Var}(M) = \mathrm{Var}(U) + \mathrm{Var}(V) - 2\mathrm{Cov}(U,V) = 2(1-\rho) \tag{2-3}$$

由上式可知，为了使 $\mathrm{Var}(M)$ 最大，即需相关系数最小。

因此，上述问题可以描述为：求线性变换 $\text{MAD} = U - V$，使其线性组合 $U = a^T F$ 和 $V = b^T T$ 的系数向量 a 和 b 在 $\text{Var}(U) = \text{Var}(V) = 1$ 条件下满足相关系数最小，这一变换即为多元变化检测变换。

基于典型相关分析的矢栅结合多元变化检测技术原理是通过结合面向对象分割技术来进行变化信息的提取，其输入变量是不同时相遥感影像像斑，而非多时相遥感影像变化检测技术中的单像元，以此来获取空洞较少、一致性较高的变化区域。技术流程如图 2-20 所示。

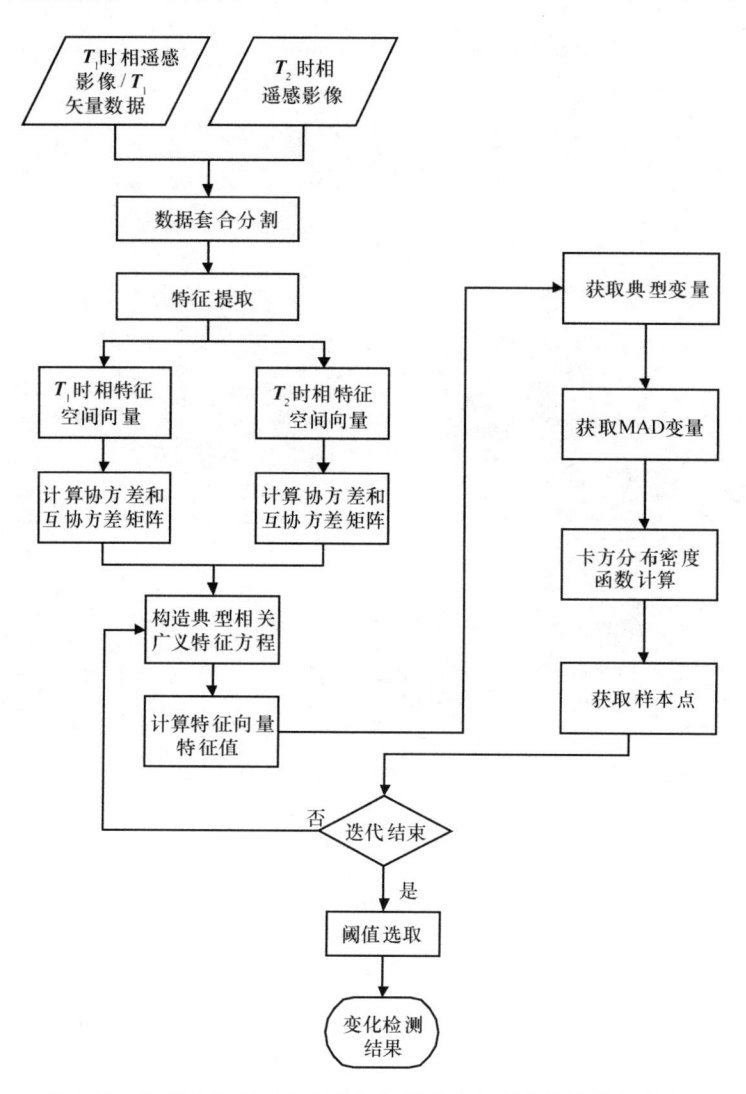

图 2-20 基于典型相关分析的矢栅结合多元变化检测技术流程

2. 基于典型相关分析的矢栅结合多元变化检测试验

(1) 影像分割。

使用中国测绘科学研究院自主研发的地理国情要素提取与解译系统（FeatureStation GeoEX）的地表覆盖分类模块对两个时相遥感影像直接进行分割。考虑到获取两个时相影像时所采用的传感器有差异，本次采用 FeatureStation 软件提供的多尺度分割方法进行影像分割，消除两个时相遥感影像由于成像视角差异引起的人工建筑微小偏移。

以 T_1 时相遥感影像相对应的基期矢量数据（T_1 矢量）为基准，将其与 T_2 时相遥感影像套合；通过设定分割尺度、紧致度以及光谱指数等参数，在 T_1 矢量图斑边界限制下，对 T_2 时相影像进行分割，获取同质像斑，使得分割结果兼顾前后两个时相的地物特征。本次分割尺度设为 150，紧致度为 0.6，光谱指数设为 0.8，得到分割结果 T_1 时相 $X=(X_1,X_2\cdots X_K)^T$，T_2 时相 $Y=(Y_1,Y_2\cdots Y_K)^T$（K 为分割后图斑数），如图 2-21 所示。

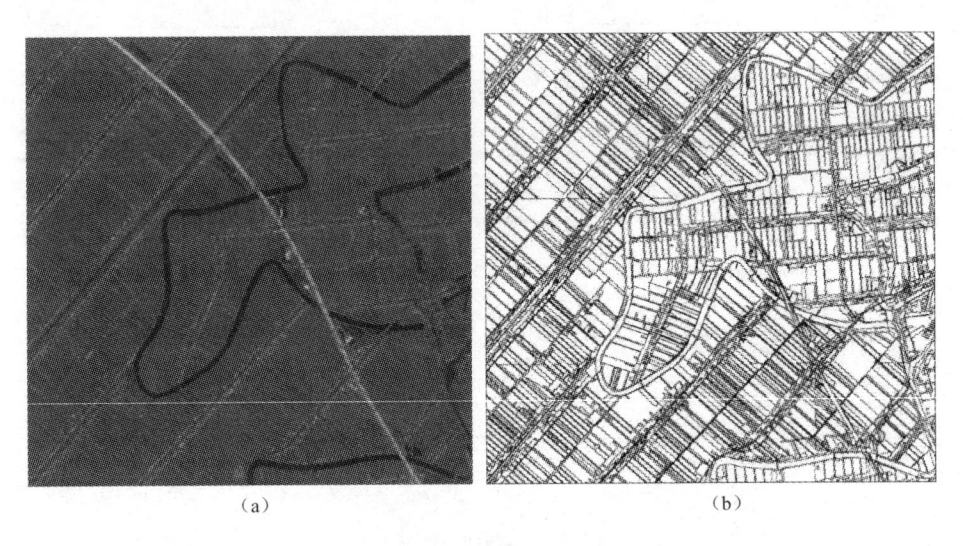

图 2-21　(a) 大丰市 2008 年土地利用现状图与 2011 年实验影像叠置分割和 (b) 大丰市实验区分割结果

(2) 特征提取与选择。

以（1）中获得的分割结果为基准，分别提取两个时相遥感影像像斑的光谱特征和纹理特征，本小节提取的具体特征如表 2-2 所示。

参与计算的特征增加后会导致数据冗余和计算复杂度增加，且容易产生 Hughe 现象，因此需要选取合适的特征来构建空间向量。

表 2-2 特征提取结果

特征类型	图斑特征	
光谱特征	均值	均值 1
		均值 2
		均值 3
	方差	方差 1
		方差 2
		方差 3
	HSI	亮度
		饱和度
		色调
纹理特征	灰度共生矩阵	同质度
		相关度
		熵
		能量

(3) 将分割结果 T_1 时相 $X = (X_1, X_2 \cdots X_K)^T$ 和 T_2 时相 $Y = (Y_1, Y_2 \cdots Y_K)^T$ (K 为分割后图斑数)作为原始两组随机变量进行典型变换。

(4) 构建总体协方差矩阵。

首先通过不同时相遥感影像中对应序列波段像元值以及该波段像元均值计算协方差矩阵及其互协方差矩阵,然后由这两个不同时相遥感影像的协方差矩阵及它们之间的互协方差矩阵构建总体协方差矩阵。

(5) 计算特征值和特征向量。

利用总体协方差建立特征方程组,计算在单位方差约束条件下该方程组的特征值和特征向量 a_i 和 b_i,见表 2-3 和表 2-4。

表 2-3 2008 年典型相关分析特征值与特征向量表

特征值	2008 年特征向量矩阵		
0.36569	0.008048	0.002062	−0.060654
0.27737	−0.015819	0.076099	−0.011641
0.02188	0.042527	−0.032846	0.092113

表 2-4 2011 年典型相关分析特征值与特征向量表

特征值	2011 年特征向量矩阵		
0.36569	0.036948	0.013049	0.114687
0.27737	−0.069106	0.103045	−0.007472
0.02188	0.045005	−0.074302	−0.166179

6）计算 MAD 变量。

通过计算得到的系数向量 $\boldsymbol{a}_i$ 和 $\boldsymbol{b}_i$，对两个时相遥感影像做线性变换即典型变换得到各自对应的典型变量 U_i 和 V_i；根据 $M_i = U_i - V_i = \boldsymbol{a}_i^T F - \boldsymbol{b}_i^T T, i = 1, 2 \cdots K$ 计算 MAD 变量。

7）获取变化检测结果图。

通过卡方分布概率密度函数对随机变量 $Z = \sum_{i=1}^{N} \left(\dfrac{M_i}{\sigma_{M_i}} \right)^2$ 进行加权，并结合卡方变换方法对图斑逐个进行计算，其取值为 0~1 之间，越靠近 0 表示变化的可能性越大，反之则为不变化，设定合适的阈值，获取变化图斑。基于典型相关分析的矢栅结合多元变化检测结果如图 2-22（b）大丰市实验区。

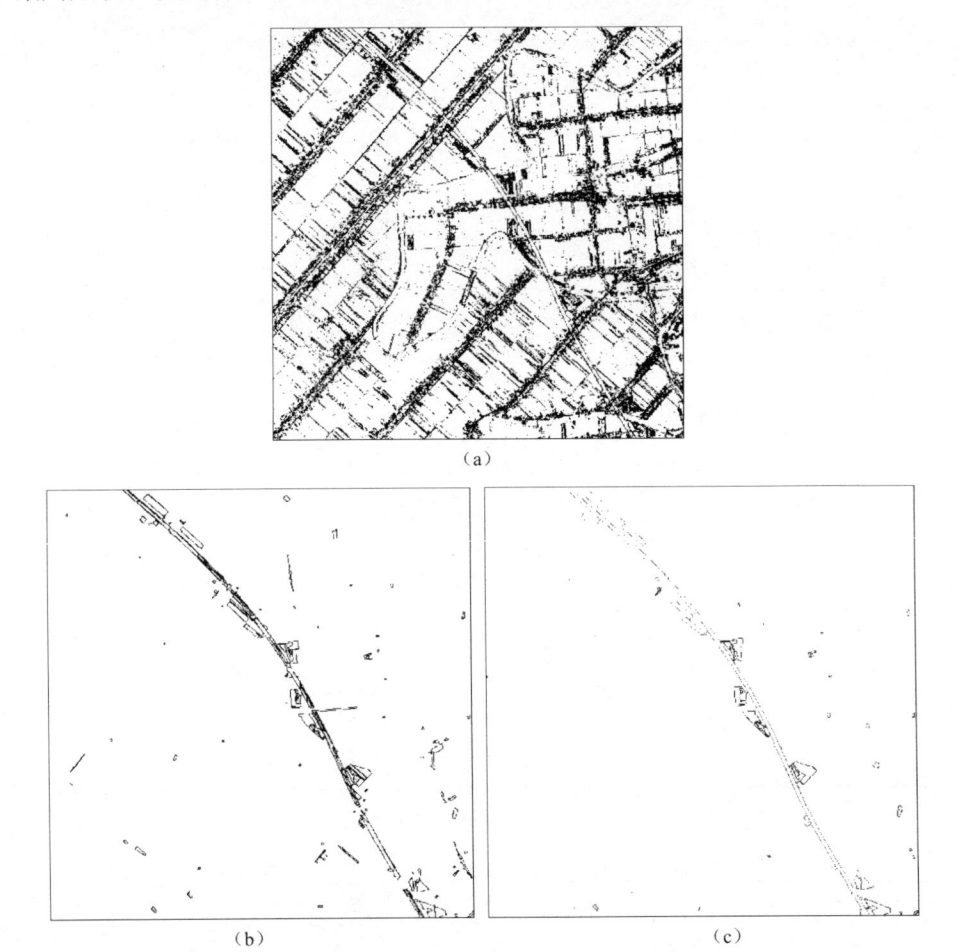

图 2-22 大丰市实验区：（a）基于典型相关分析的多元变化检测结果；（b）基于典型相关分析的矢栅结合多元变化检测结果；（c）真实变化结果

8）精度评价。

运用基于典型相关分析的矢栅结合多元变化检测技术分别对大丰市实验区进行变化检测并对其结果进行分析。为评估该方法的效果，以不使用基期矢量作为辅助数据源的基于典型相关分析的多元变化检测技术作为比较对象。图 2-23 为大丰市实验区变化检测结果局部比较图，a 表示基于典型相关分析的多元变化检测方法，b 表示基于典型相关分析的矢栅结合多元变化检测方法；1 代表前一时相遥感影像，2 代表后一时相遥感影像。

图 2-23　大丰市实验区变化检测方法局部对比图

通过 2008 年和 2011 年两期大丰市实验区土地利用图分析比较提取变化图斑，并将其作为真实变化结果，总面积为 430720.474894m²。基于典型相关分析的多元变化检测方法获得权值影像设定阈值为 0.050，得到变化非变化二值影像并将其矢量化后，得到发生变化图斑 123586 个，面积为 842338.7505m²，其中正确图斑，即与真实变化结果叠加后重合的部分面积为 339378.1569m²，正确检测率为 40.29%。经过分割后实验区共分为 4062 个图斑，基于典型相关分析的矢栅结合的多元变化检测方法设定阈值为 0.027，共检测出 281 个图斑发生变化，变化面积为

467303.671709m², 其中检测出的正确图斑总面积为 390271.6878 m², 正确检测率为 83.52%, 如表 2-5 所示。

表 2-5　精度评价表

实验区	检测方法	检测阈值	正确检出率	误检率	漏检率	总体检测误差
大丰市实验区	基于典型相关分析的多元变化检测	0.050	0.402899851	0.597100149	0.212068665	0.033835988
	基于典型相关分析的矢栅结合的多元变化检测	0.027	0.83515641	0.16484359	0.093909531	0.00668864

（二）基于地理本体语义模型伪变化识别

1. 基于地理本体语义模型的伪变化识别原理

对于高分辨率影像变化检测过程中，由于高分辨率影像自身的特点、传感器的差异、配准误差以及季节时相性差异，变化检测的结果存在伪变化的现象是不可避免的问题。针对此现象，提出了基于影像数据的特征知识构建地理本体语义模型的方法实现对迭代加权多元变化检测方法获得的变化检测的区域进行变化类型的识别，同时，基于基期矢量数据提供的基期图斑类型，实现对伪变化的识别和剔除。首先，对变化区域进行影像分割和特征提取，获得 CSV 格式的影像对象，进行格式转换，得到 OWL 形式影像对象，使得影像对象以 OWL 文本形式化表达。其次，依据研究区域进行本体需求分析，利用特征提取的特征知识，构建地理本体框架模型。再次，利用地理本体模型的决策树规则和专家规则进行 XQuery 查询，识别变化区域的影像对象类别，进行格式的转换，得到影像对象的 Shape 属性文件。最后，以基期的矢量数据为辅助信息，进行伪变化的识别和剔除，得到新的变化区域，进行精度评价。基于地理本体语义网络模型进行变化检测伪变化识别的主要技术流程如图 2-24 所示。

从图 2-24 可以看出，基于地理本体变化检测伪变化识别的主要步骤包括以下方面：

1) 对变化区域影像分割得到影像对象，对影像对象特征提取，保存为 CSV 文件，进行 CSV 和 OWL 的格式转换，得到 OWL 形式影像对象。

2) 面向领域具体需求，利用提取的特征知识构建地理本体框架模型，得到本体框架文件，利用 OWL 形式表达。

3) 将 OWL 形式的影像对象导入本体框架中，分别利用决策树规则和专家规则进行 XQuery 查询，得到变化区域的影像对象类别，将影像对象进行 OWL 和 Shape 的转换，得到影像对象的 Shape 文件。

4) 以基期的矢量数据为辅助信息，将其与变化区域类别比较，进行伪变化的识别和剔除，得到新的变化区域，进行精度评价。

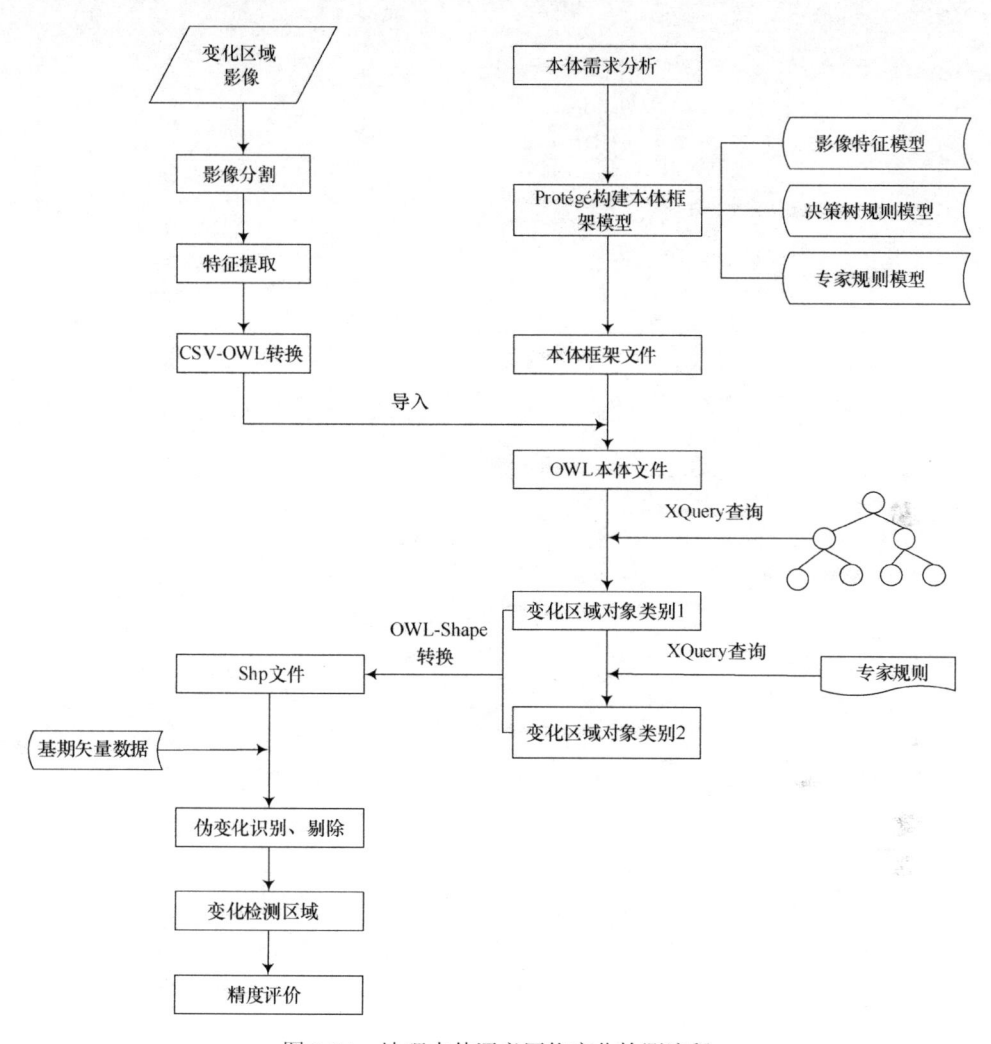

图 2-24 地理本体语义网络变化检测流程

2. 大丰市基于地理本体语义模型的伪变化识别实验

（1）影像分割和特征提取

本次研究以 IR-MAD 变化检测的变化结果为基础，采用了面向对象分类方法对变化区域影像进行影像分割和特征提取，得到影像对象的 CSV 文件，进行 CSV 和 OWL 的格式转换，得到具有属性特征的 OWL 形式的影像对象，对象个体的 OWL 形式如图 2-25 所示。

（2）本体模型框架构建

本小节根据 C4.5 决策树分类器结合地物类型进行建模，具体模型如图 2-26 所示。

```
<!-- http://www.semanticweb.org/administrator/ontologies/2015/11/untitled-ontology-8#region123 -->

<owl:Thing rdf:about="http://www.semanticweb.org/administrator/ontologies/2015/11/untitled-ontology-8#region123">
    <rdf:type rdf:resource="http://www.semanticweb.org/administrator/ontologies/2015/11/untitled-ontology-8#Region"/>
    <rdf:type rdf:resource="http://www.semanticweb.org/administrator/ontologies/2015/11/untitled-ontology-8#Vegetation"/>
    <rdf:type rdf:resource="&owl;NamedIndividual"/>
    <NDWI rdf:datatype="&xsd;double">0.4</NDWI>
    <NDVI rdf:datatype="&xsd;double">0.44</NDVI>
    <RectangularFit rdf:datatype="&xsd;double">0.67</RectangularFit>
    <Length_Width rdf:datatype="&xsd;double">1.12</Length_Width>
    <MeanB3 rdf:datatype="&xsd;double">1050.99</MeanB3>
    <MeanB2 rdf:datatype="&xsd;double">1157.19</MeanB2>
    <MeanB1 rdf:datatype="&xsd;double">1193.32</MeanB1>
    <Brightness rdf:datatype="&xsd;double">1528.76</Brightness>
    <ShapeIndex rdf:datatype="&xsd;double">2.35</ShapeIndex>
    <MeanB4 rdf:datatype="&xsd;double">2713.55</MeanB4>
    <StdevB2 rdf:datatype="&xsd;double">51.89</StdevB2>
    <StdevB3 rdf:datatype="&xsd;double">57.69</StdevB3>
    <StdevB1 rdf:datatype="&xsd;double">64.82</StdevB1>
</owl:Thing>

<!-- http://www.semanticweb.org/administrator/ontologies/2015/11/untitled-ontology-8#region13 -->

<owl:Thing rdf:about="http://www.semanticweb.org/administrator/ontologies/2015/11/untitled-ontology-8#region13">
    <rdf:type rdf:resource="http://www.semanticweb.org/administrator/ontologies/2015/11/untitled-ontology-8#Region"/>
    <rdf:type rdf:resource="http://www.semanticweb.org/administrator/ontologies/2015/11/untitled-ontology-8#Road"/>
    <rdf:type rdf:resource="&owl;NamedIndividual"/>
    <NDVI rdf:datatype="&xsd;double">0.2</NDVI>
    <NDWI rdf:datatype="&xsd;double">0.2</NDWI>
    <RectangularFit rdf:datatype="&xsd;double">0.63</RectangularFit>
    <Length_Width rdf:datatype="&xsd;double">1.53</Length_Width>
    <StdevB3 rdf:datatype="&xsd;double">109.04</StdevB3>
```

图 2-25 对象个体的 OWL 文件

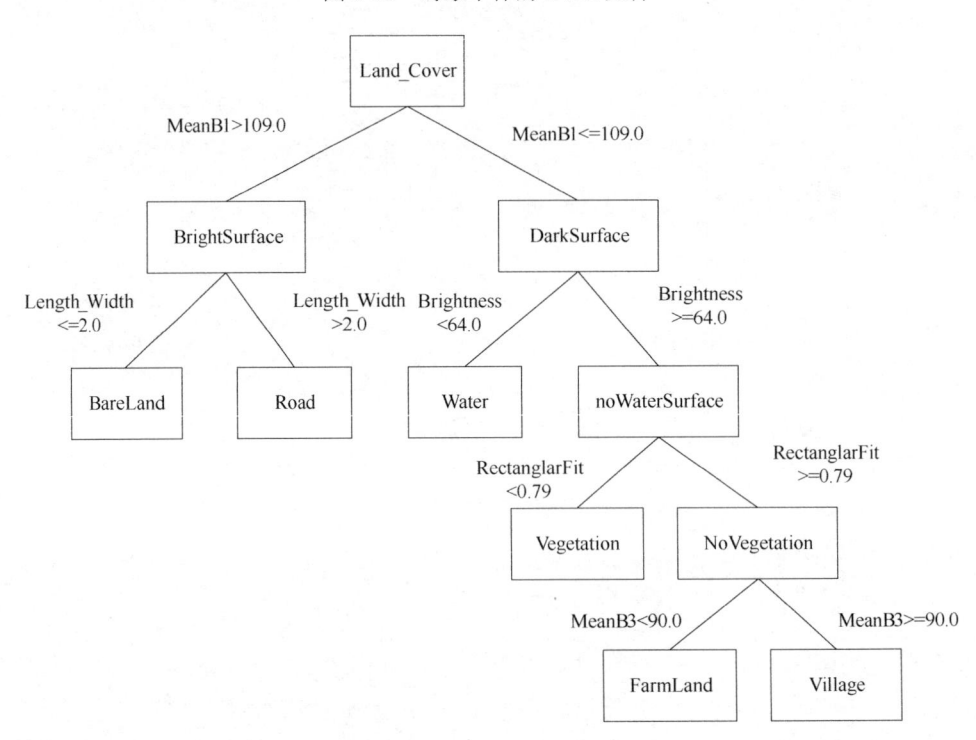

图 2-26 决策树规则建模

根据研究区域地物类型，构建专家规则部分：

利用 Protégé 对研究区域构建的地理本体整体框架如图 2-27 所示。

第二章 生态用地遥感信息提取

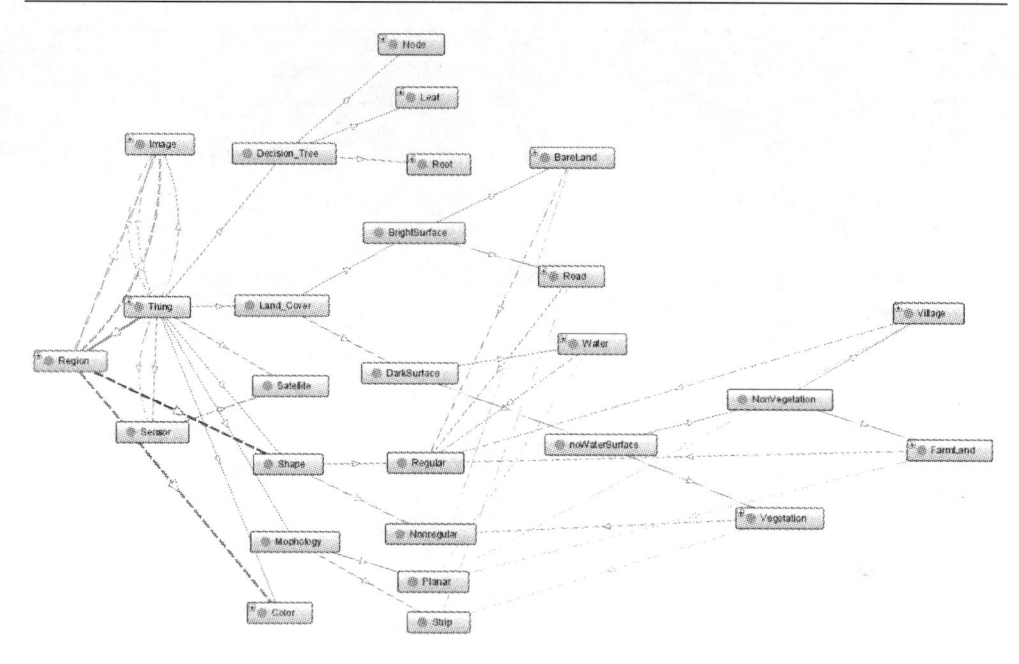

图 2-27 研究区域的本体框架

（3）变化区域类型识别

利用构建的决策树规则模型，进行 XQeruy 查询，实现对变化区域类型的初始识别，然后，再利用 SWRL 语言构建的专家规则模型，进行 XQuery 查询实现对变化区域类型的识别。

（4）伪变化识别和精度评价

基于基期矢量数据，对变化区域进行伪变化的识别和剔除，得到新的变化区域，进行精度评价。得到的变化区域如图 2-28 所示，精度评价结果如表 2-6 所示。

对试验区进行基于迭代加权多元变化检测方法的面向对象的变化检测试验，以及进行基于决策树模型和专家规则的地理本体语义模型针对变化区域的伪变化的识别和剔除试验。通过试验结果和精度评价可以看出，经过决策树模型进行伪变化识别和剔除，伪变化识别的正确识别率可以达到 72.34%，漏识别率为 27.66%，误识别率为 11.23%。在此基础上，进行专家规则模型的伪变化识别和剔除，伪变化识别的正确识别率可以达到 75.61%，漏识别率为 24.39%，误识别率为 9.39%。可以看出，经过地理本体语义网络模型进行伪变化识别和剔除，在一定程度上，可以较为准确地识别出变化检测的伪变化现象，提高变化检测精度。通过对试验区影像分析看出，这两种模型可以有效地识别和剔除由于季节性差异产生的伪变化现象。

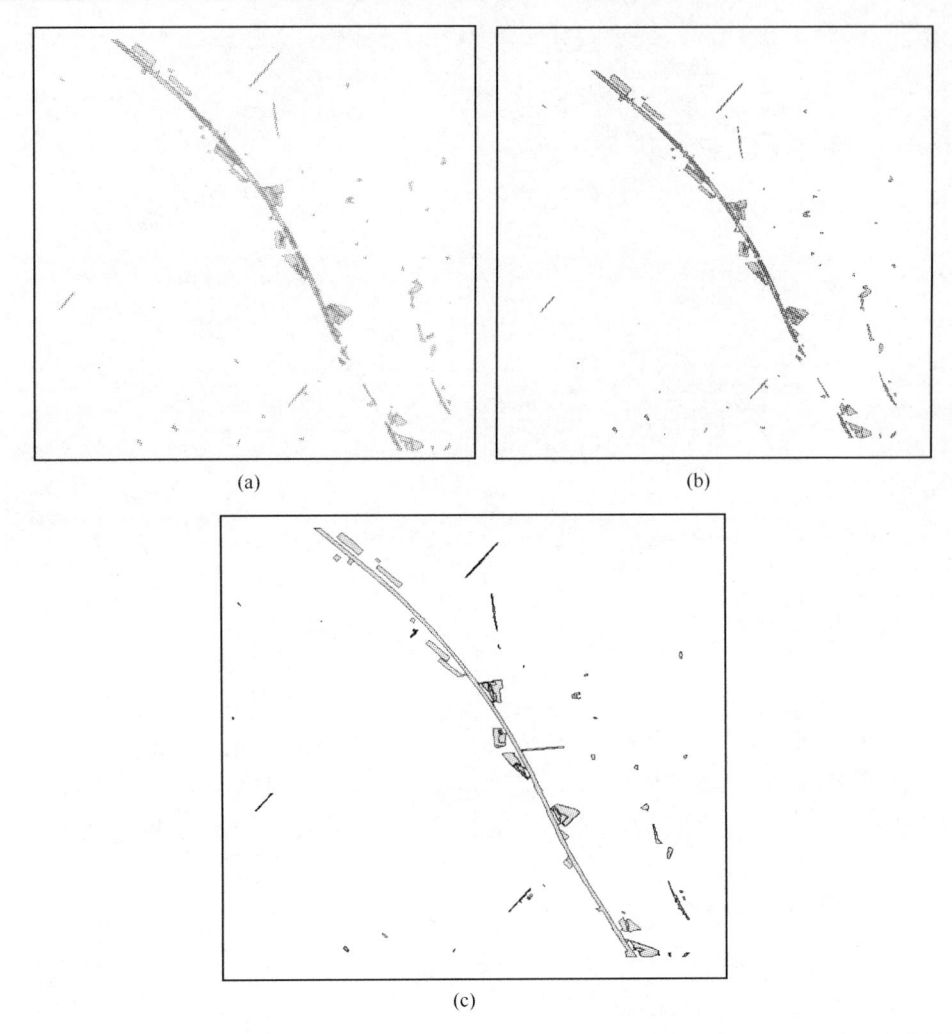

图 2-28 （a）决策树模型变化检测结果，（b）专家规则模型变化检测结果和（c）实际变化结果

表 2-6 伪变化识别精度评价表

变化检测模型	正确识别率	误识别率	漏识别率
决策树模型	72.34%	11.23%	27.66%
专家规则模型	75.61%	9.39%	24.39%

参 考 文 献

陈杰. 2010. 高分辨率遥感影像面向对象分类方法研究. 长沙: 中南大学博士学位论文.
董雅文, 周雯, 周岚, 等. 1999. 城市化地区生态防护研究——以江苏省、南京市为例. 城市研究, 14(2): 6-10.

龚浩, 张景雄, 申邵洪. 2009. 基于对象的对应分析在高分辨率遥感影像变化检测中的应用. 武汉大学学报(信息科学版), 34(5): 544-547.

黄玫, 季劲钧, 曹明奎, 等. 2006. 中国区域植被地上与地下生物量模拟. 生态学报, 26(12): 4156-4163.

黎夏, 叶嘉安, 王树功, 等. 2006. 红树林湿地植被生物量的雷达遥感估算. 遥感学报, 10(3): 387-396.

刘锋. 2006. 基于单时相遥感影像与 GIS 的土地利用变化检测方法研究. 北京: 中国测绘科学研究院硕士学位论文.

龙花楼, 刘永强, 李婷婷, 等. 2015. 生态用地分类初步研究. 生态环境学报, 24(1): 1-7.

马超. 2013. 基于典型相关分析的遥感变化检测方法研究. 南京: 南京理工大学硕士学位论文.

马建文, 田国良, 王长耀, 燕守勋. 2004. 遥感变化检测技术发展综述. 地球科学进展, 19(2): 192-196.

邵龙. 2013. 基于面向对象与集成学习的遥感影像分类方法研究. 北京: 中国地质大学硕士学位论文.

宋翔, 颜长珍. 2014. 基于知识库的像斑光谱向量相似度土地覆盖变化检测方法. 生态学报, 34(24): 7175-7180.

汤旭光. 2013. 基于激光雷达与多光谱遥感数据的森林地上生物量反演研究. 长春: 中国科学院研究生院东北地理与农业生态研究所博士学位论文.

童庆禧, 郑兰芬, 王晋年, 等. 1997. 湿地植被成像光谱遥感研究. 遥感学报, (1): 50-57.

王文杰, 赵忠明, 朱海青. 2009. 面向对象特征融合的高分辨率遥感图像变化检测方法. 计算机应用研究, 26(8): 3149-3151.

吴红波. 2011. 基于星载大光斑 LiDAR 数据反演森林冠层高度及应用研究. 哈尔滨: 东北林业大学硕士学位论文.

吴天君, 张曦文, 赫晓慧. 2012. 基于CBERS的黄河湿地生物量反演研究. 测绘与空间地理信息, 35(5): 18-19.

徐丽华. 2005. 顾及投影差的遥感影像变化检测. 武汉: 武汉大学硕士学位论文.

游丽平. 2007. 面向对象的高分辨率遥感影像分类方法研究. 福州: 福建师范大学硕士学位论文.

岳健, 张雪梅. 2003. 关于我国土地利用分类问题的讨论. 干旱区地理, 01: 78-88.

张继贤, 杨贵军. 2005. 单一时相遥感数据土地利用与覆盖变化自动检测方法. 遥感学报, 9(3): 294-299.

Baatz M, Schape A. 2000. Multiresolution segmentation: An optimization approach for high quality multi-scale image segmentation. http://test.ecognition.com/sites/default/files/405_baatz_fp_12.pdf.

Im J, Jensen J R. 2005. A change detection model based on neighborhood correlation image analysis and decision tree classification. Remote Sensing of Environment, (99): 326-340.

Kasischke E S, Bourgeau-Chavez L L. 1997. Monitoring South Florida wetlands using ERS-1 SAR imagery. Photogrammetric Engineering and Remote Sensing, 63(3): 281-291.

Lu D, Mausel P, Brondizio E, Moran E. 2004. Change detection techniques[J]. International Journal of Remote Sensing, 25(12): 2365-2407.

Murray H, Lucieer A, Williams R. 2010. Texture-based classification of sub-Antarctic vegetation communities on Heard Island. International Journal of Applied Earth Observation and Geoinformation, 12: 138-149.

Myint S W, Gober P, Brazel A, et al. 2011. Per-pixel vs. object-based classification of urban land cover extraction using high spatial resolution imagery. Remote Sensing of Environment, 115(5): 1145-1161.

Nielsen A, Morton J. Canty. 2008. MAD change detection: a simple spatial extension and a nonlinear version[M]. Book of Abstracts from Remote Sensing for International Stability and Security: Integrating GMOSS Achievements in GMES.

Pouteau R, Meyer J Y, Taputuarai R, Stoll B. 2012. Support vector machines to maprare and endangered native plants in Pacific islands forests. Ecological Informatics, 9: 37-46.

Temilola E. Fatoyinbo, Amanda H. 2010. Armstrong. Remote Characterization of Biomass Measurements: Case Study of Mangrove Forests. 202. http://cdn.intechweb.org/pdfs/11397.pdf.

第三章 网格划分与编码

第一节 引 言

生态系统管理是对自然生态系统和人工生态系统的组分、结构、功能及服务生产过程进行维护或修复，从而实现可持续目标的一种途径，旨将科学与政策和决策联系起来形成互动系统，为生态保护服务（于贵瑞，2001；傅伯杰，2010）。生态系统管理是对全球生态、环境和资源危机的一种响应，也是自然资源管理的一种整体性途径（Pavlikakis，2000）。土地生态管理是按照土地利用方式和生态用地综合管理模式处理人地关系，以科学技术和持续管理为手段，对土地利用行为进行引导、调整和控制的综合性活动（吴次芳等，2003）。关于土地生态管护的文献多关于土地生态评价后提出政策建议，尚未提出具体的实施方案和技术方法。近几年提出的网格化监管是一种新型的、高效的、科学的数字化监管模式，是对传统监管手段的一次变革（郑士源等，2005）。网格化管理是指借用计算机网格管理的思想，将管理对象按照一定的标准划分成若干网格单元，利用现代信息技术和各网格单元间的协调机制，使各个网格单元之间能有效地进行信息交流，以最终达到整合组织资源、提高管理效率的目的。

目前土地网格化管理研究重点在城市用地管理与市政管理方面，并提出了城市网格划分和编码方案、网格化土地管理信息平台框架及共享服务技术。在城市网格化管理方法研究方面，有学者探讨了基于城市地籍不规则空间网格单元的地理编码标准和城市基础空间信息整合及共享（李琦等，2005；张成成等，2008）。陈学业等（2008）提出了城市统一网格金字塔数据模型和统一网格编码的概念和要求。在土地资源网格化管理研究方面，李德仁等（2008）基于地学网格概念提出了国土资源网格化管理与服务系统总体框架，樊文平等（2010）探讨了土地资源网格化管理的网格编码方案，对比了城市网格与土地利用网格划分的异同，构建了网格化土地管理信息平台总体框架。总体而言，目前网格化管理研究侧重于城市用地管理与市政管理方面，提出了城市网格划分和编码方案、网格化土地管理信息平台框架及共享服务技术，主要用于土地审批、权籍管理和土地执法等方面。然而，针对生态用地管理网格化精细管理仍缺乏研究。

生态用地管理网格化精细管理对加强土地资源利用和管理的科学性，全面协调人地关系，保障生态系统健康发展，实现我国人口、经济、资源和环境协同共进，促进我国经济社会全面可持续发展具有重要意义。借鉴城市网格化管理的先进经验，对生态用地信息实施网格化管护，运用地理编码技术，将生态用地管理的基础和动态信息，按地理坐标定位到一定的网格地图上，实行数字化、精细化、动态化管理，加强土地利用的有序控制和生态用地的有效保护，推进土地管理创新，提高土地管理科学决策水平。

科学划分生态用地管理网格单元是创建"生态用地网格化管理新模式"、实现精细化管理的首要任务。生态用地管理网格单元，是基于土地利用现状、地籍、自然地理及社会经济等数据，根据区县域生态用地管理工作需要，按照一定原则划分的、边界清晰的、封闭多边形的实地区域，在图上表现为独立的面状图斑。网格单元的划分是生态用地管理网格化管理系统构建的第一步，因此必须有一定的网格划分标准，使各网格单元的构建和管理规范化，以便于网格化管理的实施。

第二节　国内外研究现状

一、网格化管理

网格计算技术是近年来国际上兴起的一种重要信息技术。它致力于在动态变化的多个虚拟组织间共享资源和协同解决问题。它的目标是实现网络虚拟环境上的高性能资源共享和协同工作，消除信息孤岛和资源孤岛。它将高速互联网、计算机、大型数据库、传感器、远程设备等融为一体，提供更多的资源、功能和服务。利用网格计算技术，不仅可以解决以上问题，而且可以最大限度地整合虚拟组织中的各种资源，为数据的管理和问题的求解提供服务，为社会各行各业提供资源共享和信息服务（李德仁等，2008）。网格化监管指的是借用计算机网格管理的思想，将管理对象按照一定的标准划分成若干网格单元，利用现代信息技术和各网格单元间的协调机制，使各个网格单元之间能有效地进行信息交流，透明地共享组织的资源，以最终达到整合组织资源、提高管理效率的现代化管理思想。网格化监管是一种新型的、高效的、科学的数字化监管模式，是对传统监管手段的一次变革（郑士源等，2005）。自 1929 年芬兰地理学家 Graneau 采用 1 km 格网来分析自然与社会现象以来，格网的概念已经发展成为一种地学分析方法（张超，2003），同时也是空间框架数据的重要组成部分（罗志清等，2004）。

目前，网格化管理的思想已经成功应用于城市管理、计算机、环境、交通等诸多领域（王朝晖等，2003；陈平，2005；上海城市发展信息研究中心，2005）。

美国对土地用途和开发强度进行控制的区划（zoning）分区单元等，也是借助了网格化管理的思想（2009）。郑士源等（2005）认为网格化管理借用网格思想，将管理对象划为网格单元，通过网络和网格协调机制，促进信息交流与资源共享，最终达成整合资源、提高效率的目的。程方升等（2007）认为城市网格化管理模式通过地理编码技术、网络地图技术、现代通信技术，将不同街道、社区划分成若干网格，使其部件、事件数字化，同时将部件、事件管理与网格单元进行对接，形成多维的信息体系。一旦发现问题，都能及时传递到指挥平台，通知相应职能部门解决问题，以保证规划管理全覆盖、社区服务设施无遗漏，实现城市管理空间和时间的无缝管理和精细化管理。目前，我国部分城市，如北京、上海、南京、杭州、武汉等已经开始采用城市网格化的思路来综合管理城市，重点是城市用地管理与市政管理方面，主要用于土地审批、权籍管理和土地执法等，从而实现了对城市范围的精细化管理。在北京市东城区提出的依托数字城市技术创建城市单元网格管理新模式的思想和实施中，网格技术是其重要的一部分。王金诚和陈晓岚等（2007）在《上海市城市网格化管理的技术实现》中提到利用网格地图技术，将区域划分为若干个网格单元，实现现代城市管理。张成成等（2008）基于城市等级不规则网格的组成及编码规则，分析了城市大比例尺共享空间框架数据的特点、作用及确定原则，以城市有关部门的数据为例进行了城市基础空间信息整合及共享研究。何雄等（2012）在《城市网格化管理和精细服务》中提到，根据自然地理布局和行政区划现状，把全区划分为个万米网格单元，从而在空间层次上形成了区、街道、社区和网格单元四个递进的、逐渐细化的管理层面。并运用地理编码技术，将城市部件按照地理坐标定位到万米单元网格地图上。

李德仁等（2008）从地学网格的基本概念出发，提出了由网络层、数据层与应用层以及安全保障和标准化体系构成的国土资源网格化管理与服务系统总体框架，探索了国土资源网格化管理的运行模式。在充分借鉴城市规划的网格化管理基础上，陈基伟等（2009）通过对上海市土地监测与管理的实证分析，有针对性地提出符合上海管理实际的网格化管理架构，初步研建了相应的管理系统，为将动态监测融入土地日常管理，逐步实现各类工作法制化、规范化和透明化提供了技术平台。

二、规则网格与不规则网格划分方法

在地理学中，格网是将连续的工作区域的平面空间离散化，即按一定规则进行分割，形成许多多边形，每个多边形称为网格单元，并赋予标识符（即地理编码）。其中相邻单元彼此邻接不交叉，其间的空间关系是隐含表达的。格网是一种基于标识符的间接空间参照体系，分为规则网格体系与不规则网格体系。规则网格可以用于表示呈面状分布、以格网作为统计单元的地理信息，其网格单元（或称栅格）一般为方格、三角形或六角形等规则形状。规则网格是空间数据处理中常用的建模方式，遥感像元是现代规则网格的基础。网格模型的突出优点是可以直接利用遥感、数字摄影测量、扫描等方式获取的栅格形式的数据，且结构简单，检索更新效率高，比较容易实现地图或图像的叠加组合及进行各种空间分析。该技术易于普及扩展。其缺点是不能精确记录点和线状目标，难以建立地物间的拓扑空间关系。不规则网格可当作拓扑多边形处理，如社会经济分区、城市街区。这些等级不规则格网对应不同的时空尺度，通过对不规则网格体系赋予标识符（进行编码），可以使得任何一个点都有一组合适的多层次网格单元与之对应，也就是说，任何一个点都可以通过标识符（地理编码）定位。对同一现象也可能存在若干不同尺度、不同聚分性的网格。

　　城市不规则网格的划分主要是根据管理的需要划分各种分区，如城市邮政管理部门划分邮政编码分区，便于邮件的投递和管理；城市规划部门根据分区功能划分规划分区；城市消防部门根据响应时间划分消防分区等。这些地理分区划分的原则也不相同，如火警或紧急救护区是由面积或响应时间决定的；居民区划分是由人口数量确定的；历史保护区是根据地区的历史性特征划定的。如美国人口统计局为人口统计划分的人口普查区（Census Tract）（http://www.census.org）、澳大利亚统计部门根据宗地划分的 Mesh Block（http://www.abs.gov.au）、我国划分的区—街—社区的行政管理单元等。城市分区的主要目的是解决城市管理和社会经济数据的采集、处理、管理等问题。这些分区（网格）划分的相同之处在于它们一般是根据城市街道、自然地物、铁路、主干道等进行不规则划分，不同之处是划分的原则和方法有差异。

　　Eagleson 等（2000）采用层次空间推理理论进行了澳大利亚的 Mesh Block 划分，但是只考虑了网格的形状因素，没有考虑城市不同的土地利用性质对网格划分的影响，约束条件较简单。Car（1997）利用层次空间推理（hierarchical spatial reasoning，HSR），将空间进行分解来划分最小的统计单元。彭明军（2008）在此基础上，将影响城市社会经济信息分布的城市土地利用类型作为考虑因素，进行城市单元网格划分算法设计。Openshaw（1977）提出一个分区自动化程序（automated zone procedure，AZP），用来解决可变面元问题，并用最小化人口、区域的紧凑性或社区的同质性等约束性条件进行分区优化，后来又发展为分区设计系统（zone design system，ZDES）。Martin（2003）在 AZP 基础上将其扩展为自动分区匹配（automated zone matching，AZM），主要是在 AZP 的基础上引入了边界处理中间层，以减少两个输入区域之间的不匹配问题。

我国在城市网格划分研究中，李琦等（2005）从网格的定义出发，论述了规则网格与不规则网格的特点，描述了等级不规则网格的组成，指出地籍是城市最小不规则空间网格单元，利用地籍可以组合成其他管理分区（网格），使城市空间信息的纵向综合与横向共享得以实现，并基于此探讨了基于等级不规则网格的地理编码标准。陈学业等（2008）分析了城市统一空间基础网格划分的必要性，确立了统一空间基础网格划分的基本原则，提出了城市统一网格金字塔数据模型和统一网格编码要求，并对具体的应用模式和要求进行了分析。李林燕等（2008）通过对基于域模型的城市空间网格划分的重点分析，以建设部（2005）推荐标准《城市市政综合监管信息系统单元网格划分与编码规则》中七项原则为基础，提出了一系列以地理要素细分城市空间网格的方法，城市空间网格划分按照"市—区—街道办事处—居民委员会"的典型行政等级逐级划分。唐红涛等（2010）在《基于Map Objects的城市网格化管理系统设计》中提到，划分网格时遵循各级网格以及同级网格之间，不可交叉、重叠，要实现无缝拼接；网格不可跨越同一权属单位，不可跨越城市部件，网格分配到责任人。陈基伟等（2009）在上海市土地资源网格划分的研究中，利用地理自然边界进行划分，尽可能避免因后来人文活动带来的划分格局变化。首先按道路、河流及其他自然边界对土地粗略划分，形成多个封闭的多边形；再在多边形内，选择次一级道路网进一步细分，形成若干面积大小相近的网格单元。樊文平等（2010）提出了上海市嘉定区对土地实施网格化管理过程中的网格划分方案，分别以县、镇乡、街道等行政边界、高速公路及铁路等地物中心线、道路和河流中心线等三类图层划分不同层次的网格，经过适度调整，直至最后划分出的网格符合划分原则且大小基本均等原则。

地籍是城市管理的基本空间单元（即称空间网格），是行政管理境界无缝分割的二维空间。如果把河流和街道看作是公用地籍，则宗地无缝分割一个城市的平面空间。行政管理境界和以权属界线划分的地块共同构成了不规则等级空间网格体系，它们是城市管理的基础和法律依据，同时也是空间框架数据研究的重要内容和标准。这些等级不规则格网对应不同的时空尺度，通过对不规则网格体系赋予标识符（进行编码），便可以使得任何一个点都有一组合适的多层次网格单元与之对应，也就是说，任何一个点都可以通过标识符（地理编码）定位。基于行政管理境界和宗地划分的不规则网格是以特征形式提取的，总体上却又具有栅格模型的特点，这种兼具矢量与栅格优点的数据组织模型具有认知合理、层次性、表达真实等优点。

三、土地评价单元划分方法

国内外已开展较为丰富的土地评价研究成果。评价单元划分是土地评价的基础。土地评价单元包括两类,一类是基于面状的矢量评价单元,另一类是基于点状的栅格评价单元。评价单元的确定主要根据各评价工作所需达到的目标来确定。面状评价单元是以矢量面元作为评价的信息载体和评价单元,属于不规则网格的划分。其优点是数据获取尤其是社会经济数据的获取较为方便,评价结论亦便于应用于环境管理之中。其最大的不足是数据及评价结论的"精确空间位置性"不能得到保证。点状评价单元是以栅格单元作为评价的信息载体和评价单元。由于栅格单元的优点是具有空间"精确位置"的含义,就使得评价结果具有"真正空间性"的意义,缺点是评价结论的土地之间直接比较不太方便和评价结论在环境管理中的应用不方便。

土地适宜性评价单元是按照土地质量均匀一致的原则划分的最基本的单元网格。张小波(2007)利用 GIS 空间分析方法中的叠置法划分评价单元对库车县进行土地适宜性评价。即将与土地适宜性评价有关的图件叠置在一起(包括土地利用现状图、土壤图等图件),通过将图斑分割、剪断、合并,生成新的要素,新的要素综合了原来两层要素所具有的属性,因而就将此具有综合属性的土地单元作为库车县土地适宜性的基础评价单元。荆新全(2011)以固定网格划分单元,采用 ARCGIS、KQLand 等 GIS 软件,以累加模型计算各个网格单元的总分值。

土地生态安全评价单元依据不同的需要、目的与不同的空间尺度选择评价单元。吴未和谢嗣频(2010)则认为大多数生态现象均与尺度相关。已有研究一般采用行政单元,省级区域一般利用县市划分评价单元。例如杜忠潮和韩申山(2009)在对陕西省进行土地生态安全评价时,以西安、宝鸡、咸阳、延安、汉中等 10 个省辖市为评价单元进行土地生态安全评价;丁辉等(2009)将四川省划分为成都、自贡、攀枝花、绵阳等 21 个行政区域作为评价单元。县级区域土地生态安全评价单元一般采用栅格化数据,封开县土地生态安全评价单元采用 500 m×500 m 的栅格数据。

针对某一生态问题的生态敏感性评价多集中在小流域尺度或国家尺度。杨月圆等(2008)在云南省土地生态敏感性评价中,将所收集县级行政区、地州行政区级的资料数据统一转成空间分辨率为 30 m 的 grid 格式,作为基本的空间地理单元进行评价。汤洁等(2006)在研究吉林省西部地区的土地盐碱化敏感性分析时,应用 GIS 多边形叠置分析技术将研究区划分了 6395 个评价单元。帅红和李景保(2010)在对湖南省桂阳县土地生态敏感性分析中,也将所涉及数据统一转成空间分辨率为 30 m 的 grid 格式。曹绍甲和李显书(2011)在对海北藏族自治州进行土地生态敏感性评价时,以土地利用现状图斑为最小研究单元,采用了 MAPGIS 和 SPSS 相结合的方法。刘金兴和刘晓川(2010)在对广西壮族自治区上思县进行土地生态安全评价时,考虑到上思县的区域面积,采用分辨率为

30 m×30 m 的栅格数据进行空间加权叠加分析。

国内对于土地生态环境质量的评价多集中在县市尺度。吕巧灵等（2007）在对郑州市土地生态环境质量进行评价时，首先选取由 2002 年的 SPOT 遥感影像进行解译获取 1∶50 000 土地利用现状图，在此基础上以 GIS 软件 MAPGIS 为平台，同地貌图、坡度图、土壤肥力图、植被图、大气质量图、灌溉水质量图以及土壤环境质量图进行叠加分析形成综合评价单元图，最终确定 3783 个评价单元。重庆市土地生态环境质量评价通过解译获取 1∶250 000 土地利用现状图，将研究区土地利用现状分为耕地、林地、草地、水域湿地、建设用地和未利用土地等 6 个类型，根据重庆市具体情况和研究的需要，采用 210 m×210 m 方格。张笑楠（2006）在对潜江市进行土地生态环境质量评价时，将多种包含自然环境要素信息的专题图件叠置并栅格化，网格大小为 30 m×30 m，以此作为自然要素的评价单元。刘昌荣在对泸定县土地生态环境质量进行评价时，以镇（乡）为研究单元，利用地环境质量资料建立属性数据库，然后为每个评价因子做出一幅环境图，通过 GIS 系统的叠置分析功能，将各单因素环境图与基图叠加得到复合图，通过对复合图的分析，对环境质量进行综合后评价。

四、地理网格编码方法

地理编码就是给每一个空间网格赋予不同的标注符，该标注符可由单独的数码、自然语言、字母组成，也可以是三者的混合形式。地理编码是地理空间的间接参考体系，是整合多源空间信息资源的一个关键环节。

国外关于地理网格编码方法的研究起步较早。在 20 世纪 70 年代，美国已经建成覆盖全国范围的统一的地理信息编码的数据库——TIGER 数据库。20 世纪 80 年代，英国已建设成了国家级的 GIS 编码数据库。国外地理网格编码研究主要集中在探讨地址的匹配方法和地址的匹配精度等方面。Ashraf 提出四叉树网格 Morton 码（按照 Morton order 或 z-order）进行编码，可有效地计算交错的 x，y 坐标。还可采用按照 Gray order，Hilbert order 的空间填充曲线进行编码（Ashraf et al.，2001）。Zandbergen（2008）归纳了地理信息编码的步骤，并对街道网络、地址点、地块边界这三种数据的模型进行了概括和对比分析地址匹配率。Christen 等（2006）分析阐释了匹配用户输入信息和地理编码数据库的前提是进行输入字符串标准化，并解释了与地理编码数据库中的地址信息字符串进行匹配的方法。Sahr（2008）提出了一类基于路径轨迹的二十面体 DGGS 的地址编码方法，并指出其可用于矢量数据索引。

国外有关网格编码的方法主要有三种：以行政区划为基准的编码、以图幅号为基准编码和以坐标为基准的编码。在以行政区划为基准进行编码时，在某一级别的行政管理单元内，首先把地籍区和地籍子区作为编码区中固定的部分；其中，地籍区以下划分街道、街坊，地籍子区以下划分街区。而后再把宗地号插在编码区。该方法的优点是编码方式易于接受，容易推广；有良好的继承性，便于与已有宗地编码系统的转换；同时适用电脑和人脑编码操作；仍适用于当前未完成全国登记区域。这种方法的主要缺点是稳定性存在一定问题，当行政区划调整时，宗地编码的变更很麻烦。如果在县级行政区划内划分固定的编码区，则可大大减弱乡镇行政区划频繁调整所带来的不稳定性问题。该方法应用的行业比较多，如行政区划编码、邮政编码、身份证号等。世界上采用此种编码方法的国家或地区有：德国、荷兰、奥地利、克罗地亚、芬兰、希腊、拉脱维亚、俄罗斯联邦、瑞典、美国佛罗里达州、埃塞俄比亚阿姆哈拉区、乌干达、赞比亚等。

以图幅号为基准的宗地编码需要同一比例尺的图件覆盖编码区域，如果涉及多比例尺图幅的连续细分衔接，其编码方法就比较复杂。以坐标为基准的编码则必须要有一套严密的基准体系，包括大地基准、参考椭球、投影方式、网格原点、网格划分规则、编码及网格精度等。当基准体系建立之后，宗地编码被唯一地确定了。这两种规则的网格编码方法具有的共同的优点是：图与真实地物衔接好，方便计算机编码。缺点是：对于比例尺不同的图幅需考虑继承衔接细化等问题，这使编码变得复杂；网格精度不高和编码长度不足时，编码不唯一；稳定性不好；技术要求高，一般工作人员不能编码；继承性不好。美国、英国、澳大利亚等国家的地理信息系统就是以此种编码方式为社会提供各种地理实体基于位置的服务的。美国的部分州、泰国的部分地区、德国的部分州等采用的是基于图幅的宗地编码；美国犹他州和加拿大的部分州采用的是基于坐标的宗地编码。

近年来，我国网格编码的相关研究发展较快。陈细谦等（2004）研究了国内外相对较为成熟的地理信息编码系统后，提出了编码体系的结构。其提出的编码体系主要有三大部分：地理编码的数据库、地形图以及规范化的数据清洗和地址匹配；并创新性地借鉴了生物学中的基因序列配对的方法来研究地理信息的地址匹配的方法。薛明和肖学年（2007）概括了地理编码过程的三个重要因素：第一是明确地理信息对象，第二是确定信息参考系统，第三是确定编码规则。江洲等（2004）通过归纳概括得出地理编码的过程主要包括地址的标准化与精确匹配。

国内有关网格编码方法分为两大类：基于行政管理单位的网格编码和以地理坐标为基准的网格编码。以行政管理单位为基础的网格编码结合全国行政区划编码，结构简洁明了，易于快速查询管理。李德仁等提出的 SIMG 由四部分构成，编码位数为 16（或 12）位，编码结构是市辖区码—街道办事处码—社区码—单元网格顺序码（李德仁等，2008；李德仁等，2006）。SIMG 编码结构具有层次性，单独提取编码的前几位数,便可得到上一级网格,容易换算。李林燕等(2008)按照地理要素建立空间细分网格管理城市,基于行政区划通过行扫描法对网格进行顺序编码,网格结构包含四级,编码位数为14。樊文平等(2010)提出每一个网格单元应该对应一个唯一的时空编码。该编码结构为县级及省、市行政区划编码—镇乡/街道行政编码—网格单元顺序编码。施玉麒等(2010)针对上海临港新城土地网格化编码提出编码规则:区县行政区划编码—网格单元顺序编码—网格单元土地利用类型变更标志编码,单元顺序码在一个网格划分的地域范围内按从北至南、从西至东的顺序进行。李德仁等(2007)对武汉市城市网格的划分是以行政区划为基准进行的。网格编码由四部分组成:市行政编码—街道办事处编码—社区编码—网格单元顺序码。

以地理坐标为基准的网格编码是在地理坐标的基础上进行网格及子格网编码,编码具有一致性,可实现坐标间转换。李德仁等(2007)提出了四叉树网格,该方案是基于行列的编码。该编码方法继承了行列网格的优点并结合了四叉树网格的优势。采用该方案可形成多级的规则划分,适用范围包括无边缘区域、形状特别的区域(如狭长地带)、确定的区域等。江绵康(2006)以上海为例研究了基于坐标网格的编码方法。罗志清等(2004)建立的多级网格系统是以地理空间概念和数字空间架构为基础划分的,通过对网格单元进行编码,实现无缝衔接以及多尺度的城市地理信息管理。胡雪莲(2003)等建议基于地理空间的定义,在统一的地理参考背景下划分不同级别的网格,采用莫顿码编码生成元数据。此外,符海芳等(2003)在分类编码体系中引入时空编码,设计了适用于多维农业地理信息的提取和编码方案,全面地表征农业地理信息。何建邦等(2003)提出了资源环境信息编码,编码类型有数字编码、字母编码以及数字字母混合编码。从视觉角度和容易记忆的角度考虑,数字型的编码最佳,并且码位设计应为等长型(即空码位补0)。

综上可见,对于网格划分与编码方法,国内外已有大量研究,而且所有研究成果都建立在一定应用的前提上。网格划分方法或受地球球体影响显著,或局限于小范围研究区域;而网格编码方法则存在不稳定性、技术要求高、继承性不好等缺点。涉及生态用地管护的网格划分和编码方法未见研究,因此,借鉴已有研究成果,进一步对生态用地的网格划分和编码方法的研究探讨是必要的。

五、宗地编码方法

1. 宗地编码模式

现今世界范围内主要存在以下几种宗地编码模式:

模式一:"县级行政区划+乡镇+村+宗地"

这种模式的优点:比较适合人们的习惯,通俗易懂,操作性强,保密性好,对集体土地所有权宗地无二义性,经过适当的方式可扩展土地使用权编码(含农村的国有土地使用权)。

这种模式的缺点:一是稳定性一般,如果乡镇行政区划和村的界线有调整,则其宗地的编码需要及时变更;二是编码不能扩展至城镇国有土地使用权宗地,使其统一性和适应性受到影响。

模式二:"县级行政区划-街道-街坊-宗地"

这种模式的优点:比较适合人们的习惯,通俗易懂,操作性强,保密性好,对城镇区域土地使用权宗地无二义性,可扩展城郊结合的国有土地使用权编码。其稳定性优于模式一。

这种模式的缺点:一是不是十分稳定,如果街道办事处的区划有调整,则其宗地的编码需要及时变更;二是编码不能扩展至集体土地所有权宗地和除城郊结合部以外区域的集体土地使用权宗地,使其统一性和适应性受到影响。

模式三:"县级行政区划-地籍区-地籍子区-宗地"

实质上这种模式是前面两种模式的优化,既发挥了前面两种模式的优点,又克服了前面两种模式的缺点。

模式四:坐标模式"X+带号+Y"

这种模式的优点:由于采用了严密的数学模型,其统一性、扩展性都很好,几乎没有什么限制,并且计算机操作也很方便。但是其缺点也是非常显著的。

这种模式的缺点:一是存在二义性,即计算出来的相邻宗地编码可能会相同;二是稳定性受到坐标系统变化的影响;三是适应性优劣取决于全国的农村和城镇是否采用相同的坐标系统;四是不保密;五是基于我国已采用的编码模式,必须对所有的宗地重新编码;六是技术要求较高,不易操作。

模式五:"行政区划+图幅号+宗地号"

这种模式的优点:图与实地衔接好、便于计算机编码,比较稳定和直观,可扩展,乡(镇)行政区划界线的调整对这种模式没有什么影响,与统一性和适应性没有太大关系。

这种模式的缺点:一是当采用坐标计算的方法定位宗地所在图幅时,存在二义性、稳定性和适应性有限制、技术要求较高、不宜操作等问题;二是如果直接在图幅内顺序编制宗地号,图幅破宗地的编码规则制定困难,导致编码工作人员无所适从;三是对全国而言,集体土地所有权属图的比例尺主要是 1∶10 000,也有 1∶2000、1∶5000 和 1∶50 000,对城镇和独立工矿的地籍图采用的是 1∶500 比例尺图幅,这种多尺度的图幅编码规则制定十分困难,编制规则很复杂,操作不方便，还存在二义性、稳定性和适应性等问题。

通过对上述集中编码模式的综合分析研究，发现相对其他几种编码模式，模式三在唯一性、稳定性、扩展性、统一性、适应性、易懂操作性、保密性等方面都占有优势。因此，我国宗地编码采用以"县级行政区划+不规则格网"为基准的宗地编码模式，即"县级行政区划-地籍区-地籍子区-土地所有权宗地-土地使用权宗地"。

2. 宗地编码规则

（1）编码结构

宗地编码采用五层19位层次码结构，按层次分别表示县级行政区划、地籍区、地籍子区、土地权属类型、宗地顺序码。

（2）编码方法

1）第一层次为县级行政区划，采用国家统一行政区划编号，编码为6位，采用《中华人民共和国行政区划代码》（GB/T 2260—2007），含省级2位、市级2位、县级2位。在实际作业人工填写表册时，前6位可以省略，在地籍信息系统中进行设置，自动添加至各类表册中。

2）第二层次为地籍区，在县级行政区域内按统一顺序编制地籍区号，编码为3位，用阿拉伯数字表示。

3）第三层次为地籍子区，在地籍区内按统一顺序编制地籍子区号，编码为3位，用阿拉伯数字表示。

4）第四层次为土地权属类型，编码为2位。第一位表示土地所有权类型，用G、J、Z表示。"G"表示国家土地所有权，"J"表示集体土地所有权，"Z"表示土地所有权争议。第二位表示宗地特征码，用A、B、S、X、C、D、E、F、W、H、Y表示。其中，"A"表示集体土地所有权宗地，"B"表示建设用地使用权宗地（地表），"S"表示建设用地使用权宗地（地上），"X"表示建设用地使用权宗地（地下），"C"表示宅基地使用权宗地，"D"表示土地承包经营权宗地（耕地），"E"表示林地使用权宗地，"F"表示草原使用权宗地，"H"表示土地承包经营权宗地（水域滩涂养殖），"W"表示使用权未确定或有争议的土地，"Y"表示其他土地使用权宗地，用于宗地特征扩展。

5）第五层次为宗地顺序码，编码为5位，用00001～99999表示，在相应的宗地特征码后顺序编码。

（3）赋码规则

地籍区、地籍子区划定后，其数量和界线应保持稳定，原则上不随所依附界线或线性地物的变化而调整。

为保证宗地编码的唯一性，因宗地的权属类型、界址发生变化，宗地码在相应的土地权属类型码的最大宗地顺序码后续编，原宗地编码不再使用。

新增宗地的宗地编码在相应土地权属类型码的最大宗地顺序码后续编。

第三节　生态用地管理不规则网格与编码

一、基于"村庄-生态系统-地类图斑"的网格与编码

1. 不规则网格

基于"村庄-生态系统-地类图斑"的生态用地管理不规则网格划分是在行政区划基础上，增加生态系统类型，再向下延伸到地块。具体划分步骤如下所述。

一级网格（县市级网格）：

基于属地管理原则，布置省（市、区）行政边界、地（市）行政边界和县（市）行政边界图层，以此作为划分网格的第一层次。各行政界线由民政部门确认，行政区划范围之间不存在相互包含的关系，也不存在裂隙。

二级网格（村庄级网格）：

在县（市）级行政区划范围内，先划分出各个街道、乡、镇的界线，然后再划分出各个村庄、街区界线，得到二级网格，即村庄级网格。

三级网格（生态系统网格）：

三级网格即生态系统网格，是在不跨村庄界限和街区界限的前提下，将各生态系统对应的生态用地类型进行归并而形成的网格。根据本研究的生态用地分类体系，生态用地一级类的生态系统包括农田生态系统、林地生态系统、草地生态系统、湿地生态系统、荒漠生态系统、其他主导功能性生态用地和其他多功能性生态用地。

四级网格（地类图斑网格）：

四级网格即地类图斑网格，是生态用地不规则网格中的最后一级网格。是在区域内生态系统网格（三级网格）范围内，以土地利用现状图的地类图斑而形成的网格。

2. 网格编码

（1）编码结构

基于"村庄-生态系统-地类图斑"的生态用地管理不规则网格编码采用四层18位层次码结构，按层次分别表示县级行政区划、村（街区）、生态系统类型编码、地类图斑编码。生态用地不规则网格编码结构如图3-1所示。

```
XXXXXXXXXXXXXXXXXX
              │       │     │    │
              │       │     │    └── 地类图斑编码
              │       │     └────── 生态系统类型编码
              │       └──────────── 村(街区)
              └──────────────────── 县级行政区划
```

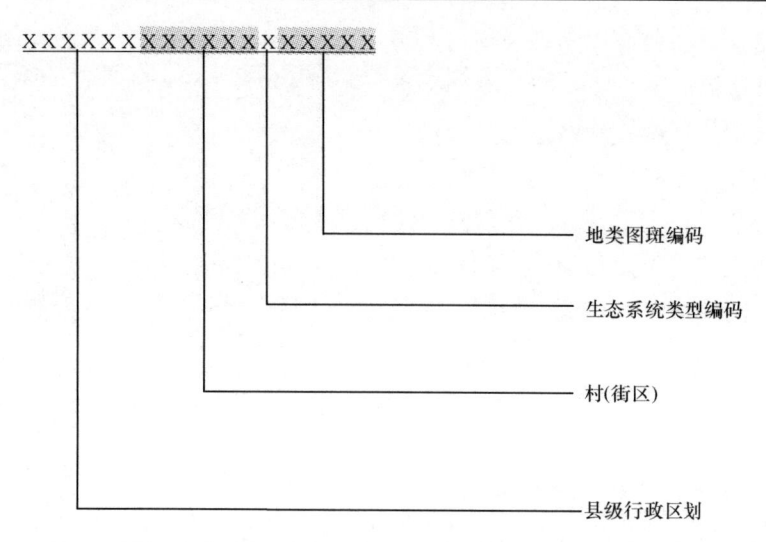

图3-1 基于"村庄-生态系统-地类图斑"的生态用地管理不规则网格编码结构图

（2）编码方法

第一层次为县级行政区划，编码为6位，采用《中华人民共和国行政区划代码》（GB/T 2260—2007）。

第二层次为村（街区），编码为6位，用阿拉伯数字表示，前三位为乡镇（街道）编码。

第三层次为生态系统类型编码，编码为1位，表示生态系统类型，用A、F、G、W、D、O、M表示。其中，"A"表示耕地生态系统，"F"表示林地生态系统，"G"表示草地生态系统，"W"表示湿地生态系统，"D"表示荒漠生态系统，"O"表示其他主导功能性生态用地，"M"表示其他多功能性生态用地。

第四层次为地类图斑编码，编码为5位，表示地类图斑网格编码，用阿拉伯数字00001~99999表示，在相应生态系统类型编码后顺序编码。

二、基于"村庄-生态用地类型-地类图斑"的网格与编码

基于"村庄-生态用地类型-地类图斑"的生态用地管理多级网格无缝划分，是在行政区划的基础上进行，增加生态用地类型，再向下延伸到地块。

1. 不规则网格

基于"村庄-生态用地类型-地类图斑"的生态用地管理不规则网格包括以下内容。

一级网格（县市级网格）：

基于属地管理原则，布置省（市、区）行政边界、地（市）行政边界和县（市）

行政边界图层，以此作为划分网格的第一层次。各行政界线由民政部门确认，行政区划范围之间不存在相互包含的关系，也不存在裂隙。

二级网格（村庄级网格）：

在县（市）级行政区划范围内，先划分出各个街道、乡、镇的界线，然后再划分出各个村庄、街区界线，得到二级网格，即村庄级网格。

三级网格（生态用地类型网格）：

三级网格即生态用地类型网格，是在不跨村庄界限和街区界限的前提下，以区域内土地利用现状图（地类图斑）为基础数据，依据生态用地分类体系，对区域内空间分布集中连片的、属于相同生态用地类型的地类图斑进行合并，合并后形成的网格为生态用地类型网格。

四级网格（地类图斑网格）：

四级网格即地类图斑网格，是生态用地不规则网格中的最后一级网格。是在区域内生态用地类型网格（三级网格）范围内，以土地利用现状图的地类图斑而形成的网格。

2. 网格编码

（1）编码结构

基于"村庄-生态用地类型-地类图斑"的多级网格编码采用五层 20 位层次码结构，按层次分别表示县级行政区划、村（街区）、土地所有权编码、生态用地类型编码、地类图斑编码。生态用地管理不规则网格编码结构如图 3-2 所示。

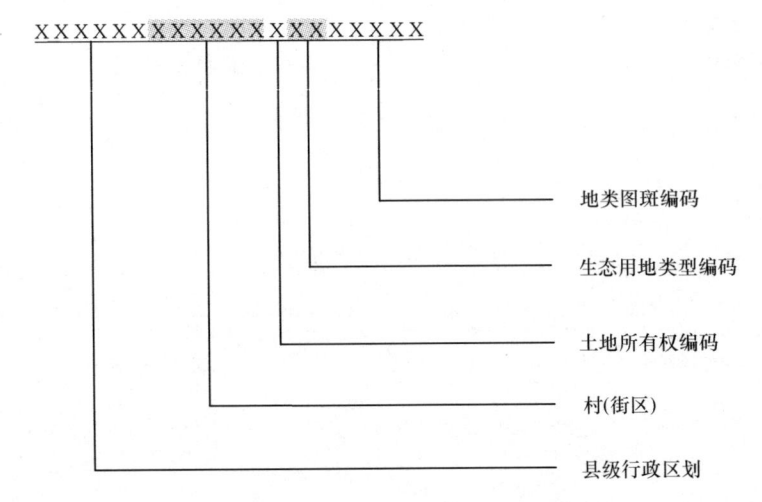

图 3-2 基于"村庄-生态用地类型-地类图斑"的生态用地管理不规则网格编码结构图

（2）编码方法

第一层次为县级行政区划，编码为 6 位，采用《中华人民共和国行政区划代码》（GB/T 2260—2007）。

第二层次为村（街区），编码为 6 位，用阿拉伯数字表示，前三位为乡镇（街道）编码。

第三层次为土地所有权类型，编码为 1 位，表示土地所有权类型，用 G、J、Z 表示。其中，"G"表示国家土地所有权，"J"表示集体土地所有权，"Z"表示土地所有权争议。

第四层次为生态用地类型编码，编码为 2 位。"11"表示河流水面，"12"表示湖泊水面，"13"表示沿海、内陆滩涂，"14"表示沼泽地，"21"表示盐碱地，"22"表示沙地，"23"表示裸地，"31"表示冰川及永久积雪，"32"表示公园、绿地及其他，"41"表示有林地，"42"表示灌木林，"43"表示其他林，"51"表示天然牧草地，"52"表示人工牧草地，"53"表示其他草地，"61"表示水田，"62"表示水浇地，"63"表示旱地，"64"表示果园，"65"表示茶园，"66"表示其他园地，"71"表示水库水面，"72"表示坑塘水面，"73"表示沟渠，"74"表示空闲地，"75"表示设施农用地。

第五层次为地类图斑编码，编码为 5 位，表示地类图斑网格编码，用阿拉伯数字 00001～99999 表示，在相应生态用地类型编码后顺序编码。

三、基于"地籍子区-生态系统-生态用地类型"的网格与编码

基于"地籍子区-生态系统-生态用地类型"的多级网格无缝划分，是在行政区划的基础上进行，结合地籍数据和生态用地类型，由行政区划向下延伸到网格。

1. 不规则网格

基于"地籍子区-生态系统-生态用地类型"的生态用地管理网格包括以下内容。

一级网格（县市级网格）：

基于属地管理原则，布置省（市、区）行政边界、地（市）行政边界和县（市）行政边界图层，以此作为划分网格的第一层次。各行政界线由民政部门确认，行政区划范围之间不存在相互包含的关系，也不存在裂隙。

二级网格（地籍区网格）：

在县（市）级行政区划范围内，划分出各个街道、乡、镇的界线。根据街道、乡、镇的范围，结合各种永久性构筑物或显著的地物地貌，划分成若干地籍区。

三级网格（地籍子区网格）：

在各地籍区内，根据行政村、自然村、街区的范围，结合各种永久性构筑物

或显著的地物地貌,划分出若干地籍子区。在部分区域,在地籍子区的范围内,地籍子区的范围是与行政村的范围相重合的。

四级网格(生态系统网格):

四级网格即生态系统网格,是在不跨地籍子区的前提下,将各生态系统对应的生态用地类型进行归并而形成的网格。根据本研究的生态用地分类体系,生态用地一级类的生态系统包括农田生态系统、林地生态系统、草地生态系统、湿地生态系统、荒漠生态系统、其他主导功能性生态用地和其他多功能性生态用地。

五级网格(生态用地类型网格):

五级网格即生态用地类型网格,是以区域内土地利用现状图(地类图斑)为基础数据,遵循不跨地籍子区的原则,依据生态用地分类体系,对区域内空间分布集中连片的、属于相同生态用地类型的地类图斑进行合并,合并后形成的网格为生态用地类型网格,即五级网格。

2. 网格编码

(1)编码结构

生态用地五级网格编码采用八层24位层次码结构,按层次分别表示县级行政区划、地籍区、地籍子区、土地所有权类型、生态系统编码、生态用地类型编码、不规则网格顺序码、生态功能重要性类型等级。生态用地管理不规则网格编码结构如图3-3所示。

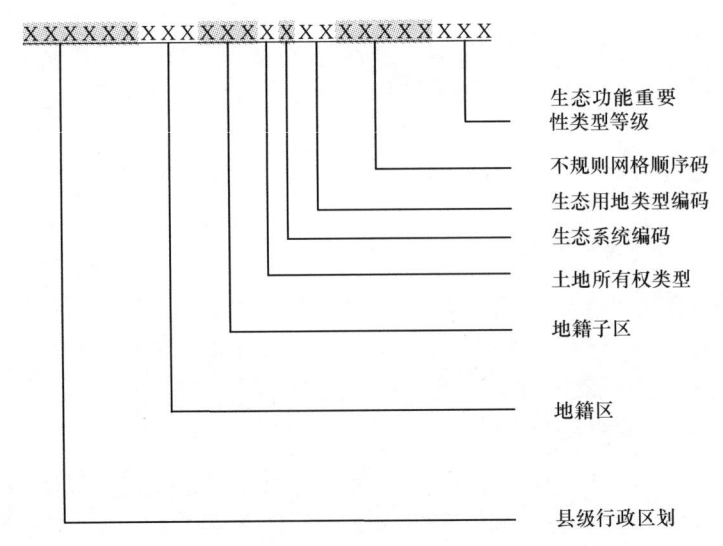

图3-3 基于"地籍子区-生态系统-生态用地类型"的生态用地管理不规则网格编码结构图

（2）编码方法

第一层次为县级行政区划，编码为6位，采用《中华人民共和国行政区划代码》（GB/T 2260—2007）。

第二层次为地籍区，编码为3位，用阿拉伯数字表示。

第三层次为地籍子区，编码为3位，用阿拉伯数字表示。

第四层次为土地所有权类型，编码为1位。用G、J、Z表示，其中"G"表示国家土地所有权，"J"表示集体土地所有权，"Z"表示土地所有权争议。

第五层次为生态系统编码，编码为1位，表示生态系统类型，用A、F、G、W、D、O、M表示。其中，"A"表示耕地生态系统，"F"表示林地生态系统，"G"表示草地生态系统，"W"表示湿地生态系统，"D"表示荒漠生态系统，"O"表示其他主导功能性生态用地，"M"表示其他多功能性生态用地。

第六层次为生态用地类型编码，编码为2位。"11"表示河流水面，"12"表示湖泊水面，"13"表示沿海、内陆滩涂，"14"表示沼泽地，"21"表示盐碱地，"22"表示沙地，"23"表示裸地，"31"表示冰川及永久积雪，"32"表示公园、绿地及其他，"41"表示有林地，"42"表示灌木林，"43"表示其他林，"51"表示天然牧草地，"52"表示人工牧草地，"53"表示其他草地，"61"表示水田，"62"表示水浇地，"63"表示旱地，"64"表示果园，"65"表示茶园，"66"表示其他园地，"71"表示水库水面，"72"表示坑塘水面，"73"表示沟渠，"74"表示空闲地，"75"表示设施农用地。

第七层次为不规则网格顺序码，编码为5位，表示不规则网格的顺序编码，用阿拉伯数字00001~99999表示。

第八层次为生态功能重要性类型的等级，编码为3位，第一位表示生态功能等级，第二位表示生产功能等级，第三位生态功能在本区域重要性的等级，用1、2、3表示。其中，"1"表示高等级（重要），"2"表示中等等级（较重要），"3"表示低等级（不重要）。在相应的不规则网格编码后顺序编码。如一个不规则网格具有高生态功能价值、高生产功能价值，并且其生态功能在本区域重要，表示为111。

四、结果与讨论

基于"村庄-生态系统-地类图斑"的生态用地管理不规则网格划分及编码方案优势在于所划分的生态用地管理网格，内部生态用地功能相对一致，便于管护规则的落实，便于信息的收集、统计、整合。该网格体系动态变化与社会、经济、自然的真实过程十分接近，有利于时空建模，划分到具体地块，使得网格管理更加精细化。不足之处体现在：一是所划网格会逐年变化，网格形态不稳定；二是生态系统类型有变更，影响生态功能评估、统计；三是网格划分到具体的地块图斑，数据量庞大，加大管理工作量。

基于"村庄-生态用地类型-地类图斑"生态用地管理网格划分及编码方案优势在于所划生态用地管理网格，内部生态用地功能相对一致，便于管护规则的落实，编码增加了土地所有权属性，确保了网格土地权属一致，便于管理，划分到具体地块，使得网格管理更加精细化。不足体现在：一是所划网格土地权属可能会发生变化，生态用地类型变化较大，网格形态不稳定；二是网格划分到具体地块图斑，数据量庞大，加大管理工作量。

基于"地籍子区-生态系统-生态用地类型"的生态用地管理网格划分及编码方案优势在于基于宗地编码，结合了地籍区和地籍子区的概念，保证了城镇和农村网格划分规则的一致性，能够满足城乡土地统一管理的要求，并能表达土地所有权特征，内部生态用地功能相对一致，便于管护规则的落实。与上述方案一和方案二相比，网格数量少，便于管理。

第四节 生态用地管理不规则网格划分

一、生态用地管理不规则网格划分原则

网格化管理系统构建的第一步是划分各网格单元，因此必须有一定的网格划分标准，使各网格单元的构建和管理规范化，以便于网格化管理的实施。本节中所定义的生态用地管理网格单元，是指区（县）域按照生态用地的功能确定的基本管理单元，是基于地籍和土地利用图数据，根据区（县）域土地生态状况管理工作的需要，按照一定原则划分的边界清晰的、封闭的多边形实地区域。在图上表现为独立的、不规则的、面状的图斑。

生态用地管理网格划分要遵循法定基础原则、属地管理原则、地理布局原则、方便管理原则、完整性原则、相对固定性原则和通用性原则。

1) 法定基础原则：网格单元的划分应当基于法定的地籍/土地利用图数据进行，底图必须统一，测量数据比例尺一般以 1∶2000 或 1∶10 000 为宜，但不应小于 1∶50 000。

2) 属地管理原则：网格单元的最大边界为镇乡边界，不应跨镇乡分割；如果存在开发区土地管理单元，则不应跨开发区分割，即网格单元不应跨土地管理的最小单元。

3) 地理布局原则：按照区（县）域的自然地理布局进行划分，如主干道路（铁路、国家公路、省公路、县（区）公路以及专用公路等）、河流（跨省河流、省内跨区河流、小区域河流等）的中心线作为网格的划分界线，道路、河流中心线

应以区（县）级信息中心提供的三线图为准。划分网格单元所用的镇乡边界应以1：2000土地利用图上的镇乡边界为准。

4）方便管理原则：为方便实施生态用地巡查和管理，在满足属地管理原则的前提下，应尽可能使网格巡视路径便捷和可达。

5）完整性原则：是指网格划分必须做到区（县）域全覆盖，网格之间不相互包含、无漏洞、无重叠，网格之间的边界做到无缝拼接，每个网格的面积累加为整个区（县）面积。

6）相对固定性原则：是指用于生态用地管理网格边界的现状地物要在规划期内是稳定的，不易发生变化的。

7）通用性原则：网格的划分成果应具有一定程度的通用性。各种应用可以在此基础上进行扩充。

二、生态用地管理不规则网格划分方法

1. 基于行政区的不规则网格划分

生态用地管护涉及自然、社会和经济等多个方面，为了数据的可获取性和便于操作性，基于行政区进行的生态用地不规则网格划分，就是利用研究地区的行政界线为划分的依据，在划分时要保证边界的完整性，形成封闭的图斑，并且在实地明显可辨。这样在不同的生态用地管理网格，不仅可以方便地获取社会经济资料，而且各级行政区又是具体实施各种生态保护和治理措施的基本单位，使研究结果具有一定的现实意义。尽管以行政区划为生态用地管理网格的优势明显，但这种网格的划分也存在一定的缺陷。在一个网格内可能存在不同的自然资源背景，将导致生态用地使用方式和管护措施也可能有较大差异。

2. 基于土壤分类的不规则网格划分

土壤分类是根据土壤发生发展规律及土壤所表现的特征和特性对土壤进行的科学区分，以土壤图为基础，把基本制图单元如土种、变种或土系按其土地利用性能划分为不规则网格。以土壤分类作为基础进行生态用地不规则网格的划分可以充分反映土壤条件，但这种划分是以土壤图为基础，划分缺乏明显的地面界线，与行政界线和地块权属界线不一致，给生态用地管护过程带来麻烦，并且增加工作量。

3. 基于地块的不规则网格划分

地块是指能反映一致或相对一致的地貌、坡度、坡位、土地类型及其利用现状，从地理空间属性和土壤性状、地域小气候、地表覆被、土地利用和综合治理

措施等非空间属性上，可视为或基本可视为一体的基本地理空间单元（张晓萍等，1999）。在应用中，这种划分可以直接利用土地利用现状图的图斑作为生态用地的不规则网格，即自然地块或耕作规划单元以及种植地段等划分网格。以地块为不规则网格基本单元的优点是土地利用现状图比较齐全，减少了前期的很多工作量，不规则网格的界限与地块界限完全一致，便于生态用地的管护。

4. 基于多图叠加的不规则网格划分

除单一方式划分方法外，还可以利用多图叠加的方式进行不规则网格的划分。在 GIS 技术支持下，以区域行政区划图为基础，再将区域土地利用现状图、土壤类型图、地貌图、坡度图、土壤肥力图、植被图、大气质量图、灌溉水质量图和土壤环境质量图等与土地生态状况相关的基本图件进行叠加，按叠加后所形成的图斑作为基础网格。在叠加时往往由于各图的编制时间不同、底图精度不同，而使线条边界不能完全重合，所以需要在操作时以土地利用现状图为准，对其他图进行纠正，对细小的图斑进行合并处理，并按要求对单元进行统一编号，即成为完整的不规则网格单元。该方法要求所选用的基本图件要转换到同一比例尺。尽管多图叠加生成的评价图斑包含的信息比较多，提高了评价的准确度，但有可能造成划分单元过于细碎，增加工作量。叠加法划分评价单元时，可以根据基础图件的类型划分为两类：基于矢量图件的叠加和基于栅格图层的叠加。

5. 基于地籍调查基本单元——宗地的不规则网格划分

宗地是地籍的最小单元，是指以权属界线组成的封闭地块，是地球表面一块有确定边界、有确定权属的土地。其面积不包括公用的道路、公共绿地、大型市政及公共设施用地等。以宗地为基本单位统一编号，称为宗地号，又称地号。其有四层含义，称为：区、带、片、宗，从大范围逐级体现其所在的地理位置。如：B107-24 这个地号表示福田区第 1 带 07 片第 24 宗地。根据宗地的划分原则及宗地的编号，可以地籍管理中的宗地作为生态用地管理不规则网格的基本单元，以宗地的编号作为不规则网格的编号。但是这种划分方法工作量大，网格单元较琐碎，所以此类划分方法适合中小尺度下的生态用地管理网格化管护。

6. 基于流域的不规则网格划分

流域是汇集地表径流和地下径流的区域，是分水线包围的区域。我国每条河都有自己的流域，对于大尺度的流域可以划分为数个子流域，以子流域为单元进行不规则网格单元的划分。其中，子流域是根据每条支流、支沟的出水口，对流域进一步离散划分。子流域单元是以地貌形态进行划分的。

7. 不规则网格划分的聚类方法

随着聚类分析的发展，出现了大量的聚类算法。算法的选择取决于数据的类型、聚类的目的和应用。大体上，主要的聚类算法可以划分为如下几类：划分方法、基于层次方法、基于密度的方法、基于网格的方法和基于模型的方法等。

（1）划分方法（partition method）

给定一个有 N 个元组或者记录的数据集，划分方法将构造 K 个分组，每一个分组就代表一个聚类，$K<N$。而且 K 分组满足下列条件：

1）每一个分组至少包含一个数据记录；

2）每一个数据记录隶属于且仅属于一个分组。

对于给定的 K，算法首先给出一个初始的分组方法，以后通过反复迭代的方法改变分组，使得每一次改进之后分组方案都较前一次好。所谓的"好"的标准就是同一分组的记录越相似越好，而不同分组中的记录则越相异越好。最著名且最常用的划分方法是 k-Means 方法和 k-中心点方法。

（2）基于层次的方法（hierarchical method）

一个层次的聚类方法是将数据对象组成一棵聚类的树。根据层次分解是自底向上还是自顶向下形成，层次的聚类方法可以进一步分为聚合式层次聚类（agglomerative）和分裂式层次聚类（divisive）。

聚合式的层次聚类，其层次过程的方向是自底向上的。将样本集合中的每个对象作为一个初始簇，然后将最近的两个簇合并，组成新的簇，再将这个新簇与剩余的簇中最近的合并。这种合并过程需要反复进行，直到所有的对象最终被聚到一个簇中。分裂式层次聚类，其层次过程的方向是自顶向下的，最初先将有关对象放到一个簇中，然后将这个簇分裂，分裂的原则是使两个子簇之间的聚类尽可能地远，分裂的过程也反复进行，直到某个终止条件被满足时结束。不论是合并还是分解的过程，都会产生树状结构，树的叶子节点对应各个独立的对象，顶点对应一个包含了所有对象的簇。常见的层次聚类算法有：BIRCH 算法、CURE 算法、ROCK 算法等。

（3）基于密度的方法（density-based method）

基于密度的方法是根据密度完成对象的聚类。它根据对象周围的密度不断增长聚类。与其他方法的一个最根本的区别是：它不是基于各种各样的距离，而是基于密度的，它将簇看作是数据空间中被低密度区域分割开的高密度对象区域。这种方法的优势是善于发现空间数据库中任意形状的聚类。基于密度的聚类根据空间密度的差别，把具有相似密度的点作为聚类。由于密度是一个局部概念，这类算法又称为局部聚类（local clustering）。一般情况下，基于密度的聚类只扫一次数据库,故又称为是单次扫描聚类(single scan clustering)。基于密度的聚类方法主要有两种:基于高密度链接区域的密度聚类,如 DBSCAN 算法;基于密度分布函数的聚类,如 DENCLUE 算法。

(4)基于网格的方法(grid-based methods)

基于网格的方法采用一个多分辨率的网格数据结构。它将数据空间量化,并将其划分为有限数目的网格单元,所有的聚类操作都在网格上进行。该算法的优势在于处理速度快,处理时间与数据对象的数目无关。基于网格的聚类方法有 STING 算法和 CLIQUE 算法等。

(5)基于模型的方法(model-based methods)

该方法是要建立数据与模型之间的最好的适应结合关系,它试图优化给定的数据和某些数学模型之间的适应性。其方法主要有两类:统计学方法和神经网络方法。

概念聚类的绝大多数方法采用了统计学的途径。概念聚类是机器学习中的一种聚类方法,给出一组未标记的对象,它产生对象的一个分类模式。与传统的聚类不同,概念聚类除了确定相似对象的分组外,还向前走了一步,为每组对象发现了特征描述。即每组对象代表了一个概念或类。

神经网络方法将每个簇描述为一个标本。标本作为聚类的"原型",不一定对应一个特定的数据实例或对象。根据某些聚类度量,新的对象可以被分配给标本与其最相似的簇。被分配给一个簇的对象的属性可以根据该簇的标本属性来预测。

本研究采用基于密度的聚类方法,对在网格划分中出现的网格过于零碎的现象进行归并,便于网格编码和管理。

三、生态用地管理不规则网格划分

遵循法定基础原则、属地管理原则、地理布局原则、方便管理原则、完整性原则和相对固定性原则,综合考虑生态系统类型、生态用地类型、生态用地质量与利用程度、土地利用状况、自然要素、社会经济要素等,不打破行政单元界限、地籍调查分区,以及现行土地管理中土地利用图斑的界限,采用基于行政区、地籍子区、地块和多图叠加等相结合的不规则网格划分方法,通过地块的聚类分析,建立省(市、区)-地(市)-县(市)-地籍区-地籍子区-生态系统-生态用地类型-地类图斑等多级架构下的生态用地管理网格划分方法;结合行政区划编码、宗地编码及网格地理位置,建立"县级行政区划+地籍区+地籍子区+所有权类型+生态系统+生态用地类型+地类图斑"的网格编码模式,形成网格由大到小、由粗到细的多层生态用地不规则网格。

本研究在宗地编码的基础上，结合地籍区和地籍子区的概念，开展生态用地不规则网格的划分与编码，保证了城镇和农村网格划分规则的一致性，能够满足城乡土地统一管理的要求，并能表达土地所有权特征、满足用地类型变更的需求。

（1）一级网格（县市级网格）

基于属地管理原则，布置省（市、区）行政边界、地（市）行政边界和县（市）行政边界图层，以此作为划分网格的第一层次。各行政界线由民政部门确认，行政区划范围之间不存在相互包含的关系，也不存在裂隙。

（2）二级网格（地籍区网格）

在县（市）级行政区划范围内，划分出各个街道、乡、镇的界线。根据街道、乡、镇的范围，结合各种永久性构筑物或显著的地物地貌，划分成若干地籍区。

（3）三级网格（地籍子区网格）

在各地籍区内，根据行政村、自然村、街区的范围，结合各种永久性构筑物或显著的地物地貌，划分出若干地籍子区。在部分区域，在地籍子区的范围内，地籍子区的范围是与行政村的范围相重合的。

（4）四级网格（生态系统网格）

四级网格即生态系统网格，是在不跨地籍子区的前提下，将各生态系统对应的生态用地类型进行归并而形成的网格。根据本研究的生态用地分类体系，生态用地一级类的生态系统包括农田生态系统、林地生态系统、草地生态系统、湿地生态系统、荒漠生态系统、其他主导功能性生态用地和其他多功能性生态用地。生态系统与生态用地类型对应关系见表 3-1。

表 3-1　生态系统与生态用地类型对应关系表

生态系统类型	地类
耕地生态系统（多功能生态用地）（A）	旱田
	水田
	水浇地
	果园
	茶园
	其他园地
林地生态系统（多功能生态用地）（F）	有林地
	灌木林地
	其他林地
草地生态系统（多功能生态用地）（G）	天然牧草地
	人工牧草地
	其他草地

续表

生态系统类型	地类
湿地生态系统（主导功能生态用地）（W）	河流水面
	湖泊水面
	沿海、内陆滩涂
	沼泽地
荒漠生态系统（主导功能生态用地）	盐碱地
	沙地
	裸地
其他主导功能性生态用地	冰川及永久积雪
	公园、绿地及其他
其他多功能性生态用地	水库水面
	坑塘水面
	沟渠
	空闲地
	设施农用地

生态系统网格划分，可根据区域实际自然地理情况调整。在区域内占地面积很小，且分布零星、分散的生态系统，可根据情况归并到周边生态系统中。

生态系统网格的划分均按照面积主导、零星地类归并的原则进行划分。其中每个生态系统网格中主体生态用地面积与零星地类面积的比例不得小于6∶4，即每个生态系统网格中主体生态用地面积不能小于60%，面积小于网格总面积40%的其他地类可归并至这一生态系统网格中。

（5）五级网格（生态用地类型网格）

五级网格即生态用地类型网格，是以区域内土地利用现状图（地类图斑）为基础数据，遵循不跨地籍子区的原则，依据生态用地分类体系，对区域内空间分布集中连片的、属于相同生态用地类型的地类图斑进行合并，合并后形成的网格为生态用地类型网格，即五级网格。

生态用地类型网格的划分均按照面积主导、零星地类归并的原则进行划分。其中每个生态用地类型网格中主体生态用地面积与零星地类面积的比例不得小于6∶4，即每个生态用地类型网格中主体生态用地面积不能小于60%，面积小于网格总面积40%的其他地类可归并至这一生态用地类型网格中。

（6）六级网格（地类图斑网格）

六级网格即地类图斑网格，是生态用地不规则网格中的最后一级网格。是在区域内生态用地类型网格（五级网格）范围内，以土地利用现状图的地类图斑而形成的网格。

四、生态用地管理不规则网格编码

对地理空间属性数据的编码，可以直接反映在地图上，这是进行空间统计分析的先决条件。地理编码使数据的可读性得到提高，便于整合分析在多种空间范围内的信息。

本研究设计生态用地管理网格编码应遵循的原则有：统一性、连续性、简易性、唯一性、可扩展性等。编码参照《中华人民共和国行政区划代码》（GB/T 2260—2007）和宗地编码。

1. 四级网格编码

（1）四级网格的编码结构

生态用地管理四级网格编码采用七层 22 位层次码结构，按层次分别表示县级行政区划、地籍区、地籍子区、土地所有权类型、生态系统编码、不规则网格顺序码、生态功能重要性类型等级。生态用地不规则网格编码结构如图 3-4 所示。

```
XXXXXX XXX XXX X XXXXX XXX
```

层次自左至右分别为：
- 县级行政区划
- 地籍区
- 地籍子区
- 土地所有权类型
- 生态系统编码
- 不规则网格顺序码
- 生态功能重要性类型等级

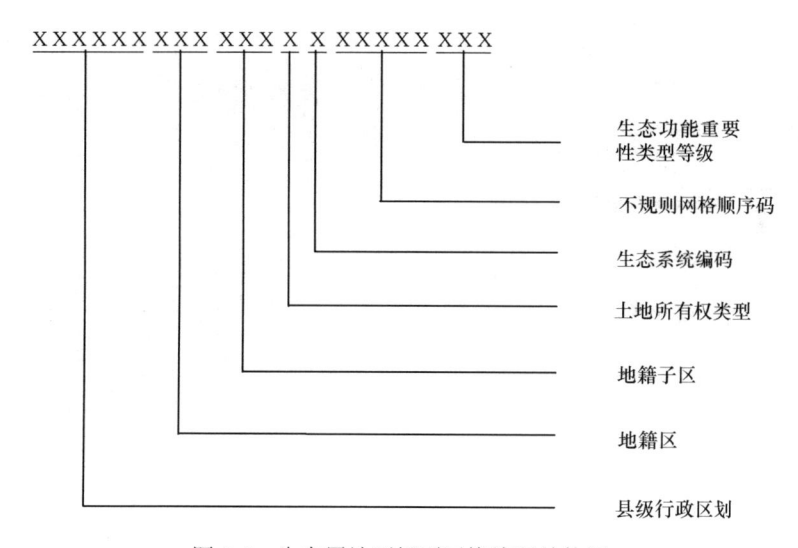

图 3-4　生态用地不规则网格编码结构图

（2）四级网格的编码方法

第一层次为县级行政区划，编码为 6 位，采用《中华人民共和国行政区划代码》（GB/T 2260—2007）。

第二层次为地籍区，编码为 3 位，用阿拉伯数字表示。

第三层次为地籍子区，编码为 3 位，用阿拉伯数字表示。

第四层次为土地所有权类型,编码为1位。用G、J、Z表示,"G"表示国家土地所有权,"J"表示集体土地所有权,"Z"表示土地所有权争议。

第五层次为生态系统编码,编码为1位,表示生态系统类型,用A、F、G、W、D、O、M表示。其中,"A"表示耕地生态系统,"F"表示林地生态系统,"G"表示草地生态系统,"W"表示湿地生态系统,"D"表示荒漠生态系统,"O"表示其他主导功能性生态用地,"M"表示其他多功能性生态用地。

第六层次为不规则网格顺序码,编码为5位,表示不规则网格的顺序编码,用阿拉伯数字00001~99999表示。

第七层次为生态功能重要性类型的等级,编码为3位,第一位表示生态功能等级,第二位表示生产功能等级,第三位表示生态功能在本区域重要性的等级,用1、2、3表示。其中,"1"表示高等级(重要),"2"表示中等等级(较重要),"3"表示低等级(不重要)。在相应的不规则网格编码后顺序编码。如一个不规则网格具有高生态功能价值、高生产功能价值,并且其生态功能在本区域重要,则表示为111。

2. 五级网格编码

(1) 五级网格的编码结构

生态用地五级网格编码采用八层24位层次码结构,按层次分别表示县级行政区划、地籍区、地籍子区、土地所有权类型、生态系统编码、生态用地类型编码、不规则网格顺序码、生态功能重要性类型等级。生态用地不规则网格编码结构如图3-5所示。

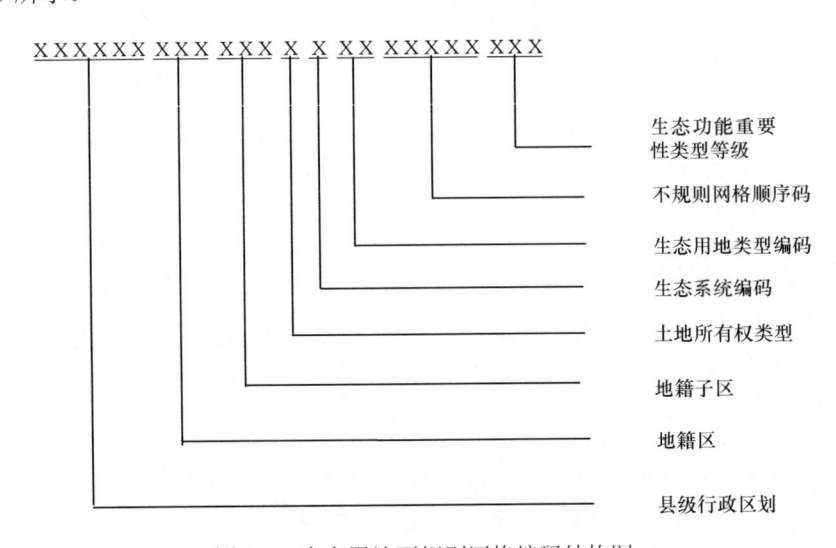

图3-5 生态用地不规则网格编码结构图

（2）五级网格的编码方法

第一层次为县级行政区划，编码为 6 位，采用《中华人民共和国行政区划代码》（GB/T 2260—2007）。

第二层次为地籍区，编码为 3 位，用阿拉伯数字表示。

第三层次为地籍子区，编码为 3 位，用阿拉伯数字表示。

第四层次为土地所有权类型，编码为 1 位。用 G、J、Z 表示，其中，"G"表示国家土地所有权，"J"表示集体土地所有权，"Z"表示土地所有权争议。

第五层次为生态系统编码，编码为 1 位，表示生态系统类型，用 A、F、G、W、D、O、M 表示。其中，"A"表示耕地生态系统，"F"表示林地生态系统，"G"表示草地生态系统，"W"表示湿地生态系统，"D"表示荒漠生态系统，"O"表示其他主导功能性生态用地，"M"表示其他多功能性生态用地；

第六层次为生态用地类型编码，编码为 2 位。"11"表示河流水面，"12"表示湖泊水面，"13"表示沿海、内陆滩涂，"14"表示沼泽地，"21"表示盐碱地，"22"表示沙地，"23"表示裸地，"31"表示冰川及永久积雪，"32"表示公园、绿地及其他，"41"表示有林地，"42"表示灌木林，"43"表示其他林，"51"表示天然牧草地，"52"表示人工牧草地，"53"表示其他草地，"61"表示水田，"62"表示水浇地，"63"表示旱地，"64"表示果园，"65"表示茶园，"66"表示其他园地，"71"表示水库水面，"72"表示坑塘水面，"73"表示沟渠，"74"表示空闲地，"75"表示设施农用地。

第七层次为不规则网格顺序码，编码为 5 位，表示不规则网格的顺序编码，用阿拉伯数字 00001～99999 表示。

第八层次为生态功能重要性类型的等级，编码为 3 位，第一位表示生态功能等级，第二位表示生产功能等级，第三位生态功能在本区域重要性的等级，用 1、2、3 表示。其中，"1"表示高等级（重要），"2"表示中等等级（较重要），"3"表示低等级（不重要）。在相应的不规则网格编码后顺序编码。如一个不规则网格具有高生态功能价值、高生产功能价值，并且其生态功能在本区域重要，则表示为 111。

3. 六级网格编码

（1）六级网格的编码结构

生态用地六级网格编码采用九层 27 位层次码结构，按层次分别表示县级行政区划、地籍区、地籍子区、土地所有权类型、生态系统编码、生态用地类型编码、地类图斑编码、不规则网格顺序码、生态功能重要性类型等级。生态用地不规则网格编码结构如图 3-6 所示。

```
XXXXXXXXX XXX X X XXX XXXXXXX XXX
         │    │ │ │  │    │    └── 生态功能重要
         │    │ │ │  │    │         性类型等级
         │    │ │ │  │    └────── 不规则网格顺序码
         │    │ │ │  └────────── 地类图斑编码
         │    │ │ └───────────── 生态用地类型编码
         │    │ └─────────────── 生态系统编码
         │    └───────────────── 土地所有权类型
         │  └─────────────────── 地籍子区
         │────────────────────── 地籍区
         └────────────────────── 县级行政区划
```

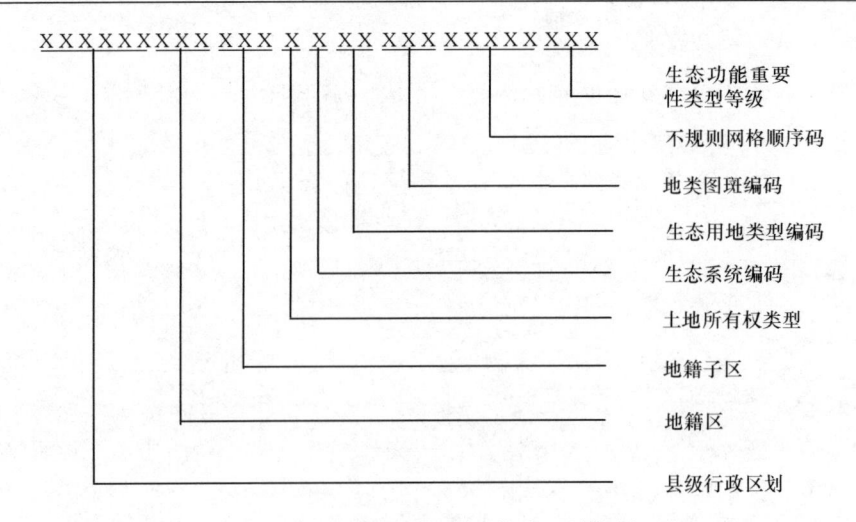

图 3-6　生态用地不规则网格编码结构图

（2）六级网格的编码方法

第一层次为县级行政区划，编码为 6 位，采用《中华人民共和国行政区划代码》（GB/T 2260—2007）。

第二层次为地籍区，编码为 3 位，用阿拉伯数字表示。

第三层次为地籍子区，编码为 3 位，用阿拉伯数字表示。

第四层次为土地所有权类型，编码为 1 位。用 G、J、Z 表示，"G"表示国家土地所有权，"J"表示集体土地所有权，"Z"表示土地所有权争议。

第五层次为生态系统编码，编码为 1 位，表示生态系统类型，用 A、F、G、W、D、O、M 表示。其中，"A"表示耕地生态系统，"F"表示林地生态系统，"G"表示草地生态系统，"W"表示湿地生态系统，"D"表示荒漠生态系统，"O"表示其他主导功能性生态用地，"M"表示其他多功能性生态用地。

第六层次为生态用地类型编码，编码为 2 位。"11"表示河流水面，"12"表示湖泊水面，"13"表示沿海、内陆滩涂，"14"表示沼泽地，"21"表示盐碱地，"22"表示沙地，"23"表示裸地，"31"表示冰川及永久积雪，"32"表示公园、绿地及其他，"41"表示有林地，"42"表示灌木林，"43"表示其他林，"51"表示天然牧草地，"52"表示人工牧草地，"53"表示其他草地，"61"表示水田，"62"表示水浇地，"63"表示旱地，"64"表示果园，"65"表示茶园，"66"表示其他园地，"71"表示水库水面，"72"表示坑塘水面，"73"表示沟渠，"74"表示空闲地，"75"表示设施农用地。

第七层为地类图斑编码，编码为 3 位。地类图斑编码按照标准《土地利用现状分类》（GB/T 21010—2007）的二级类编码编制。

第八层次为不规则网格顺序码，编码为 5 位，表示不规则网格的顺序编码，用阿拉伯数字 00001～99999 表示。

第九层次为生态功能重要性类型的等级，编码为 3 位。第一位表示生态功能等级，第二位表示生产功能等级，第三位生态功能在本区域重要性的等级，用 1、2、3 表示。其中，"1"表示高等级（重要），"2"表示中等等级（较重要），"3"表示低等级（不重要）。在相应的不规则网格编码后顺序编码。如一个不规则网格具有高生态功能价值、高生产功能价值，并且其生态功能在本区域重要，则表示为 111。

4. 赋码规则

地籍区、地籍子区划定后，其数量和界线应保持稳定，原则上不随所依附界线或线性地物的变化而调整。

为保证生态用地管理网格编码的唯一性，因网格的类型、界址发生变化，网格编号在相应的网格编码的最大网格顺序码后续编，原网格编号不再使用。

新增网格的网格编号在相应生态用地管理网格编码的最大网格顺序码后续编。

五、生态用地管理不规则网格划分与编码示范

大丰市位于北纬 31°56′～33°36′，东经 120°13′～120°56′，为盐城市南部的一个县级市（图 3-7）。东部与黄海毗邻，土地总面积为 3059 km²，下辖有 12 个乡

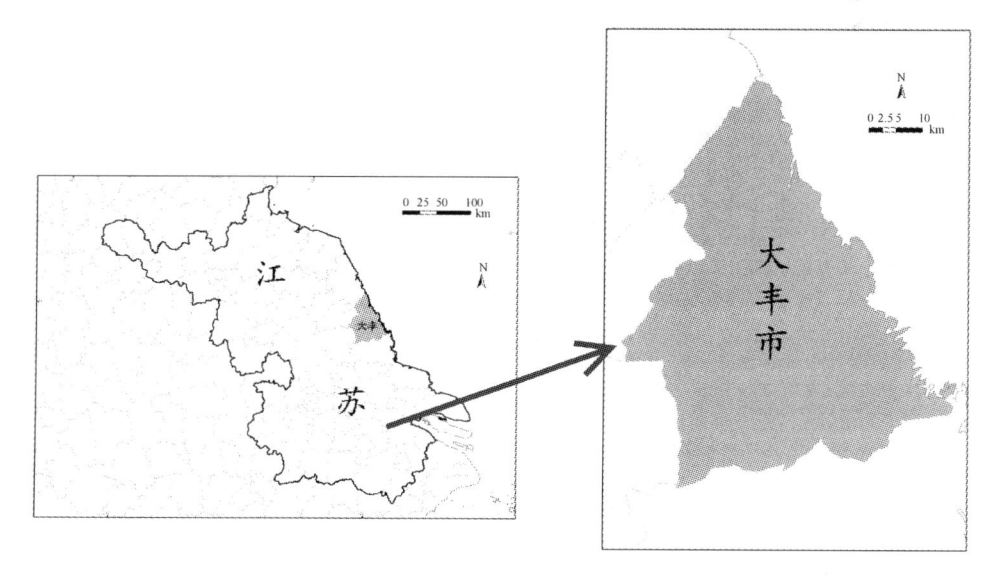

图 3-7 大丰市研究区地理位置图

镇、3个农场以及2个经济开发区。属于滨海平原，地面高程在0~20 m之间，南部地形较宽而北部较窄。特有的亚热带与暖温带过度气候带使得大丰市适合生长喜温地物，年均气温约为14.5℃，日照时间为2325.4 h，降水量维持在751.0 mm/a；每年6~7月份为梅雨季节，雨水较多。大丰市境内拥有国家级麋鹿保护区及丰富的滩涂湿地资源，气候宜人，物产富饶，水产养殖业发达。

以 2010 年度大丰市土地利用现状图和生态用地类型图斑为基础数据，遵循属地一致、方便管理、相对固定等原则，在宗地编码的基础上，结合地籍区和地籍子区的概念，开展生态用地管理四级至六级的不规则网格划分与编码。生态用地各级网格的划分均按照面积主导、零星地类归并的原则进行划分。

（一）基于"生态系统"的生态用地管理四级不规则网格划分与编码

生态用地管理四级不规则网格是在不跨地籍子区的前提下，将各生态系统对应的生态用地类型进行归并而形成的网格。生态用地管理四级网格编码采用七层 22 位层次码结构，按层次分别表示县级行政区划、地籍区、地籍子区、土地所有权类型、生态系统编码、不规则网格顺序码、生态功能重要性类型等级。

以大丰市老墩村其中一个网格为例（图 3-8），此网格的生态用地信息网格编码为 320982113206GA02194121，其中 320982 为大丰市行政区划编码，113 为代表老墩村所属县镇方强镇编码，206 代表老墩村编码，G 代表生态用地权属编码，A 代表生态用地所属生态系统编码，02194 为生态用地地块网格编码，121 为生态功能重要性类型的等级。

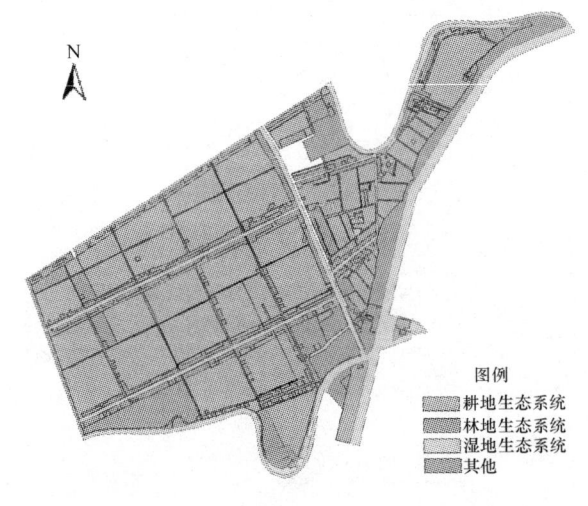

图 3-8 大丰市老墩村生态用地管理网格图

（二）基于"生态用地类型"的生态用地管理五级不规则网格划分与编码

在四级生态用地管理不规则网格的基础上，进行五级生态用地管理不规则网格即基于"生态用地类型"的网格划分。五级网格的划分是以区域内土地利用现状图（地类图斑）为基础数据，遵循不跨地籍子区的原则，依据生态用地分类体系，对区域内空间分布集中连片的、属于相同生态用地类型的地类图斑进行合并，合并后形成的网格，即为基于"生态用地类型"的五级生态用地管理不规则网格。生态用地管理五级网格编码采用八层24位层次码结构，按层次分别表示县级行政区划、地籍区、地籍子区、土地所有权类型、生态系统编码、生态用地类型编码、不规则网格顺序码、生态功能重要性类型等级。

以大丰市老墩村其中一个网格为例（图3-9），此网格的生态用地信息网格编码为320982113206GA7302194121，其中320982为大丰市行政区划编码，113为代表老墩村所属县镇方强镇编码，206代表老墩村编码，G代表生态用地权属编码，A代表生态用地所属生态系统编码，73代表生态用地类型编码，02194为生态用地地块网格编码，121为生态功能重要性类型的等级。

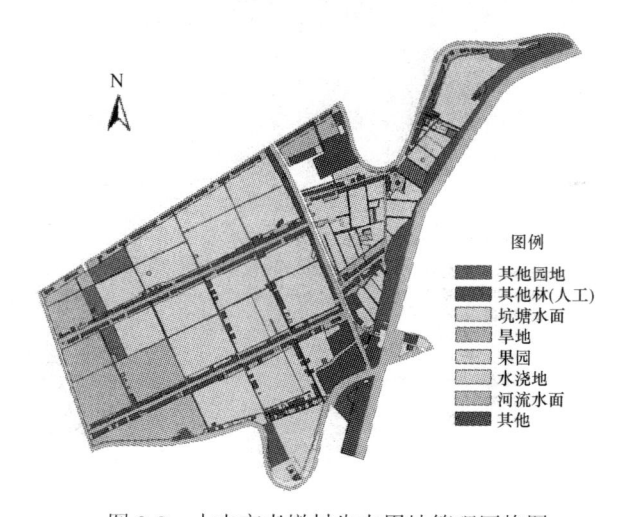

图3-9 大丰市老墩村生态用地管理网格图

（三）基于"地类图斑网格"的生态用地管理六级不规则网格划分与编码

在五级基于"生态用地类型"网格划分的基础上，进行六级网格即基于"地类图斑"的生态用地管理不规则网格划分。这是生态用地管理不规则网格中的最后一级网格，是在区域内生态用地类型网格（五级网格）范围内，以土地利用现状图的地类图斑而形成的网格。生态用地管理六级网格编码采用九层27位层次码结构，按层次分别表示县级行政区划、地籍区、地籍子区、土地所有权类型、生态系统编码、生态用地类型编码、地类图斑编码、不规则网格顺序码、生态功能重要性类型等级。

以大丰市老墩村其中一个网格为例（图3-10），此网格的生态用地信息网格编码为320982113206GA7311702194121，其中320982为大丰市行政区划编码，113为代表老墩村所属县镇方强镇编码，206代表老墩村编码，G代表生态用地权属编码，A代表生态用地所属生态系统编码，73代表生态用地类型编码，117代表地类图斑编码，02194为生态用地地块网格编码，121为生态功能重要性类型的等级。

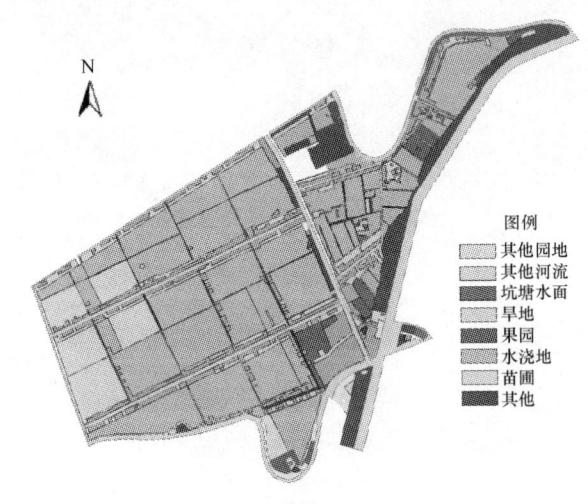

图3-10 大丰市老墩村生态用地管理网格图

参 考 文 献

曹绍甲, 李显书. 2011. 基于MAPGIS和SPSS的海北藏族自治州土地生态环境敏感性评价. 广东农业科学, 23: 167-168.
陈基伟, 张洪武, 代兵. 2009. 上海市土地资源网格化监管机制研究. 国土资源信息化, (2): 5-9.
陈平. 2005. 北京东城数字化城市管理信息系统. 地理信息世界, 3(6): 63-65.
陈细谦, 迟忠先, 金妮. 2004. 城市地理编码系统应用与研究. 计算机工程, 30(23): 50-52.
陈学业, 肖海波, 任福. 2008. 城市统一空间基础网格划分与应用模式研究. 地理空间信息, 6(3): 16-18.
程方升, 张敏娜. 2007. 网格化管理: 数字时代城市治理的新取向——城市网格化管理模式问题的探究. 科协论坛, (5): 51.
丁辉, 黄磊, 谢柯, 等. 2009. 四川省土地生态安全评价. 安徽农业科学, 37(33): 16485-16486.
杜忠潮, 韩申山. 2009. 基于主成分分析的土地生态安全评价实证研究—以陕西省10个省辖市为例.水土保持通报, 12, 29(6): 198.
樊文平, 石忆邵. 2010. 土地网格化管理关键技术探讨. 长江流域资源与环境, 19(Z1): 1-6.

符海芳, 牛振国, 崔伟宏. 2003. 多维农业地理信息分类和编码. 地理与地理信息科学, 19(3): 29-32.

傅伯杰. 2010. 我国生态系统研究的发展趋势与优先领域. 地理研究, 29(3): 383-396.

傅伯杰, 陈利顶. 1996. 景观多样性的类型及其生态意义. 地理学报, 51(5): 454-461.

何建邦, 李新通, 毕建涛, 等. 2003. 资源环境信息分类编码及其与地理本体关联的思考. 地理信息世界, 1(5): 6-11.

何雄, 吴晓蓓. 2012. 城市网格化管理和精细服务. 湖北成人教育学院学报, 18(1): 78-80.

胡雪莲, 孙永军, 程承旗, 等. 2003. 基于地理空间概念的地理元数据组织管理研究. 地理与地理信息科学, 19(2): 11-14.

江绵康. 2006. 上海市基础地理要素编码标准编制研究. 地理与地理信息科学, 22(2): 1-4.

江洲, 王凌云, 李琦. 2004. 基于栅格影像的地理编码数据库开发研究. 计算机应用研究, 21(2): 120-126.

荆新全. 2011. 基于 GIS 的土地适宜性评价及其应用研究——以和林格尔县为例. 呼和浩特: 内蒙古师范大学硕士学位论文.

李德仁. 2005. 论广义空间信息网格和狭义空间信息网格. 遥感学报, 5(9): 513-519.

李德仁, 宾洪超, 邵振峰. 2008. 国土资源网格化管理与服务系统的设计与实现. 武汉大学学报信息科学版, 33(1): 1-6.

李德仁, 李宗华, 彭明军, 等. 2007. 武汉市城市网格化管理与服务系统建设与应用. 测绘通报, (8): 1-4.

李德仁, 彭明军, 邵振峰. 2006. 基于空间数据库的城市网格化管理与服务系统的设计与实现. 武汉大学学报·信息科学版, 31(6): 471-475.

李德仁, 邵振峰, 朱欣焰. 2004. 论空间信息多级格网及其典型应用. 武汉大学学报·信息科学版, 29(11): 945-950.

李德仁, 朱欣焰, 龚健雅. 2003. 从数字地图到空间信息网格——空间信息多级网格理论思考. 武汉大学学报(信息科学版), 28(6): 642-650.

李林燕, 杜清运, 翁敏. 2008. 基于域模型的城市空间网格划分. 地理空间信息, 6(2): 96-99.

李琦, 罗志清. 2005. 基于不规则网格的城市管理网格体系与地理编码. 武汉大学学报, 30(5): 408-411.

刘昌蓉. 2008. 基于 GIS 的泸定县土地生态环境质量评价. 四川: 成都理工大学硕士学位论文.

刘金兴, 刘晓川. 2010. 基于 GIS 的上思县土地利用生态敏感性评价. 安徽农业科学, 38(11): 5747-5749.

吕巧灵, 张雷, 吴克宁, 等. 2007. 郑州市郊区土地生态环境质量评价. 农业资源与环境科学, 23(1): 119.

罗坤, 汤小华. 2008. 基于 GIS 的龙岩市土地利用生态敏感性评价. 云南地理环境研究, 5, 20(3): 7.

罗志清, 郝力, 李琦, 等. 2004. 城市空间框架数据研究. 地理与地理信息科学, 20(4): 15-18.

马文明, 汪云甲. 2005. 地籍编码标准化研究. 测绘通报, 8: 23-25.

彭明军. 2008. 空间信息多级网格划分方法研究. 中国地理信息产业发展论坛暨中国 GIS 协会年会.

曲衍波, 齐伟, 商冉. 2008. 基于 GIS 的山区县域土地生态安全评价. 中国土地科学, 22(4):

39-44.

全国地理信息标准化技术委员会. 2002. GB/T 14395—93 城市地理要素——城市道路、道路交叉口、街坊、市政工程管线编码结构规则. 北京: 中国标准出版社.

上海城市发展信息研究中心. 2005. 上海市网格化管理信息系统工程可行性研究报告. 上海.

尚宗波, 高琼. 2001. 流域生态学——生态学的一个新领域. 生态学报, 21(3): 468-473.

邵振峰, 李德仁. 2005. 基于网格计算环境下的空间信息多级网格研究. 地理信息世界, (2): 31-35.

施玉麒, 郭忠诚. 2010. 土地利用监管的新方法——土地网格化及图则编制. 同济大学学报, 21(2): 32-37.

帅红, 李景保. 2010. 南方小型矿业城镇土地生态敏感性评价——以湖南省桂阳县为例. 热带地理, 03.

汤洁, 赵凤琴, 李昭阳, 等. 2006. GIS 技术支持下的土地盐碱化敏感性评价. 吉林大学学报, 9, 36(5): 841-842.

唐红涛, 赵晓红, 杜炳辉, 等. 2010. 基于 Map Objects 的城市网格化管理系统设计. 测绘与空间地理信息, 33(5): 103-105.

田克明, 王国强. 2005. 我国农用地生态安全评价及其方法探讨. 地域研究与开发, 24(4): 79-82.

王朝晖, 师雁, 孙翔. 2003. 广州市城市规划管理图则编制研究——基于城市规划管理单元的新模式. 城市规划, 27(12): 41-46.

王虹力. 2008. 基于 GIS 的县级土地适宜性评价系统研究——以吉林省九台市为例. 吉林: 吉林农业大学: 9-10.

王金诚, 陈晓岚, 翁矞. 2007. 上海市城市网格化管理的技术实现. 测绘与空间地理信息, (4): 71-77.

吴次芳, 徐保根, 等. 2003. 土地生态学. 北京: 中国大地出版社.

吴未, 谢嗣频. 2010. 中国土地生态安全评价研究进展与展望. 河北农业科学, 14(5): 100-101.

薛明, 肖学年. 2007. 关于地理编码几个问题的思考. 北京测绘, (2): 54-56.

杨月圆, 王金亮, 杨丙丰. 2008. 云南省土地生态敏感性评价. 生态学报, 5, 28(5): 2254-2256.

于贵瑞. 2001. 生态系统管理学的概念框架及其生态学基础. 应用生态学报, 12(5): 787-794.

余海青, 孙小涛. 2012. 基于 RS 和 GIS 的土地生态环境质量评价——以重庆市为例. 山东师范大学学报, 6, 27(2): 102.

曾志远, 等. 1996. 利用遥感与地理信息系统进行流域环境模拟探讨——遥感新进展与发展战略. 北京: 中国科学技术出版.

张超, 万庆, 张继权, 等. 2003. 基于格网数据的洪水灾害风险评估方法——以日本新川洪灾为例. 地球信息科学学报, 5(4): 69-73.

张成成, 李钢, 李成名, 桂德竹. 2008. 基于不规则网格的城市地理空间信息共享研究. 测绘标准化, 24(3): 16-18

张虹波, 刘黎明, 张军连, 等. 2007. 黄土丘陵区土地资源生态安全及其动态评价. 资源科学, 29(4): 193-200.

张小波. 2007. GIS 支持下的土地适宜性评价研究——以库车县为例. 乌鲁木齐: 新疆大学硕士学位论文, 19.

张晓萍, 焦锋, 李锐. 1999. 地块尺度土地可持续利用评价指标与方法探讨——以陕北安塞纸坊沟为例. 环境科学进展, 5: 29-33.
张笑楠. 2006. 基于 GIS 的潜江市土地生态环境质量评价与农用地分等研究. 武汉: 华中农业大学硕士学位论文,
赵凤琴. 2005. 吉林西部土地生态环境安全研究. 吉林: 吉林大学博士学位论文.
郑士源, 徐辉, 王浣尘. 2005. 网格及网格化管理综述. 系统工程, (3): 1-7.
中华人民共和国建设部. 2005. 城市市政综合监管信息系统单元网格划分与编码规则(CJ/T 213—2005). 中华人民共和国城镇建设行业标准.
Aboulnaga A, Aref W G. 2001. Window query processing in linear quadtrees. Distributed and Parallel Databases, 10(2): 111-126.
Car A. 1997. Hierarchical spatial reasoning: Theoretical consideration and its application to modeling wayfinding. PhD Thesis, Department of Geoinformation, Technical University, Vienna.
Christen P, Willmore A, Churches T. 2006. A Probabilistic Geoeoding System Utilising a pareel Based Address File.Lecture notes in computer science, 37(55): 130-145.
Clarke K. 2002. Criteria and measures for the comparison of global geocoding systems, discrete global grids. http: //www.geog.ucsb.edu/% 7Ekclarke/ Papers/ Global-Grids. html.
Eagleson S, Escobar F, Williamson I P. 2000. Hierarchical spatial Reasoning applied to the automated design of administrative boundaries Using GIS. URISA 2000, Orlando Florida, 18- 23 August.
Lee J T, Elton M J, Thompson S. 1999. The role of GIS in landscape assessment using land-use-based criteria for an area of the Chiltern Hills Area of Outstanding Natural Beauty. Land Use Policy, 16: 23-32.
Martin D. 2003. Extending the automated zoning procedure to reconcile incompatible zoning systems. International Journal of Geographical Information Science, 17: 181-196.
McDonald M I E. 2000. EMPA overview objectives, approaches, and achievement (REVA) program. Environmental Monitoring and Assessment, 64: 9-15.
Openshaw S. 1977. A geographical solution to scale and aggregation problems in region-building, partitioning, and spatial modelling. In Trans. Inst of British Geographers New Series, 2: 459-472.
Ottoson P, Hauska H. 2002. Ellipsoidal Quadtrees for Indexing of Global Geographical Data. International Journal of Geographical Information Science, 16(3): 213-226.
Pavlikakis G E, Tsihrintzis V A. 2000. Ecosystem mangement: A review of new concept and methodology. Water Resources Management, 14: 257.
Sahr K. 2008. Location coding on icosahedral aperture 3 hexagon discrete global grids. Computers, Environment and Urban Systems, 32: 174-187.
Sahr K, White D, Jon A. 2003. Kimerling, geodesic discrete global grid system. Cartography Geographic Information Science, 30(2): 121-134.
Zandbergen P A. 2008. A comparison of address Point Pareel and street geoeoding techniques. Computers, Environment and Urban Systems, 32(3): 214-232.
Zoning-New York City Department of City Planning. 2009. http: //www.nyc.gov/html/dcp/ html/ subcats/zoning.shtml.

第四章　生态用地信息网格化管护模型构建与技术研发

一、概述

（一）背景

随着遥感技术的飞速发展，生态用地信息日趋海量化，生态学家们需要有效地管理信息，以进行信息的分析和传播。生态用地信息管理包括数据的获取、维护、操纵、分析以及归档等部分。网格化管理是指利用计算机网格思想，按照一定标准将管理对象划分成若干个网格单元，并利用现代信息技术及科学的管理机制，使网格间进行有效的信息交流，以达到整合资源、提高管理效率的目的（樊文平，2010）。网格化管理可以实现管理对象的全覆盖，并适时监控；对资源进行高度的整合和分析，网格化管理系统能够将全部发现、处理的情况记录下来，并与网格、管理对象的属性信息相结合，借助统计分析工具或地理信息系统的空间分析功能，科学地分析问题（李鹏，2011）。

生态用地网格化管理是在充分掌握每一个网格单元内生态用地的数量、质量、权属及利用现状的基础上进行生态用地监测，将行政管理区域分工与网格紧密地结合起来，落实责任单位及责任人，可实现对生态用地数字化、精细化、动态化管理。生态用地信息网格化管理技术处于刚刚起步阶段，相关研究还主要停留在理论层面，网格化管理的实际应用较少，网格化管理的模式有待完善（王语檬，2015）。在我国人地矛盾不断增强、生态环境日益恶化的今天，对生态用地资源进行网格化管理研究有着十分重要的现实意义。

（二）国内外研究现状

目前，土地生态管护研究涉及土地生态管理和生态系统管理的研究（于贵瑞，2001；傅伯杰，2010）。生态系统管理是对全球生态、环境和资源危机的一种响应，也是自然资源管理的一种整体性途径（Pavlikakis et al.，2000）。土地生态管理定义为按照土地利用的生态规律处理人地关系，以科学技术和持续管理为手段，对土地利用行为进行引导、调整和控制的综合性活动（吴次芳等，2007）。目前关于土地生态管护的文献多见于土地生态评估后提出的针对性政策建议，尚未提出具体的实施方案和技术方法。

网格化监管是一种新型的、高效的、科学的数字化监管模式，是对传统监管手段的一次变革（郑士源等，2005）。在网格化管理基础理论和方法研究方面，有学者基于城市地籍不规则空间网格单元探讨了基于等级不规则网格的地理编码标准和城市基础空间信息整合及共享。陈学业等（2008）提出了城市统一网格金字塔数据模型和统一网格概念，构建了国土资源网格化管理与服务系统总体框架。樊文平等（2010）探讨了土地资源网格化管理的网格划分方案和编码方案，对比了城市网格与土地利用网格划分的异同，构建了网格化土地管理信息平台总体框架。目前，网格化管理研究重点在城市用地管理和市政管理方面，并提出了城市网格划分的编码方案、网格化土地管理信息平台框架及共享服务技术，主要用于土地审批、权籍管理和土地执法等方面。然而，针对生态用地网格化精细管护仍缺乏研究。

网络地理信息系统（WebGIS）是在 Internet 或 Intranet 网络环境下采用 WWW 协议的一种兼容、存储、处理、分析和显示与应用地理信息的计算机信息系统，是 GIS 与计算机网络相互促进发展的结果。它不仅能提供矢量化的空间信息，而且还能提供超媒体特性的地理属性数据，实现地理空间分析和查询，支持专家系统的实现。它具有平台的独立性、良好的扩展性和能实现数据的即时更新等诸多优点，已经成为 GIS 发展的必然趋势。近年来，随着计算机网络的快速发展，WebGIS 的开发模型已由传统的 C/S（客户机/服务器）模型发展为 B/S（浏览器/服务器）模型。WebGIS 的体系结构也由开始的 2 层结构变为多层结构，大大降低客户端的的系统要求，便于系统的维护和更新，同时通过用户对数据的控制，可以保证数据的正确性和合理性，提高运算效率，为生态用地信息网格化管理提供技术铺垫。

数据整合技术包括空间数据整合技术与非空间数据整合技术。随着地理信息科学与技术的快速发展和广泛应用，跨部门、跨地区、跨行业、跨应用系统之间的地理空间信息交换、共享与协同处理成为十分普遍的迫切需求（刘斌等，2003）。目前，地理空间信息数据整合涉及 GIS、数据库、计算机信息网络、地图处理等专业技术领域，需要解决主要问题包括:第一，对不同环境下分散存储的地理空间数据进行调查、分析、规范化和标准化处理，并进行信息的分类、抽取和逻辑集中；第二，利用 GIS 技术、网络技术、Web 技术、数据仓库技术、信息安全技术，对地理空间数据进行链接、结构优化、网络互联，建立新的面向应用系统开发建设的信息网络数据库或数据仓库体系；第三，建设统一的地理空间数据库管理机制，使数据种类方便添加、删除、修改，容易扩充和升级；第四，按照应用信息系统的实际开发需要，开发地理空间数据共享应用平台，构建新的应用系统，使地理空间信息在政府或企业的日常办公、内部管理、信息查询和决策支持等方面发挥更大的作用；第五，利用 GIS 空间分析、数据挖掘等技术，建立以地理空间信息为核心的模型预测系统、辅助决策支持等系统；第六，对可以公开的地理空间信息资源通过 WebGIS 等技术进行发布，面向社会公众提供综合信息咨询和信息服务（赵俊三等，2005）。

（三）本章主要研究内容

为了实现对生态用地信息精细化管理，本章分四部分来介绍生态用地网格化管理模型构建和技术研发的情况：

第一部分介绍了生态用地信息网格化管理的研究背景与国内外现状。

第二部分介绍了生态用地网格化管护系统的总体框架，详细描述了管护系统的数据库管理系统、服务器端和客户端三个组成结构。

第三部分阐述了数据整合的方法，包括空间数据和非空间数据两种整合方法。

第四部分说明了生态用地网格化管护系统具体实现方法，包括生态用地网格化定义标准、生态用地网格化管护系统的功能模块实现方法、生态用地数据库管理系统。

二、生态用地网格化管理模型构建

（一）总体框架设计

生态用地网格化管护系统采用 J2EE 及 MVC 技术的设计思想与架构，是一个 B/S 与 C/S 架构相结合的标准网络地理信息服务 WEB 应用系统。整个系统的设计减少了在数据表达和应用操作中的耦合度，同时也使得软件的可维护性、可修复性、可扩展性、灵活性以及封装性大大提高。本系统总体技术架构共分数据库层、数据库访问层、业务处理层、网络传输层、客户端应用层等五层，如图 4-1 所示。

数据库层是生态用地网格化管护服务系统的数据源，可以存储本地数据或网络数据。这一层的数据包括了各专题的属性数据、空间数据和非结构数据。矢量数据支持 Shapefile、Personal DeoDatabase、ArcSDE GeoDatabase 等格式的数据。数据模型是通过面向对象技术建立的，是从生态用地各监测专题需求出发，综合了各专题的共性并考虑未来其他的要求，是采用面向对象技术建立的。这样为系统的运行提供了灵活的运行形式,既可以本地运行（Access 和 ArcGIS Shape 文件），也可以通过 ArcSDE 连接到网络上大型数据库（Oracle 10g）上运行。Excel 格式的文件是为了支持系统运行而存在的中间数据或导出的数据存储容器，XML 格式文件可以保存系统的导出数据、系统元数据、系统运行需要的一些支撑数据。

数据访问层是用来完成对后台数据库进行访问、为业务处理层提供服务的组件层，由数据访问组件通过 JDBC 或 Hibernate 中间层实现对 Oracle 数据库属性数

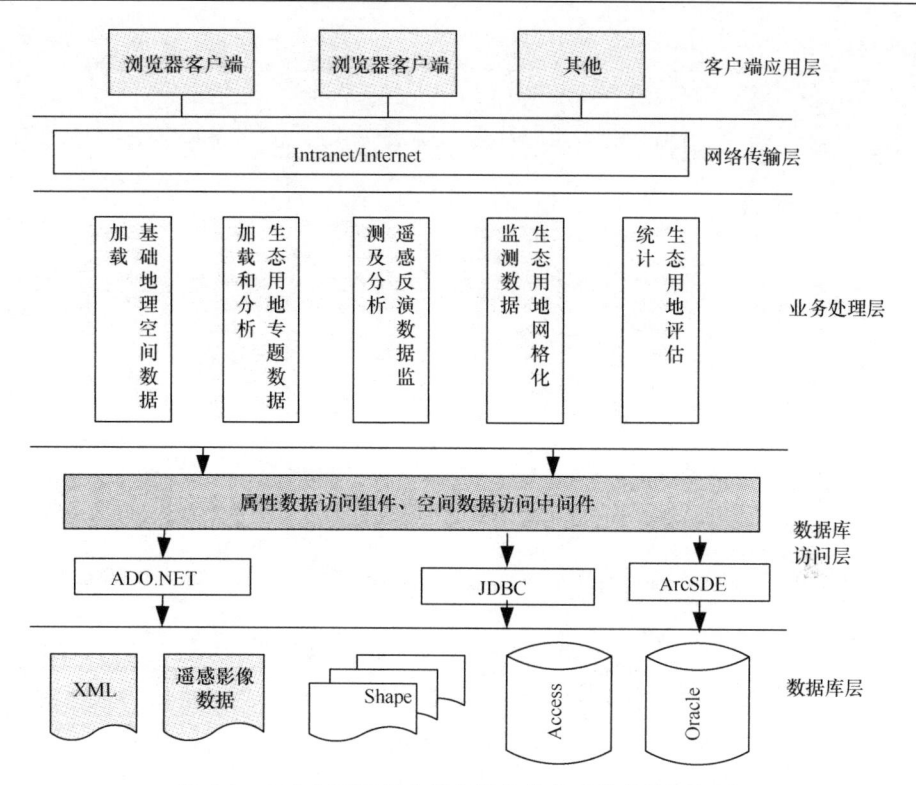

第四章 生态用地信息网格化管护模型构建与技术研发

图 4-1 生态用地网格化管护服务信息系统总体框架图

据的访问，或通过 ArcSDE 空间数据库引擎实现对空间数据库的访问操作或直接访问空间数据本地文件，来实现客户端各专题具体业务所需的属性数据、空间数据、非结构性数据的数据库操作。

业务处理层包括各专题数据的查询、汇总分析、空间操作、空间查询、空间与属性互操作等业务功能，以完成客户端客户提交的 Web 服务请求。主要完成对各专题基本信息、统计信息等数据的维护、访问和各种形式的汇总分析，并能进行空间数据的数据库连接、数据加载、空间数据图层显示和操作，包括点选或面选要素、图层叠加分析等具体业务。与空间有关的组件（ArcObjects）以 COM 组件形式部署在服务器上。业务处理层主要是通过调用空间组件来实现具体空间查询、空间分析等空间操作功能。

网络传输层是客户端与服务器的通信通道，客户端的请求是基于 HTTP、TCP/IP 等协议进行传输的。

（二）生态用地网格化管护信息系统结构组成

1. 数据库管理系统

数据库管理系统基于 C/S 方式架构，客户端安装地理空间数据库管理系统，服务器端安装数据库平台和空间数据库引擎。用户通过高速局域网实现后台地理空间数据库的管理业务。

系统体系结构采用三层模式：数据存储层提供数据存储服务；业务层提供基于空间数据的管理服务；表现层以软件界面的方式为用户提供各种业务服务，见图4-2。

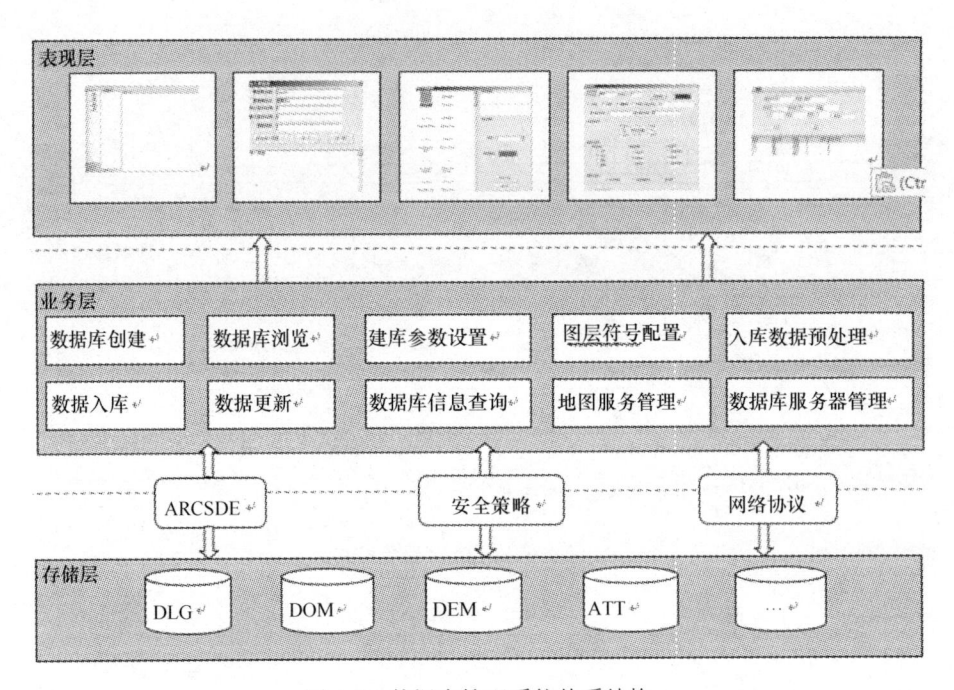

图 4-2 数据库管理系统体系结构

将GIS组件与当今可视化开发语言结合起来进行的二次开发方式是GIS应用开发的主流。这种开发方式的优点是既可以充分利用GIS工具软件完备的空间数据管理、分析功能，又可以利用其他面向对象可视化开发语言，具有高效、方便的优点，集二者之所长，不仅能提高应用系统开发效率，而且使用可视化软件开发工具开发出来的应用程序具有更好的外观效果、更强的数据库功能。从用户的角度考虑，可以减小开发资金投入。

2. 服务器端

生态用地网格化管护服务是以WEB2.0运行环境为基础，在服务器端以Arcgis Server提供基础地图数据Web服务，以REST方式提供客户端用户地图数据访问接口。在服务器端将地图数据看作是资源，将地图操作封装成对外开放接口。按照资源之间的关系设计合理的URL，以供客户端去识别相应的资源。客户端通过

URL 可以远程使用需要的地图数据（并不下载到本地），并且可以将本地专题地图数据附加到基础数据之上形成混用，以实现各种业务的需求。服务器端可以根据需求动态生成地图切片缓存供客户端调用，这样大大加快了地图操作的速度，增强用户体验。

服务器端专题业务操作完全采用 MVC 架构设计模式。MVC 即为 Model-View-Controller，是模型-视图-控制器，其中模型是处理后台数据及业务逻辑的；视图是用来显示后台的属性数据和空间数据的结合体的界面（可以是 C/S 的 UI，也可以是 B/S 的浏览器），也可以发送前台用户要处理的请求；控制器则是视图和模型之间的中介，它负责将视图的请求给具体的模型，由模型去处理，并将处理的结果反馈给视图，使视图做出相应的显示改变。其中 Model 层还可以细分成业务处理层和数据操作层，而业务处理层则由 Web 服务组件承担，通过对 Web 服务组件的访问，保证了 C/S 的 WinForm、B/S 的 WebForm 和 JSP 页面执行同一个请求所得到的结果一致。其架构图如图 4-3 所示。

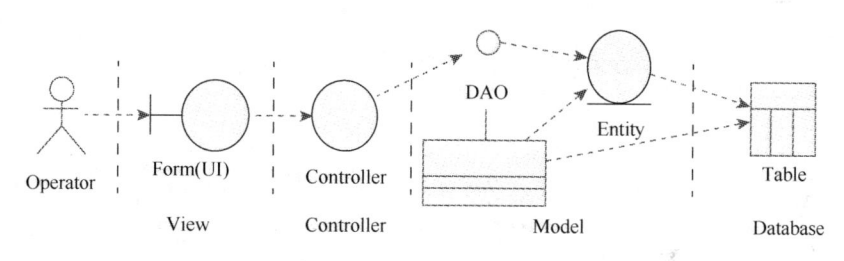

图 4-3　MVC 架构操作模式

服务器端采用 WEBLOGIC 为 WEB 或 Tomcat 为 web 应用服务器，与 ArcGIS Server 为 GIS 业务服务器相结合的多层服务的技术体系。服务器端技术体系结构如图 4-4 所示。

3. 客户端

客户端采用 Ajax 开发框架，对客户端的 XMLHttpRequest 以包装器封装浏览器与服务器的交互，实现 XML 操作和查询，并根据来自 XMLHttpRequest 的应答，执行 DOM 操作，达到异步响应的目标，从而实现客户端地图无刷新机制的更新，同时异步请求不会锁住浏览器，用户可以在等待的过程中继续点击其他按钮或其他标签进行操作。客户端界面将网页的框架与数据分开，通过 JavaScript 调用部署在客户端的 Ajax 引擎，Ajax 引擎异步地发送 HTTP 请求，通过服务器端的 URI 来识别所需资源（即数据），所需资源以相应的表现格式（可以是 XML、JSON、HTML、XHTML 等格式）传回给客户端 Ajax 引擎，经过处理，成为 HTML+CSS 的格式在用户界面显示。

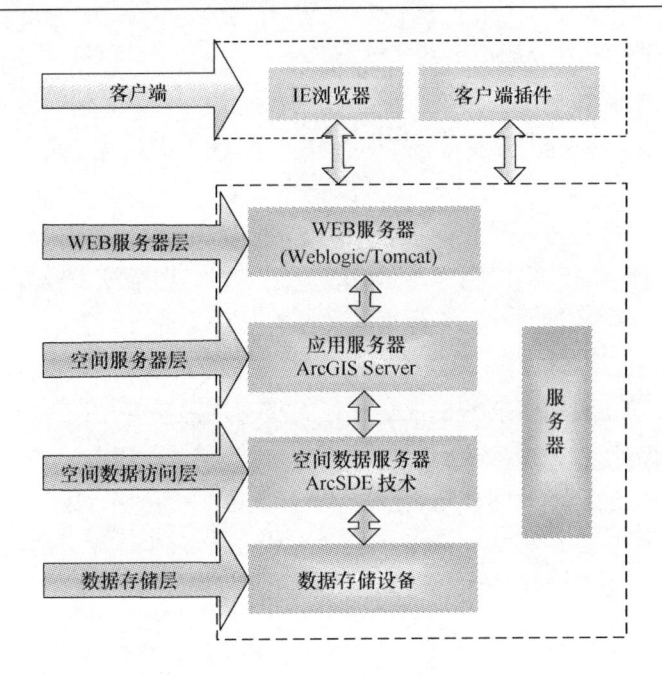

```
┌─────────────────────────────────────────────────┐
│  客户端  ──▶  IE浏览器    客户端插件              │
│                  ↕           ↕                   │
│  WEB服务器层    WEB服务器                         │
│                (Weblogic/Tomcat)                  │
│                    ↕                              │
│  空间服务器层   应用服务器         服              │
│                ArcGIS Server       务              │
│                    ↕               器              │
│  空间数据访问层 空间数据服务器                    │
│                ArcSDE 技术                        │
│                    ↕                              │
│  数据存储层     数据存储设备                      │
└─────────────────────────────────────────────────┘
```

图 4-4 服务器端技术路线图

客户端地图调用接口框架采用 Dojo，其解决了一些 Ajax 应用中常见的可用性问题，如浏览器导航问题，包括前进、后退按钮的支持，更改地址栏的 URL 来收藏书签等；当客户端不完全支持 Ajax 和 JavaScript 时，可以在不提供 Ajax 功能的情况下降级使用。

三、生态用地信息网格化数据整合技术

针对多源、多类型、多尺度生态用地信息，开展网格-地块-行政管理单元等多尺度生态用地信息的空间化、空间关联等数据整合技术研究，可实现时间、空间上统一和逻辑上的一致。

采用统一的空间基准，对农户调查数据、地面实验数据、社会经济调查数据等非空间化数据，通过空间化形成矢量要素。对遥感分类形成的不同时相结果，通过建立基于增量表达的时空数据模型进行统一管理，对不同尺度遥感影像、遥感反演数据以及变化监测数据，在考虑物候季相变化的前提下，利用空间统计技术研究可靠的时间和空间内插方法实现逐像元反演要素的估计。具体流程如图 4-5 所示。

综合地面调查、监测点观测、遥感解译、统计数据等的多源数据，弥补了各类数据源的不足，获取了覆盖面广、针对性强以及全面综合的数据。多源多类型数据的综合在各类数据严格纠正与空间叠置配准的基础上，消除疑义与不确定性，通过信息挖掘、多源空间分析解决。

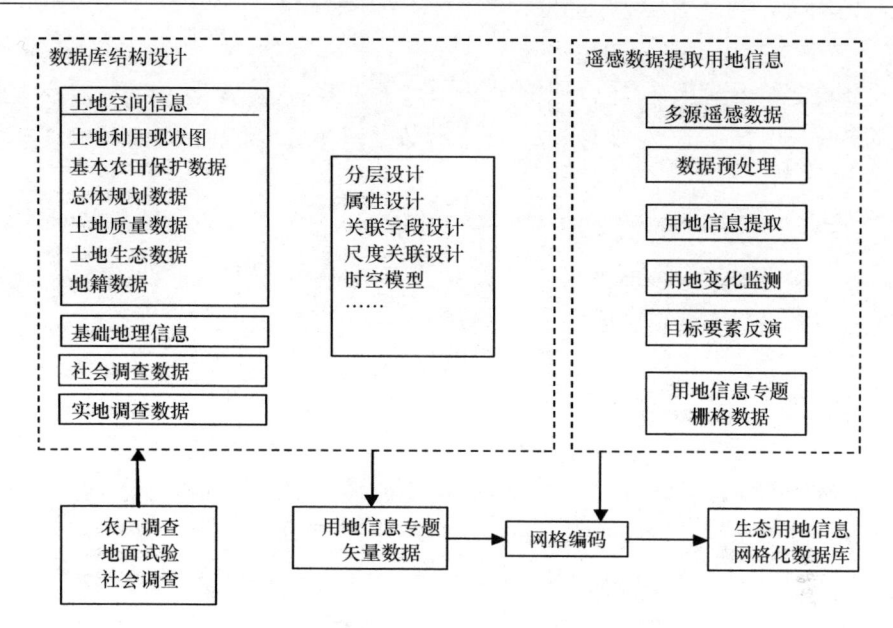

第四章 生态用地信息网格化管护模型构建与技术研发

图 4-5 生态用地信息网格化数据整合集成流程

（一）空间数据技术

空间数据主要包括空间基础数据、自然特征数据、各类界线数据、生态土地利用现状数据以及生态土地状况的专题数据，而在空间数据整合过程中，不同数据存在的差异会对空间数据的整合产生一定的影响。具体差异表现在以下几个方面。

1）数据投影、坐标系的差异。不同地方与部门，在采集数据时根据自己的需求采用不同的坐标系与投影方式。在我国，主要采用的坐标体系有 1954 年北京坐标系、1980 年西安坐标系及 CGCS2000 坐标系；常用的投影方式有高斯-克吕格投影、横轴墨卡托投影（UTM）等。不同的坐标系与投影方式在数据采集与处理时会导致面积不同、位置偏移等问题出现。

2）数据格式的差异。空间数据格式多种多样，不同的 GIS 软件有不同的数据格式。在录入数据或者处理数据时，各部门根据本部门的需求，采用了不同的 GIS 软件或数据建模方法，造成了数据格式的不一致。

3）数据来源的差异。各类空间数据的来源各不相同，有 GPS 测量数据、野外实测数据、地图数字化、遥感数据、LiDAR 数据、统计和调查数据等。这些不同来源的数据在处理方式与存储格式上各不相同，因而造成数据整合应用的困难。

4）数据尺度的差异。土地利用空间数据来源的不同，造成空间数据的多尺度差异，其中又包括空间尺度的差异与时间尺度的差异。空间尺度的差异表现在多比例尺与多分辨率上，时间尺度表现在同一空间的不同时间序列或同一时间的不同空间单元上。

生态土地数据具有多源异构的特征，随着计算机技术、数据库技术和 GIS 技术的发展，生态土地数据的整合主要依赖数据转换技术和空间数据库技术等主要技术支撑。

5）数据转换技术。数据格式转换是目前大多数空间数据整合所采用的方法。不同的 GIS 软件都有各自的数据交换格式或数据转换模式，但每个 GIS 系统采用的数据模型和数据结构都不尽相同，因此 GIS 系统之间数据的转换是有限的。目前，实现不同平台数据整合的模式主要有以下四种，即外部数据交换模式、数据互操作模式、直接数据访问模式、基于语义的转换模式。

6）空间数据库技术。空间数据库技术是生态土地利用空间数据整合管理的基础。与传统的文件管理方式相比，空间数据库技术具有海量数据管理能力、多用户并发控制、完善的权限管理、空间信息与属性信息一体化存储和数据安全机制等优点。应用空间数据库技术管理 GIS 海量空间数据，可实现空间数据与属性数据的一体化管理，并允许对这些空间实体进行基本操作，例如：距离、面积量算、空间关系检测、缓冲区分析、叠加分析等，还可以实现空间数据库系统的无缝集成。

生态土地信息空间数据整合主要包括统一坐标系、数据格式转换以及多源、多尺度空间数据的整体整合。

7）统一坐标系。生态土地信息空间数据在空间定位上的差异性主要表现在坐标系的不同上。生态土地空间数据采用的坐标系主要有 1954 年北京坐标系、1980 西安坐标系和 CGCS2000 坐标系，以及某地独立坐标系。在进行数据库整合前，必须将这些不同坐标系的空间数据整合在统一的坐标系框架中，转换方法以布尔莎七参数法较为可靠。转换前先从当地测绘部门收集了能够覆盖待转换区域，且分布较为均匀的同名点（3 个以上），利用成熟的坐标转换软件对同名点做精度分析，剔除其中误差较大的点，在其余点中选择一定数量的点作为公共点，少量点作为检查点计算当地的坐标转换参数，完成统一坐标系统的工作。

8）数据格式转换。土地利用空间数据为了满足不同需求使用不同的 GIS 软件平台与制图软件，造成数据格式的不一致。采用外部数据交换模式与直接数据访问模式相结合的方法，将需要转换的空间数据利用 GIS 软件平台如 ArcGIS 的转换工具或 FME 空间数据转换平台进行数据转换，不需要转换的数据直接读取，尽可能保持空间数据的完整性。

9）多源、多尺度空间数据整合。不同来源与不同尺度的空间数据，要将其进行数据整合分层，对于不同比例尺的点状数据、线状数据、面状数据进行数据采集与综合。生态用地信息空间数据按实体分类可以分为以点、线、面来表达的矢量数据与以栅格像元表示的遥感影像、图片等栅格数据。将这些空间数据进行细化分类，按统一的分类标准和数据类别进行合并和拆分，实现矢栅结合，优势互补，能够给土地利用管理带来更为准确与清晰的信息。

10）矢量数据与栅格数据转换。为了在生态用地网格化管护服务系统中对土地生态状况调查与评估指标数据进行网格化查询显示。首先，需要把这些数据转换为矢量数据，这些数据主要包括四个大类：土地生态状况基础性调查栅格数据、生态建设与保护综合效应栅格数据、土地生态状况结构栅格数据和土地污染、损毁、退化栅格数据。转换后的矢量数据应该包含网格编码及相应的土地生态状况信息，利用 ArcGIS 的分区统计（zonal statistics as table）和空间连接（spatial join）功能可以获得带有网格编码信息的土地生态状况调查与评估矢量数据。利用 zonal statistics as table 工具可以按不同级别的网格编码提取相应的土地生态状况调查及评估栅格数据的统计值。然后借助连接工具将这些栅格统计表格连接到网格编码矢量数据中，形成具有三级网格编码的土地生态状况调查与评估矢量数据。最后在 ArcGIS 中将这些矢量数据发布成地图服务（map services），此外为了在生态用地网格化管护服务系统中使用这些数据，需要将这些服务添加到后台数据库管理系统中。

（二）非空间数据整合技术

非空间数据库包含国民经济统计数据、文本、影像、多媒体、专业图形等数据。根据对数据类型结构的分析，在关系型数据中构建存储各种类型的非空间数据表，如表4-1所示。

表 4-1 非空间数据表

表名称	中文名称	主\从表	作用
LAYERGROUPRESOURCE	资源信息表	主	保存资源信息
MD_LAYERGROUP	图层分组表	从 主	保存图层分组权限
MD_MAPLAYER	图层信息表	从 主	保存图层信息
MD_LAYERFIELD	图层属性表	从	保存图层属性信息
MD_REGION	省界信息表	主	保存省界信息
MD_CITY	市界信息表	从 主	保存市界信息
MD_COUNTY	区域信息表	从	保存县界信息
MD_STATISTIC	统计类型信息表	主	保存统计类型信息
MD_STATISTICSUB	统计类型亚类信息表	从	保存统计类型亚类信息
SYS_USER_GROUP	用户所属部门	主	用户所属部门
SYS_USER_GROUP_RULES	用户部门权限	从	各部门对模块访问权限控制
XT_JL_YHXX	用户信息表	从 主	保存用户名称和密码等信息
XT_DM_JS	角色信息表	从 主	保存用户上报数据权限

续表

表名称	中文名称	主\从表	作用
SYS_USER_JS	用户角色关联信息表	从	保存用户角色之间的映射关系信息（该表信息自动管理）
SYS_USER_MODULE	角色模块关联信息表	从	保存角色与模块之间的映射关系信息（该表信息自动管理）
SYS_MODULE_INFO	模块信息表	从	保存模块信息
SYS_USER_LOG	用户操作行为记录表		对用户操作模块信息进行跟踪记录
PictureM	图片表	主	对上传图片进行管理
PicCutline	图例信息表	从	图例管理表
PictureType	图片类型	主	管理图片所属类型信息
Phematicext	上传文件信息表	主	管理上传的文件
PhematicextAttr	文件属性表	从	管理文件属性信息
Inspecttype	监测类型	主	监测类型信息
Inspecttypeinfomation	监测类型专题	从	各类专题信息
Samplepic	样点照片类型	主	样点类型信息
Samplepicsubinfo	样点照片	从	样点照片信息

通过对非空间数据分析构建表结构、索引、数据录入和关联空间数据，实现了分布式与集中管理相结合的存储方式。空间数据库主要包含了行政县、镇、村的行政区划矢量层的基础数据和生态用地的矢量专题数据以及生态要素的栅格数据图层，主要图层列表如表 4-2 和表 4-3 所示。

表 4-2　空间数据矢量图层列表

数据类型	图层名称	图层类型
基础数据层	大丰市行政区划层	面层
	大丰市居民地层	面层
	大丰市水系层	面层
	大丰市交通层	面层
	大丰市县界线	线层
	大丰市乡界线	线层
专题数据层	各年土地分类类型图层	面层
	各年滩涂分类类型图层	面层
	土地变化监测信息层	面层
	2010 年大丰市生态土地类型层	面层
	各年生态系统层	面层
	大丰市土壤分布图	面层
	大丰市植被采样层	点层

表 4-3　空间数据栅格图层列表

数据类型	图层名称	图层格式
基础数据	大丰市影像图	.img
专题数据	年均降水分布图	.img
	生物量分布图	.img
	植被覆盖分布图	.img
	降水季节分布图	.img
	土壤有机质分布图	.img
	土壤碳蓄积量分布图	.img
	图层厚度分布图	.img
	人口密度图	.img
	环境质量指数图	.img
	土地利用多样性图	.img
	斑块多样性图	.img
	土壤污染指数图	.img
	水域减少率分布图	.img
	有林地分布图	.img
	湿地减少率分布图	.img

非空间数据主要包含了图层属性数据以及统计表格数据等数据，主要数据属性如表 4-4 和表 4-5 所示。

表 4-4　非空间数据属性列表

英文字段标志	中文对照	字段类别	字段长度
XZQDM	行政代码	Text	30
XZQMC	行政区名称	Text	30
DLBM	地类编码	Text	30
DLMC	地类名称	Text	30
TBMJ	图斑面积	Double	16
…	…	…	…
TBDLMJ	图斑地类面积	Double	16
Map_生态	生态系统	Text	10
QSXZ	权属性质	Text	10

表 4-5　非空间数据表格数据列表

序号	数据名称	数据格式
1	各年农业总产值表格	.xls
2	各年工业总产值表格	.xls
3	各年水产品产量表格	.xls

续表

序号	数据名称	数据格式
4	各年耕地面积表格	.xls
5	各年总人口统计表格	.xls
6	各年粮食产量统计表格	.xls
7	各年居民人均收入统计表格	.xls

空间数据图层通过 ArcGIS for Server 发布成服务图层，服务图层设置关联数据层以及关联属性，建立了空间数据和属性数据关联，能够互相进行查询、统计及分析等。

四、生态用地信息网格化管护系统功能实现

（一）生态用地网格化定义标准

对于根据地理空间属性数据的编码，可以直接反映在地图上，这是进行空间统计分析的先决条件。地理编码使数据的可读性得到提高，便于整合分析在多种空间范围内的信息。设计生态用地网格编码应遵循的原则有：统一性、连续性、简易性、唯一性、可扩展性等。

1. 编码结构

生态用地不规则网格编码采用九层 27 位层次码结构，按层次分别表示县市级网格、地籍区网格、地籍子区网格、土地所有权类型网格、生态系统网格、生态用地类型网格、地类图斑网格、不规则网格和生态功能重要性类型等级网格。

（1）一级网格（县市级网格）

基于属地管理原则，布置省（市、区）行政边界、地（市）行政边界和县（市）行政边界图层，以此作为划分网格的第一层次。各行政界线由民政部门确认，行政区划范围之间不存在相互包含的关系，也不存在裂隙。

（2）二级网格（地籍区网格）

在县（市）级行政区划范围内，划分出各个街道、乡、镇的界线。根据街道、乡、镇的范围，结合各种永久性构筑物或显著的地物地貌，划分成若干地籍区。

（3）三级网格（地籍子区网格）

在各地籍区内，根据行政村、自然村、街区的范围，结合各种永久性构筑物或显著的地物地貌，划分出若干地籍子区。在部分区域，在地籍子区的范围内，地籍子区的范围是跟行政村的范围相重合的。

(4) 四级网格（土地所有权类型网格）

四级网格即土地所有权类型网格，代表着生态土地类型的所有权，分别有国有土地所有权、集体土地所有权和争议土地所有权。

(5) 五级网格（生态系统网格）

五级网格即生态系统网格，是在不跨地籍子区的前提下，将各生态系统对应的生态用地类型进行归并而形成的网格。根据本研究的生态用地分类体系，生态用地一级类的生态系统包括农田生态系统、林地生态系统、草地生态系统、湿地生态系统、荒漠生态系统、其他主导功能性生态用地和其他多功能性生态用地。生态系统与生态用地类型对应关系见表4-6。

表4-6 生态系统与生态用地类型对应关系表

生态系统类型	地类
耕地生态系统（多功能生态用地）（A）	旱田
	水田
	水浇地
	果园
	茶园
	其他园地
林地生态系统（多功能生态用地）（F）	有林地
	灌木林地
	其他林地
草地生态系统（多功能生态用地）（G）	天然牧草地
	人工牧草地
	其他草地
湿地生态系统（主导功能生态用地）（W）	河流水面
	湖泊水面
	沿海、内陆滩涂
	沼泽地
荒漠生态系统（主导功能生态用地）	盐碱地
	沙地
	裸地
其他主导功能性生态用地	冰川及永久积雪
	公园、绿地及其他
其他多功能性生态用地	水库水面
	坑塘水面
	沟渠
	空闲地
	设施农用地

生态系统网格划分，可根据区域实际自然地理情况调整，在区域内占地面积很小，且分布零星、分散的生态系统，可根据情况，归并到周边生态系统中。

生态系统网格的划分均按照面积主导、零星地类归并的原则进行划分。其中每个生态系统网格中主体生态用地面积与零星地类面积的比例不得小于6∶4，即每个生态系统网格中主体生态用地面积不能小于60%，面积小于网格总面积40%的其他地类可归并至这一生态系统网格中。

（6）六级网格（生态用地类型网格）

六级网格即生态用地类型网格，是以区域内土地利用现状图（地类图斑）为基础数据，遵循不跨地籍子区的原则，依据生态用地分类体系，对区域内空间分布集中连片的属于相同生态用地类型的地类图斑进行合并，合并后形成的网格为生态用地类型网格，即六级网格。

生态用地类型网格的划分均按照面积主导、零星地类归并的原则进行划分。其中每个生态用地类型网格中主体生态用地面积与零星地类面积的比例不得小于6∶4，即每个生态用地类型网格中主体生态用地面积不能小于60%，面积小于网格总面积40%的其他地类可归并至这一生态用地类型网格中。

（7）七级网格（地类图斑网格）

七级网格即地类图斑网格，是在区域内生态用地类型网格（六级网格）范围内，以土地利用现状图的地类图斑而形成的网格。

（8）八级网格（不规则网格顺序码）

八级网格就是不规则网格顺序码，采用5位数字对不规则网格的编码顺序进行编码，代表着不同生态土地类型的不规则编码顺序。

（9）九级网格（生态功能重要性类型等级）

九级网格即生态功能重要性类型等级，一般采用3位编码结构对生态功能重要性类型等级进行编码，不同的生态系统对应着不同的生态功能重要性类型等级。整个生态用地不规则网格编码结构如图4-6所示。

2. 编码方法

第一层次为县级行政区划，代码为6位，采用《中华人民共和国行政区划代码》（GB/T 2260—2007）。

第二层次为地籍区，编码为3位，用阿拉伯数字表示。

第三层次为地籍子区，编码为3位，用阿拉伯数字表示。

第四层次为土地所有权类型，编码为1位。用G、J、Z表示，"G"表示国家土地所有权，"J"表示集体土地所有权，"Z"表示土地所有权争议。

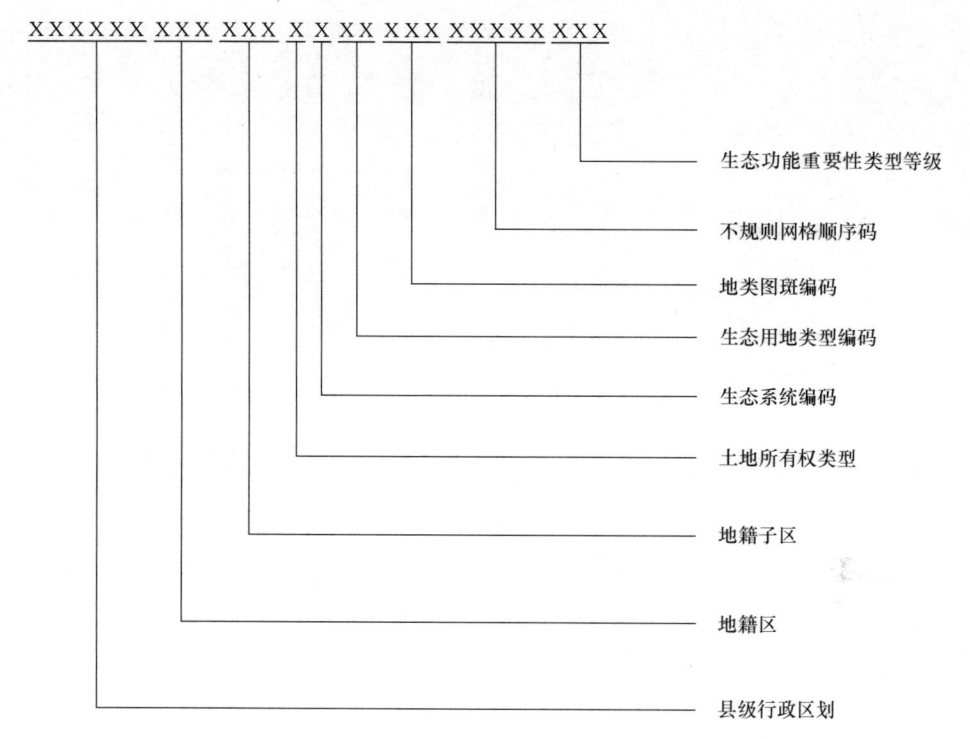

第四章 生态用地信息网格化管护模型构建与技术研究

```
XXXXXX XXX XXX X XXX XXXXXX XXX
   │     │   │  │  │  │    │   └─ 生态功能重要性类型等级
   │     │   │  │  │  │    └──── 不规则网格顺序码
   │     │   │  │  │  └───────── 地类图斑编码
   │     │   │  │  └──────────── 生态用地类型编码
   │     │   │  └─────────────── 生态系统编码
   │     │   └────────────────── 土地所有权类型
   │     └────────────────────── 地籍子区
   │                             地籍区
   └──────────────────────────── 县级行政区划
```

图 4-6 生态用地不规则网格编码结构图

第五层次为生态系统编码，编码为 1 位，第一位表示生态系统类型，用 A、F、G、W、D、O、M 表示，"A"表示耕地生态系统，"F"表示林地生态系统，"G"表示草地生态系统，"W"表示湿地生态系统，"D"表示荒漠生态系统，"O"表示其他主导功能性生态用地，"M"表示其他多功能性生态用地；

第六层次为生态用地类型编码，编码为 2 位。"11"表示河流水面，"12"表示湖泊水面，"13"表示沿海、内陆滩涂，"14"表示沼泽地，"21"表示盐碱地，"22"表示沙地，"23"表示裸地，"31"表示冰川及永久积雪，"32"表示公园、绿地及其他，"41"表示有林地，"42"表示灌木林，"43"表示其他林，"51"表示天然牧草地，"52"表示人工牧草地，"53"表示其他草地，"61"表示水田，"62"表示水浇地，"63"表示旱地，"64"表示果园，"65"表示茶园，"66"表示其他园地，"71"表示水库水面，"72"表示坑塘水面，"73"表示沟渠，"74"表示空闲地，"75"表示设施农用地。

第七层为地类图斑编码，编码为 3 位。地类图斑编码按照土地利用现状分类标准(GB/T 21010—2007)的二级类编码编制。

第八层次为不规则网格顺序码，编码为 5 位，表示不规则网格的顺序编码，用阿拉伯数字 00001～99999 表示。

第九层次为生态功能重要性类型的等级，编码为 3 位，第一位表示生态功能等级，第二位表示生产功能等级，第三位生态功能在本区域重要性的等级，用 1、2、3 表示。其中，"1"表示高等级（重要），"2"表示中等等级（较重要），"3"表示低等级（不重要）。在相应的不规则网格编码后顺序编码。如一个不规则网格具有高生态功能价值、高生产功能价值，并且其生态功能在本区域重要，表示为 111。

（二）生态用地网格化管护服务系统功能及实现

1. 主要功能

（1）地图基本操作模块

该模块主要实现对地图的常规操作。常规操作方法主要包括：拉框放大、拉框缩小、平移、全图、图上量算（包括长度、面积的量算）、缓冲分析（点、线、面缓冲区分析）、自定义空间查找范围、清除屏幕（清除当前操作）、地图/影像视图切换操作等，以工具条按钮的方式提供。具体界面如图 4-7 所示。

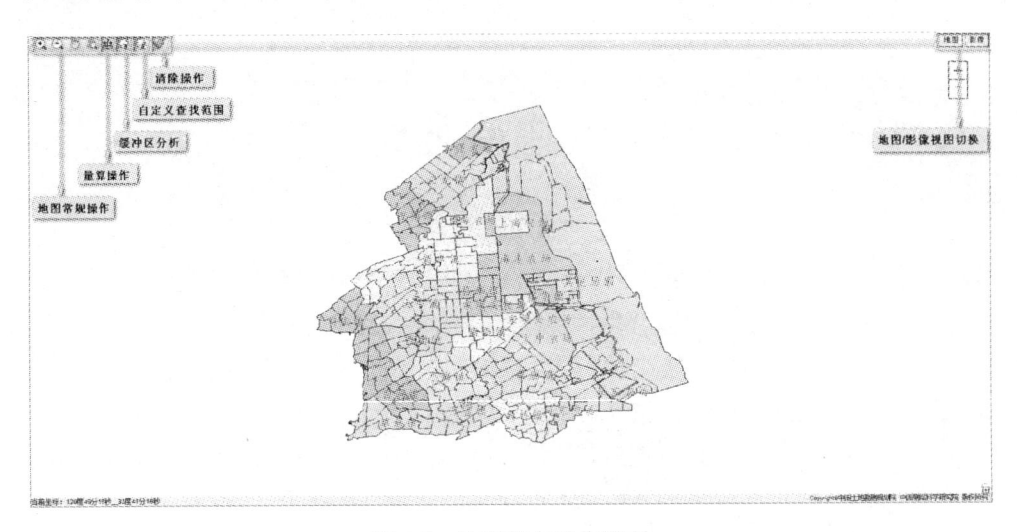

图 4-7　地图基本操作界面

（2）目标查找定位模块

该模块的主要功能是在数据库中对目标进行查找、搜索、图上定位以及进行行政区域管理。主要包括行政区域管理、目标查找、坐标定位三个子模块。通过选择行政区名称，实现行政区空间位置定位和属性浏览；根据关键字及目标类型对感兴趣目标进行快速搜索，并进行图上空间定位及属性浏览；通过输入搜索目标范围内的经纬度坐标，实现目标的坐标定位，并显示出目标所在的行政区。具体界面如图 4-8 所示。

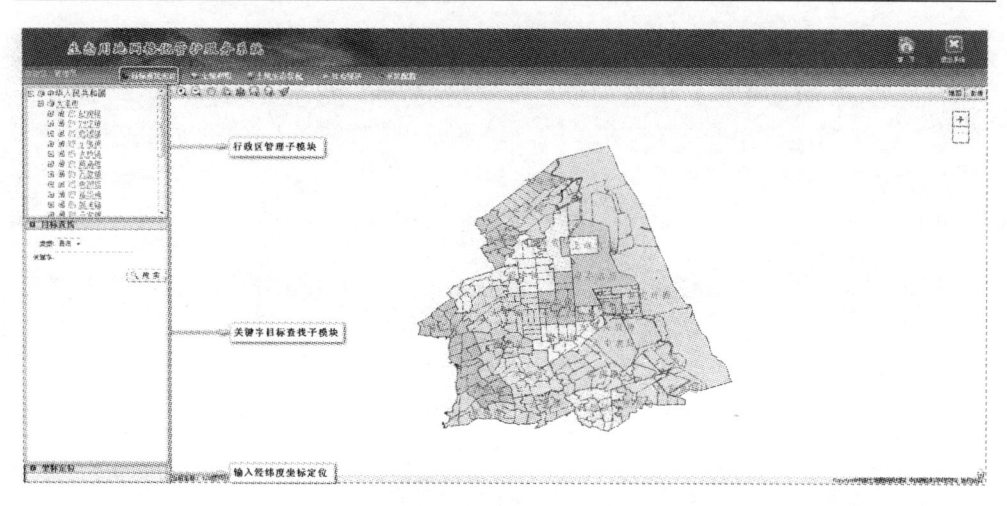

图 4-8 目标查找定位界面

（3）土地利用信息模块

该模块主要包括两个子模块，分别是土地利用分类和土地利用变化，可实现不同年份土地变化的动态播放。土地利用分类子模块主要包含多年土地利用分类图，用户可以点击不同年份的分类数据以实现对不同年份土地分类的显示；土地利用变化子模块主要包括土地分类、滩涂分类的动态变化以及土地类型的变化检测。具体界面如图 4-9 所示。

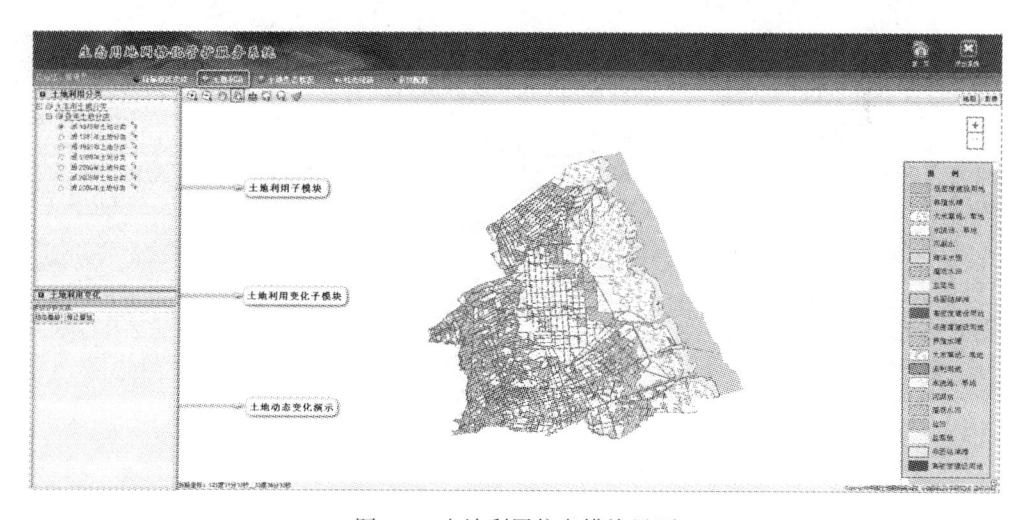

图 4-9 土地利用信息模块界面

（4）土地生态状况信息模块

该模块主要包括三个子模块，分别是基本土地生态状况、土地生态专题信息和样点照片三个子模块，可实现土地生态信息的网格化查询。基本土地生态状况子模块主要是生态土地类型属性信息的查询显示；土地生态专题信息主要包括土地生态系统、滩涂用地、土壤分布图、生态系统基本要素、生态系统建设保护、生态系统结构评估要素以及生态土地退化、污染等专题信息的查询显示；样点和照片子模块包括了芦苇和互花米草两个模块，可以显示采样点的空间分布以及显示相应采样点的照片以及属性信息。具体界面如图4-10所示。

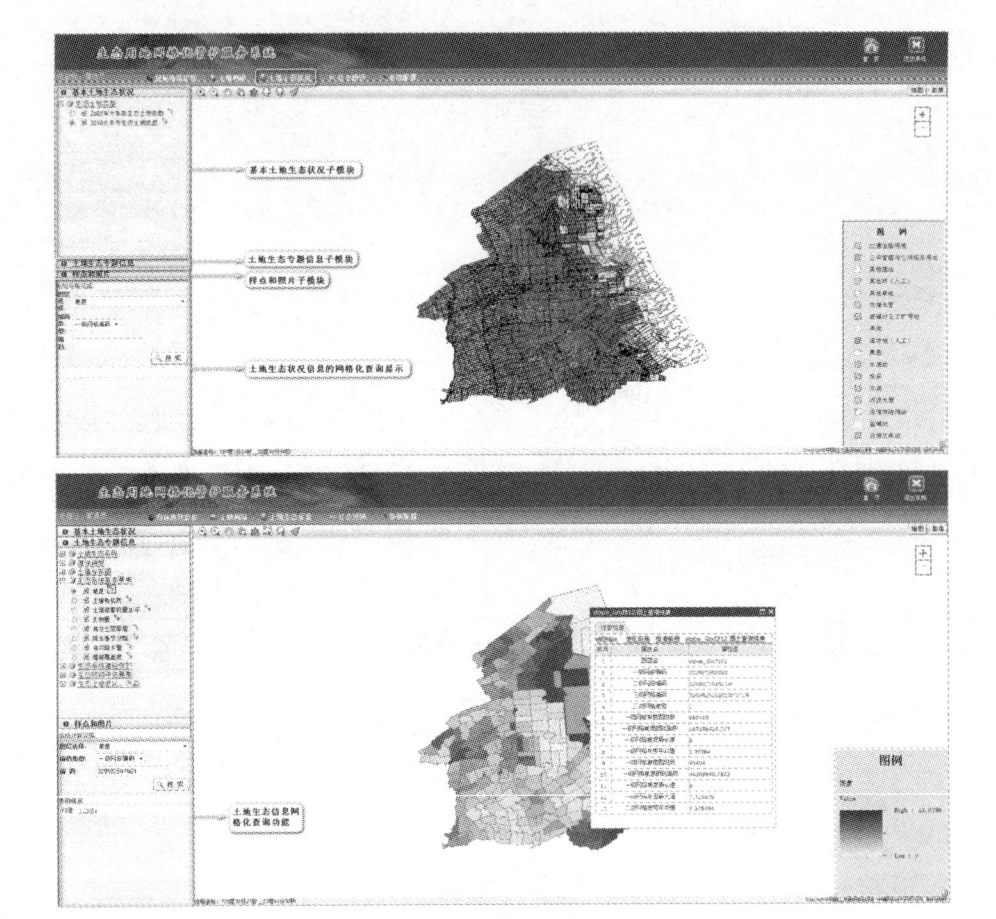

图4-10 土地生态状况界面

（5）社会经济统计分析模块

该模块主要是对社会经济进行各方面的统计，以不同的图表形式显示。主要统计的细类为各年工业总产值统计、各年总人口统计、各年耕地面积统计、各年农业总产值统计、各年粮食产量统计、各年棉花产量统计、各年水产品产量统计、各年财政收入统计以及各年农村居民人均收入，具体界面如图4-11所示。

（6）系统资源配置管理模块

该模块主要是针对生态用地网格化管护服务系统遥感监测结果数据的分析流程

需求，对用户管理、行政区域数据、土地利用、目标查找定位、土地生态状况、社会经济统计等模块的数据资源进行快捷、简单的配置与管理，具体界面如图4-12所示。

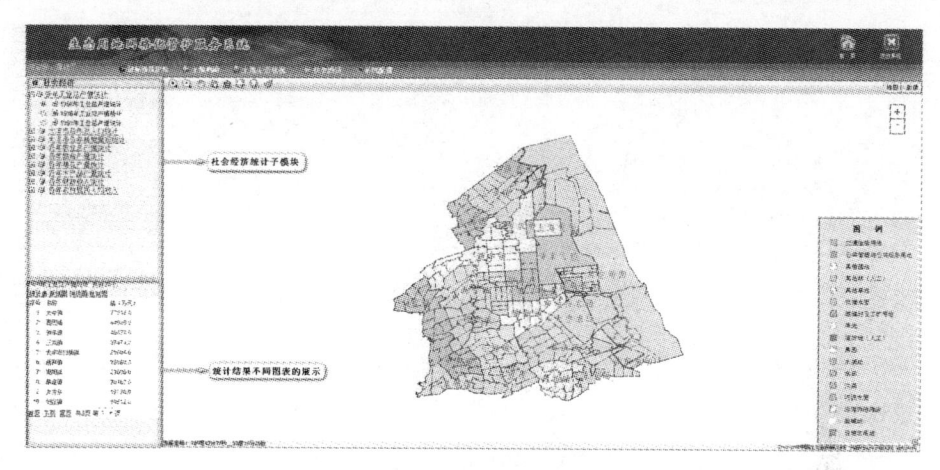

图4-11 生态环境专题数据管理技术流程图

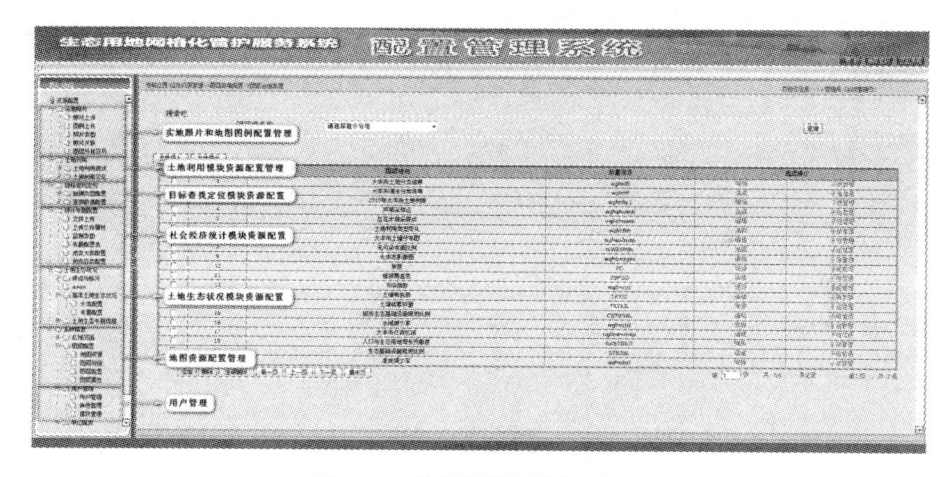

图4-12 系统资源配置管理界面

2. 功能实现方法

（1）地图基本操作模块

该模块主要实现地图常规操作，包括地图的放大、缩小、平移、清屏、标注、图上量算、影像视图切换、缓冲区分析、地图影像对比分析等功能。该模块是以工具条按钮形式提供，如图4-13所示。

（2）区域导航管理

通过选择名称，实现行政区空间位置定位、属性浏览，以及选定行政区范围内的目标搜索及相关空间分析，如图4-14所示。

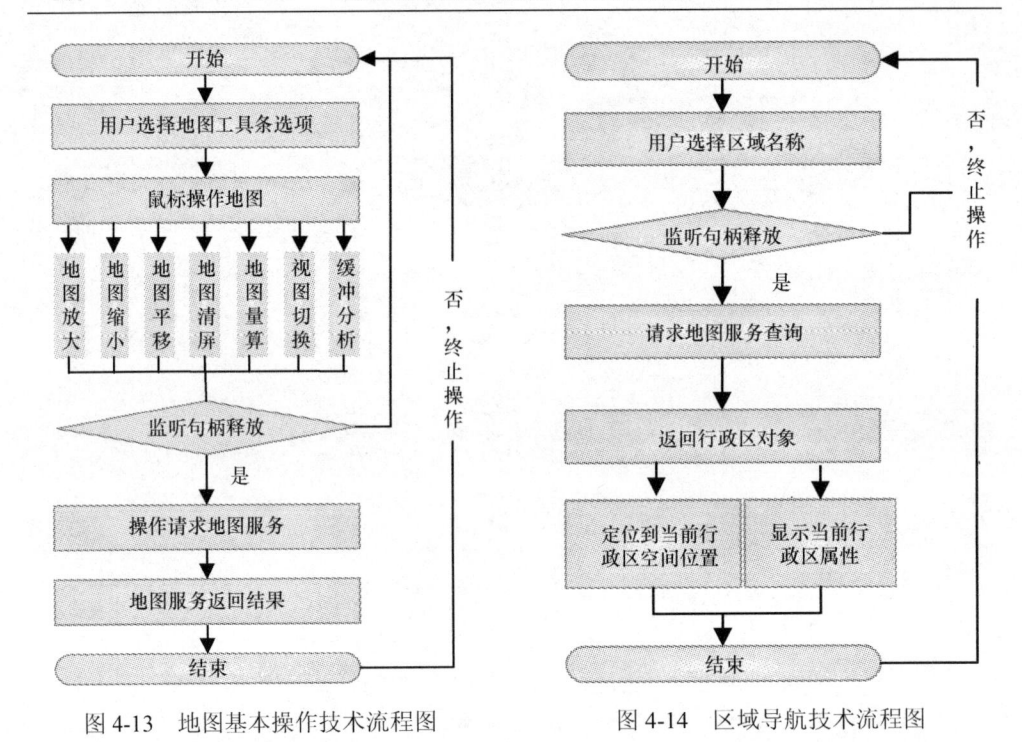

图 4-13 地图基本操作技术流程图　　图 4-14 区域导航技术流程图

（3）目标查找

根据关键字及目标类型对感兴趣目标进行快速搜索，并进行图上空间定位及属性浏览。根据选择的搜索目标结果，输入查找半径及查找目标类型，以进行周边查找，如图 4-15 所示。

（4）坐标定位模块

输入有效的经纬度参数，根据经纬度参数进行图上空间定位，并显示出目标所在的网格单元，如图 4-16 所示。

（5）生态用地专题数据管理

获取生态用地专题所在的资源、图层等信息进行专题资源搜索。将该类别的目标信息列表显示，同时动态加载专题数据，并基于当前专题数据结果进行进一步分析，如图 4-17 所示。

（6）统计分析

根据选择的统计类型，实现对各级行政区所有行政区单元进行社会经济、人口等信息统计，以图表的形式输出，如图 4-18 所示。

五、生态用地数据库管理系统

生态用地网格化管护服务系统总体数据库是由空间数据、专题属性数据、统

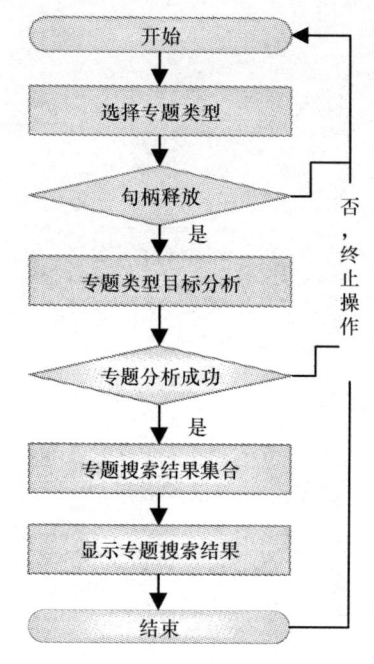

第四章 生态用地信息网格化管护模型构建与技术研发

图 4-15 目标查找技术流程图

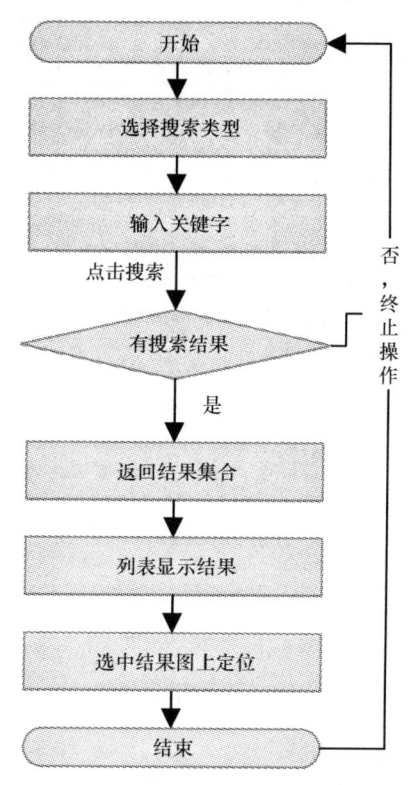

图 4-16 坐标定位技术流程图

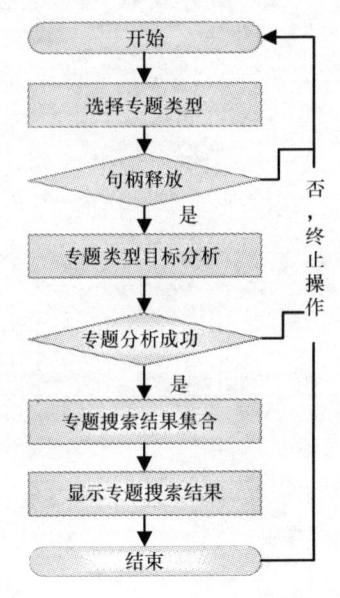

图 4-17　生态环境专题数据管理技术流程图

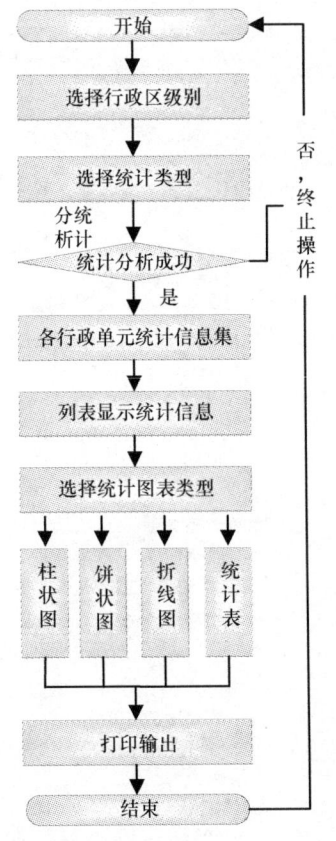

图 4-18　生态环境要素信息统计分析技术流程图

计数据统一融合构成。由于系统采用分期数据入库使用，故数据库是采用增量形式向最终数据库递进的，系统的开发过程也是最终数据库形成的过程，即数据集成和业务集成的过程。

为了方便各专题的统计数据收集和整理，原始统计数据格式为 Access 数据库。系统平台在支持原始数据格式的基础上，提供统一数据库导入接口，使用各专题的数据导入接口直接导入到相应的专题数据库中。而空间数据以 Shape File 文件或 GDB 文件格式提供，并通过 ArcSDE 空间数据引擎入库。在入库前需要对专题统计数据与对应的空间数据和属性数据进行质量检查，尤其是属性数据与空间数据一致性问题，要做到空间与属性一一对应。

由于各专题是在不同阶段开发的，而且在开发过程中一般将不同时期制作的属性数据和空间数据进行统一管理，并参与查询、分析与计算。部分专题或全部专题开发完毕之后，对所有专题的属性数据、空间数据进行更为严格的数据检查，将所有数据统一进行转换并导入到建好的 Oracle 空间数据库中，并进一步检查以确认所有的属性数据和空间数据的关联。最终系统统一集成到一起，通过 ArcSDE 访问 Oracle 空间数据，通过 JDBC 或 OracleClient 等访问数据库中的数据，进行查询、统计、分析、空间浏览、空间计算等操作。生态用地数据库配置管理系统的技术架图如图 4-19 所示。

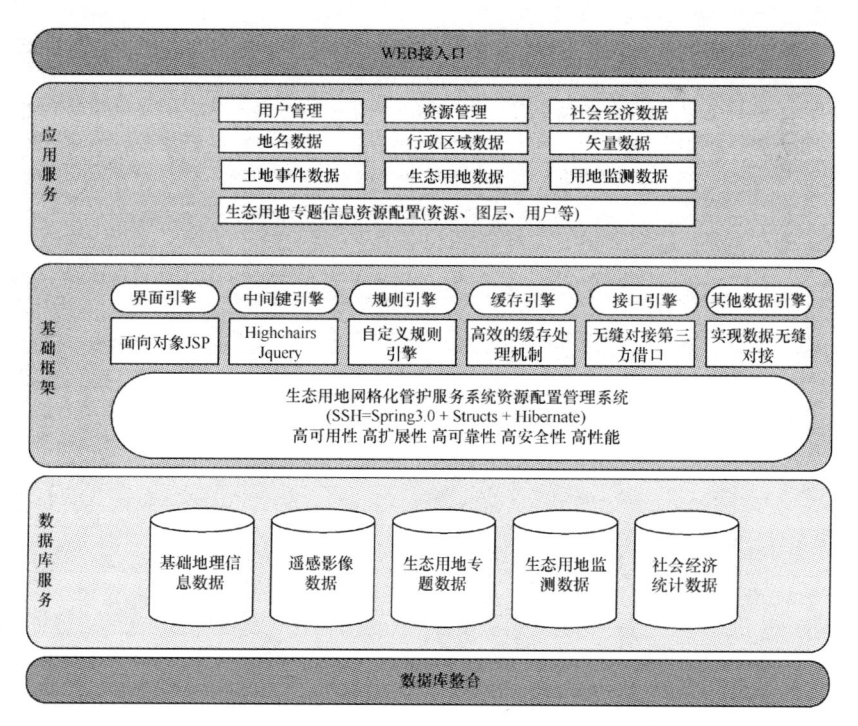

图 4-19　生态用地网格化管护服务系统配置系统技术架构图

参 考 文 献

陈学业, 肖海波, 任福. 2008. 城市统一空间基础网格划分与应用模式研究. 地理空间信息, 06(03): 16-18.
樊文平, 石忆邵, 蒲晟, 等. 2010. 土地网格化管理关键技术探讨. 长江流域资源与环境, 19(Z1): 1-6.
傅伯杰. 2010. 我国生态系统研究的发展趋势与优先领域. 地理研究. 29(3): 383-396.
李鹏. 2011. 我国城市网格化管理研究的拓展. 城市发展研究, 18(2): 111-118.
刘斌, 王忠. 2003. 面向对象程序设计 Visual C++. 北京: 清华大学出版社: 2-200.
王语檬. 2015. 生态用地遥感信息提取及网格化管理研究. 哈尔滨: 东北农业大学硕士学位论文.
吴次芳, 叶艳妹, 岳文泽. 2007. 试论土地利用工程的学科属性、体系和发展方向. 中国土地科学, 21(3): 26-31.
于贵瑞. 2001. 略论生态系统管理的科学问题与发展方向. 资源科学, 23(6): 1-4.
赵俊三, 徐涛, 赵耀龙, 等. 2005. 实现地理空间数据整合和更新方法的技术研究. 昆明理工大学学报, 30(3): 6-14.
郑土源, 徐辉, 王浣尘. 2005. 网格及网格化管理综述. 系统工程, (3): 1-7.
Pavlikakis G E, Tsihrintzis V A. 2000. Ecosystem management: A review of a new concept and methodology. Water Resources Management, 14(4): 257-283.

第五章　黑龙江杜尔伯特蒙古族自治县生态用地网格化管护技术应用与示范

第一节　研究背景

生态用地网格化管护是指运用数字化、信息化手段，以网格为管理单元，以网格单元内的生态用地为管理内容，以处置单位为责任主体，通过网格化管理信息平台，实现区域生态用地的动态监测、管理和保护。网格化管理思想有利于各级土地管理部门对于辖区生态用地及其变化信息的及时、准确、全面掌握，实现生态用地由粗放管理到精细管理的转变，为区域生态经济发展提供重要决策支撑，并有利于保护土地生态环境、提升土地质量、优化农业布局，促进生态、经济和社会效益的同步发展。本章将研究适合于黑龙江杜尔伯特蒙古族自治县示范区的生态用地分类体系、网格划分与编码、网格化管护基础数据库建设等方法，并对示范区生态用地网格化管护展开示范工作，以检核、总结和反馈技术经验与不足，提出改进和完善关键技术、管理手段的意见和建议，提高生态用地网格化管护技术适用性和可操作性。为全国生态用地精细化管护服务平台构建奠定技术基础与实证基础。

第二节　示范区概况

本研究选取黑龙江省杜尔伯特蒙古族自治县为生态用地网格化管护的示范区。

一、自然地理概况

（一）地理位置

杜尔伯特蒙古族自治县（简称"杜蒙县"）位于黑龙江省西南部（图 5-1），在北纬 45°53′~47°8′和东经 123°45′~124°42′之间，南北平均长 102.9 km，幅员总面积约 6176 km^2。该县地理位置优越，东与大庆市、林甸县为邻，西与泰来县、吉林省镇赉县隔江相望，南同肇源县毗连，北同齐齐哈尔市接壤。杜蒙县交通便利，铁路、公路、水路等纵横交错的交通运输网络，连接了城乡，接通了齐齐哈尔、大庆、哈尔滨等地。

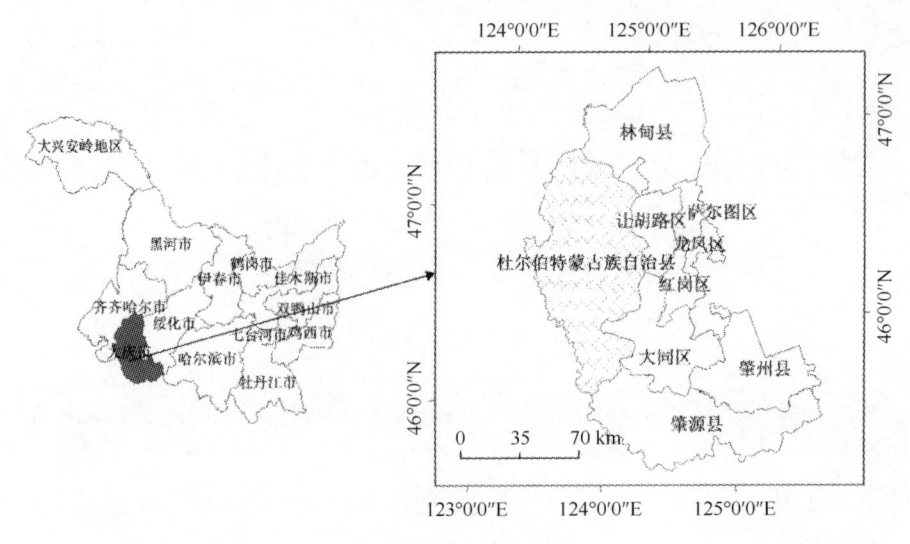

图 5-1 杜尔伯特蒙古族自治县相对位置图

（二）地质地貌

杜蒙县地质构造属于松辽台向斜，位于松辽凹陷带西部阶梯带平台上。基底由大断裂带与中央凹陷带相对拱起的断块构成，从西向东呈阶梯式下降。基底之上覆盖着巨厚的沉积层。杜蒙县处于松嫩平原腹地、嫩江之滨，地势开阔平坦。平均海拔135～145 m，由北向南略倾斜。境内最高处为胡吉吐莫镇马场大山，海拔198.8 m；最低处位于乌尔塔泡子，海拔127.4 m。嫩江纵贯县域西部，流经146.7 km。乌裕尔河流经县域北部，呈无尾河漫流。江河水带来大量泥沙，在风力搬运和堆积作用下，形成连绵起伏的沙岗。乌裕尔河河水一部分渗入地下，抬高地下水位；另一部分汇集于地表洼地，形成大小湖泡。由于排水不畅，地表水长期不向外流，加上本县区气候较干旱，年蒸发量远远大于年降水量，使水溶性盐分逐渐积累于地表，造成湖泡多含盐碱，并且在低平地形处形成大面积的盐渍化土壤和大量碱斑。因此本县地貌单元基本特征是：起伏沙岗地、盐碱低平地、江湾河滩地、湖泡沼泽地。

（三）气候

杜蒙县地处中纬度，位于温带半湿润气候向温带半干旱气候过渡带，属中温带大陆性气候。基本特点是冬长雪少，天气寒冷；夏季湿热，降水集中；春季风大，气候干燥。平均无霜期为151 d，年总日照时数2830～2910 h，历年平均日照时数2852.3 h，全年得到的太阳辐射能是277.86 kcal/($cm^2·a$)[①]，远高于黑龙江全

---

① cal 为非法定单位，1 cal=4.184 J。

省平均太阳辐射量 100~120 kcal/(cm²·a)，属于太阳辐射比较多的地区，光能资源丰富。年平均降水量南部为 365 mm，北部为 405 mm，但各月降水量的年际变化很大，多出现锋面雨和对流雨，大雨、暴雨多集中在夏季，降水强度较大。且由于受地形和季风影响，一年之中风向频率变化较大。

（四）土地资源

截止到 2012 年，杜蒙县土地总面积 592 507.78 hm²，其中农用地 389 665.77 hm²，占土地总面积的 65.77%；建筑用地 31 791.82 hm²，占 5.37%；未利用地 171 050.19 hm²，占 28.86%。其中，农用地中旱田 145 419.50 hm²，林地 67 348.65 hm²，草地 120 526.34 hm²，水田 17 403.04 hm²，分别占农用地总面积的 37.32%、17.28%、30.93% 及 4.47%。水域面积 40 545.70 hm²、沼泽地 58 055.55 hm²、内陆滩涂 25 796.20 hm²，盐碱地 42 146.35 hm²，分别占未利用地总面积的 23.7%、33.94%、15.08% 及 24.64%，沼泽地占地面积较大。

杜尔伯特蒙古族自治县是黑龙江省湿地类型较多、面积较大、分布最广的地区之一。天然湿地和人工湿地面积截止到 2012 年，湿地总面积为 19.47 万 hm²，约占全县陆地总面积的 32.86%。其中天然湿地包括河流水域、湖泊、沼泽等；人工湿地以水库、塘坝、水田为主。境内分布着一些较大的湿地，包括国家级湿地自然保护区 1 处、连环湖、龙虎泡、喇嘛寺泡、嫩江滨江湿地等。连环湖是该县境内最大的一个天然湖泊，位于中部，是重要的渔业产区和度假旅游区，龙虎泡是大庆市重要的水源地。湿地在区域气候、蓄水分洪、净化水体、减轻污染等方面起着非常重要的作用。

二、社会经济状况

（一）行政区划

杜尔伯特蒙古族自治县辖 4 镇 7 乡及 79 个行政村，4 镇分别为泰康镇、烟筒屯镇、胡吉吐莫镇、他拉哈镇 4 镇；7 乡分别为一心乡、克尔台乡、白音诺勒乡、江湾乡、巴彦查干乡、敖林西伯乡、腰新乡；共 79 个行政村，其中少数民族村 45 个，336 个自然屯；12 个农林牧渔场县城所在地在泰康镇。

（二）人口结构

该县是黑龙江省唯一的蒙古族自治县，有蒙古、汉、回、满、达斡尔、锡伯等 17 个民族。截至 2010 年底全县总人口为 23.28 万人，男女性别比例为 1.02：1。其中农业人口为 16.50 万人，占全县总人口的 70.88%，农村人口数量较大；蒙古族人口为 4.15 万人，占全县人口的 17.83%。男女性别比例为 1.02：1。2004 年，全县人口密度约为 120 人/km², 处于过度开发状态。

(三) 经济发展

杜蒙县历史上以游牧为主, 工农业基础薄弱, 新中国成立前几乎没有工业, 国民经济不发达。新中国成立以来示范区经济持续增长, 特别是近几年来, 经过产业结构调整和招商引资, 社会经济初步形成以农、牧业为主, 以伊利、妙士等乳业集团为代表的乳品产业, 以草原兴发集团为代表的畜产品加工产业和以龙湖泡油田有限公司为龙头的油田开发产业。2013 年农业总产值实现 18.2 亿元、农村人均收入 3150 元, 与 2000 年同比增长 109%、291%。畜牧业主导地位得到确立。同时, 第三产业也得到大力发展, 杜尔伯特蒙古族自治县坚持把旅游业作为支柱产业来培育和经营, 累计投资 1.5 亿元, 通过加强对外宣传, 扩大了杜尔伯特旅游品牌知名度。旅游业作为支柱产业的地位大幅提升, 经济规模不断扩大, 旅游收入年均在 6000 万元以上, 拉动第三产业增加值年均递增 8.7%。

第三节　基础数据收集与预处理

一、遥感数据获取与预处理

(一) 法国 SPOT5 影像

研究采用法国的 SPOT5 卫星影像, 获取时间为 2012 年 6 月。影像共有 5 个工作波段, SPOT5 遥感数据的多光谱波段空间分辨率为 10 m (短波红外空间分辨率为 20 m), 但全色波段空间分辨率达到 2.5 m, 光谱范围见表 5-1。

表 5-1　SPOT5 影像光谱属性表

波段名称	光谱范围 (μm)	分辨率 (m)
PAN (全色波段)	0.49~0.69	2.5
B1 (绿光波段)	0.49~0.61	10
B2 (红光波段)	0.61~0.68	10
B3 (近红外波段)	0.78~0.89	10
B4 (短波红外波段)	1.58~1.78	10

运用 ENVI4.8 软件对遥感影像进行配准、融合、正射纠正、镶嵌与裁切等数据预处理, 融合所用波段为 B1、B2、B3, 得到研究区 DOM 影像。

(二) 资源卫星一号 02C 卫星数据

我国资源一号 02C 卫星 (简称 ZY-1 02C 星) 搭载有全色多光谱相机和全色

高分辨率相机,主要任务是获取全色和多光谱图像数据,可广泛应用于国土资源调查、水利、农业、林业及生态环境等重要领域(中国资源卫星应用中心,2012)。资源一号 02C 卫星于 2011 年 12 月 22 日成功发射,它填补了中国国内高分辨率遥感数据卫星的空白。本次所用影像获取时间为 2014 年 6 月。资源一号 02C 卫星主要载荷指标见表 5-2。

表 5-2　资源一号 02C 卫星主要载荷指标

参数		P/MS 相机	HR 相机
光谱范围	全色	B1: 0.51~0.85 μm	0.50~0.80 μm
	多光谱	B2: 0.52~0.59 μm	
		B3: 0.63~0.69 μm	
		B4: 0.77~0.89 μm	
空间分辨率	全色	5 m	2.36 m
	多光谱	10 m	

运用 ENVI5.1,对研究区 02C 数据进行了影像配准、正射校正、影像融合、镶嵌和裁切等数据预处理工作,得到分辨率为 5 m 的 02C 影像。

二、外业调查

为了保证识别研究中训练样地和检验样地的选择具有准确性和科学性,本次研究制定了外业精度检验方案,并于 2014 年 9 月赴研究区杜蒙县利用手持 GPS 对 300 个预选样点进行了调查和测量。外业调查成果包括测量结果数据、图片、点位属性调查表等。图 5-2 为外业测量所拍照片,图 5-3 为外业测量展点图。

图 5-2　外业调查及测量照片

图 5-3 外业调查测量点位展点图

三、其他资料获取

其他辅助资料包括研究区土地利用变更数据库、1∶50 000 的土地利用现状图及研究区 DEM 数据等。并将 DEM 数据进行转投影、拼接、裁剪等预处理工作，处理后 DEM 影像见图 5-4。

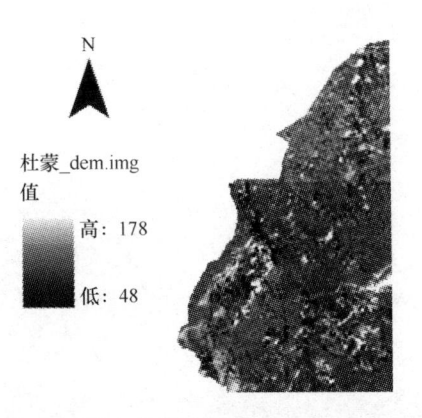

图 5-4 杜尔伯特蒙古族自治县 DEM 图

收集到的基础资料和数据见表 5-3。

表 5-3 杜蒙县数据收集清单

资料名称
第二次土地调查成果
杜蒙县土地变更调查资料（2010～2012 年）
杜蒙县土地利用总体规划（2006～2020 年）
杜蒙县不同年份遥感影像数据
杜蒙县新一轮农用地分等定级成果
杜蒙县宗地统一编码成果
杜蒙县农村土地确权登记成果
新一轮土地利用总体规划前期研究——协调土地利用与生态建设专题研究
杜蒙县近 10 年环境保护公报
杜蒙县"十二五"环境保护规划（2011 年）
杜蒙县重点生态功能区规划（2013 年）
杜蒙县水源地、自然保护区、湿地分布及变化情况
大庆市生态建设及规划资料
杜蒙县长期气象观测数据

第四节 生态用地分类体系示范

生态用地核心作用是自然发挥其生态功能，保护区域生态环境，使自然生态系统稳定性更好，多样性更高；生态用地的保护对于人类大有裨益，保障了人类社会的永续性发展。

结合示范区杜尔伯特蒙古族自治县湿地资源丰富、湖沼星罗棋布、水域面积较大、盐碱低地交错、草地广阔等特点，在全国生态用地分类体系框架指导下，构建了示范区生态用地分类体系。将生态用地分为成为主导功能性生态用地和多功能性生态用地两大类。其中，示范区内主导功能性生态用地包括河流水面、湖泊水面、内陆滩涂、沼泽地、盐碱地、沙地和裸地；多功能性生态用地包括有林地、其他林地、灌木林地、天然牧草地、人工牧草地、其他草地、水库水面、坑塘水面、水田、旱地、沟渠以及设施农用地。

杜尔伯特蒙古族自治县是黑龙江省湿地类型较多、面积较大、分布最广的地区之一。境内沼泽地面积 58 055.55 hm^2，约占杜蒙县土地总面积的 10%，是生态用地的重要组成部分，其在调节区域气候、蓄水分洪、净化水体、减轻污染等方面起着非常重要的作用。为方便示范区对沼泽地的管理和保护，根据实地调研情况，将杜蒙县沼泽地进一步细分为芦苇沼泽、沼泽化草甸。同时，盐碱地交错是示范区的主要特点之一，但由于南北方盐碱地存在一定的差异，示范区盐碱地含碱量较低，其上均有草生长，除部分盐碱地面积较大，多数盐碱地往往与草地、水域相互交错，其上长有稀疏的植物，或随每年雨量大小在盐碱地和水体之间相互转化，碱水中有鱼类生长。因此，根据示范区盐碱地的实际功能，将盐碱地归并到多功能生态用地中。示范区生态用地分类体系见表5-4。

表 5-4　示范区主要生态用地类型

一级类		二级类		含义
代码	类别名称	代码	类别名称	
01	主导功能性生态用地	11	河流水面	指天然形成或人工开挖河流常水位岸线之间的水面，不包括被堤坝拦截后形成的水库水面
		12	湖泊水面	指天然形成的积水区常水位岸线所围成的水面
		13	内陆滩涂	沿海大潮高潮位与低潮位之间的潮浸地带，以及河流、湖泊常水位至洪水位间的滩地；时令湖、河洪水位以下的滩地；水库、坑塘的正常蓄水位与洪水间的滩地
		14	沼泽地　芦苇沼泽	由水生和沼生芦苇组成优势群落的淡水沼泽
			沼泽化草甸	包括分布在平原地的沼泽化草甸及高山和高原地区具有高寒性质的沼泽化草甸、冻原池塘、融雪形成的临时水域
		15	沙地	指表层为沙覆盖、基本无植被的土地
		16	裸地	指没有植物生长的裸露地面
02	多功能性生态用地	21	有林地	指树木郁闭度≥0.2的天然乔木林地，包括红树林地和竹林地
		22	灌木林地	指灌木覆盖度≥40%的天然林地
		23	其他林地	指树木郁闭度≥0.1、<0.2的林地
		24	天然牧草地	指以天然草本植物为主，用于放牧或割草的草地
		25	人工牧草地	指人工种植牧草的草地
		26	其他草地	指树木郁闭度<0.1，表层为土质，生长草本植物为主，不用于畜牧业的草地
		27	水库水面	指人工开挖河流常水位岸线之间的水面及人工拦截汇集而成的总库容≥10万 m^3 的水库正常水位岸线所围成的水面
		28	坑塘水面	指人工开挖或天然形成的蓄水量<10万 m^3 的坑塘常水位岸线所围成的水面
		29	水田	指用于种植水稻、莲藕等水生农作物的耕地，包括实行水生、旱生农作物轮种的耕地
		30	旱地	指无灌溉设施，主要靠天然降水种植旱生农作物的耕地，包括没有灌溉设施，仅靠引洪淤灌的耕地
		31	水浇地	指水田、菜地以外，有水源保证和灌溉设施，在一般年景能正常灌溉的耕地
		32	盐碱地	指表层盐碱聚集，生长天然耐盐植物的土地
		33	沟渠	指人工修建，南方宽度≥1.0 m、北方宽度≥2.0 m用于引、排、灌的渠道，包括渠槽、渠堤、取土坑
		34	设施农用地	直接用于经营性养殖的畜禽舍、工厂化作物栽培或水产养殖的生产设施用地及其相应附属设施用地，农村宅基地以外的晾晒场等农业设施用地

上述分类体系应用于示范区生态用地遥感信息提取和基础数据库建设。分类体系较为全面地涵盖了示范区的生态用地类型，符合东北地区生态用地利用及分布特点；分类体系与全国第二次土地调查分类体系联系较为紧密，在数据库建设

过程中基本可以做到无缝连接。以上述生态用地分类体系作为生态用地网格化管护工作开展的基础，可多层次、多角度开展生态用地动态监测工作，能够较为全面地反映该地区生态用地利用与保护情况，便于管护工作的开展。

第五节 生态用地遥感信息提取示范情况

一、基于不同方法的生态用地遥感信息提取

（一）基于像元的信息提取

监督分类是一种常用的统计判决分类，也是较为典型的遥感信息提取方法。其分类是在基于像元在已知类别的训练样本场地上提取各类训练样本，通过选择特征变量、确定判别函数或判别规则，从而把图像中的各个像元点划归到各个给定类的分类方法。本次分类选取行政村内部生态用地较多样的白音诺勒乡合发村SPOT5影像进行生态用地的监督分类。本次监督分类分别选取最大似然法、马氏距离法和最小距离法，分类结果见图5-5。

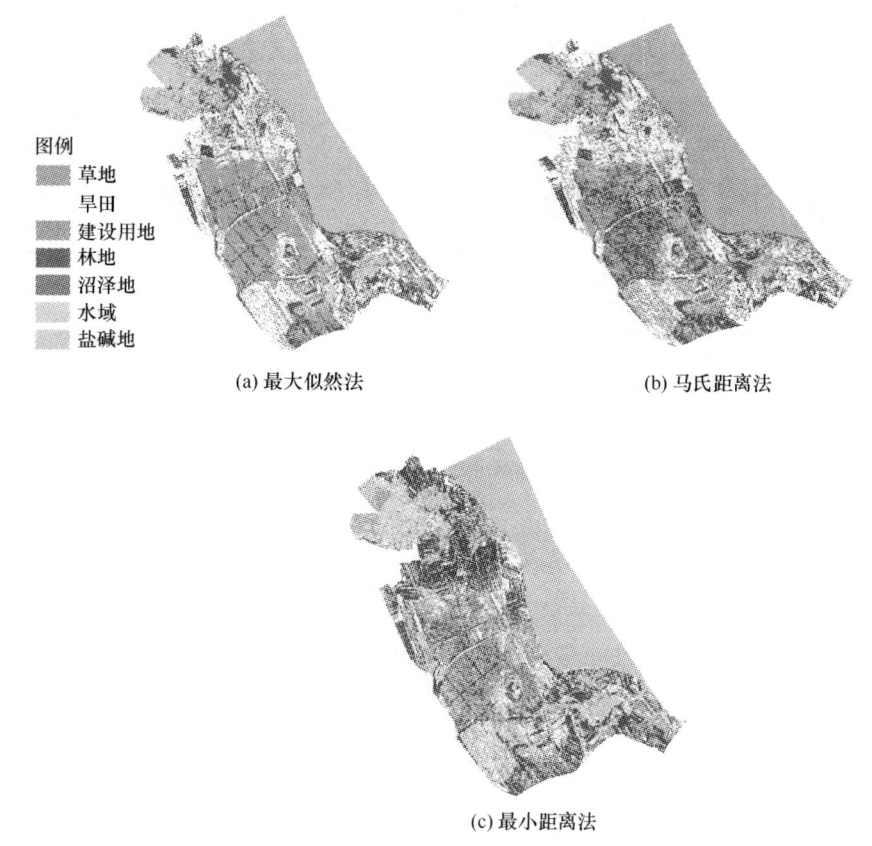

(a) 最大似然法　　(b) 马氏距离法

(c) 最小距离法

图5-5　监督分类信息提取结果

通过与原始影像的对比可知，监督分类得到的分类结果"椒盐现象"比较严重；同时，监督分类不同算法之间差别较大，最大似然法分类效果较好，而马氏距离法将林地和草地混淆较为严重，最小距离法将草地与旱田、水体相混淆，分类结果不理想。

（二）面向对象的生态用地信息提取

面向对象的分析过程是通过将影像中的像元分割成为影像对象来再现地表空间的地理对象。它突破了传统分类方法以像元为基本分类和处理单元的局限性，以含有更多语义信息的多个相邻像元组成的对象（含超级对象和子对象）为处理单元，可以实现较高层次的遥感图像分类和目标地物提取（郑利娟等，2009；胡卫国等，2014）。技术流程如图 5-6。

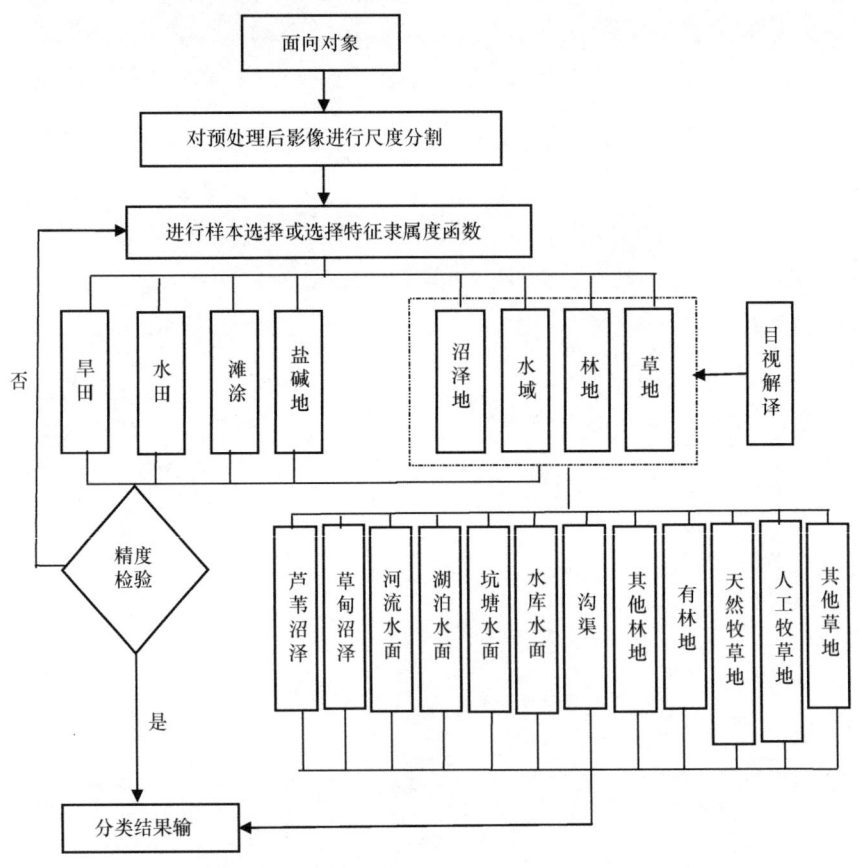

图 5-6　面向对象与目视解译结合的生态用地信息提取技术流程

1. 多尺度分割

影像分割是一项重要的图像处理和分析的技术，也是影像分析领域的经典难题。影像分割是指将影像中具有相似特征（亮度、色彩、纹理等）的临近像元组成一个个"对象"的过程。影像分割中分割参数的选取至关重要，直接影响所生成的对象的数量、形状和大小，并作用于分类结果，影像分类精度（张学儒等，2010；张继平等，2010）。分割参数内涵具体见表5-5。

表5-5 多尺度分割的参数内涵

分割尺度	分割参数			
	同质性标准			
	光谱权重	形状权重	形状参数设置	
			光滑度	紧致度
≥0	1−w	w	w_{smooth}	$1−w_{smooth}$

面向对象的多尺度影像分割是从任一像元开始，采用区域合并算法，自下而上对遥感影像进行分割。这种算法不再单纯地考虑地物的光谱特性，而是将光谱特性及空间特性进行综合考量，使分割后的影像整体异质性达到最小，大大减少了"椒盐现象"的产生。分割尺度的大小决定着分割对象的大小及破碎程度，分割尺度越小则分割后影像的破碎化程度越高，反之，分割尺度越大则更多的像元被合并，生成的对象面积相对更大。异质性由光谱异质性和形状异质性两部分组成，公式表达如式（5-1）。形状异质性由紧致度和光滑度组成，见公式（5-2）；其中，权重代表着不同标准对分割结果的影像程度，权重越大，贡献越大，反之则贡献越小。

$$f = w \cdot h_{color} + (1-w) \cdot h_{shape} \tag{5-1}$$

式中，f 为异质性；h_{color} 为光谱异质性；h_{shape} 为形状异质性；w 为光谱异质性所占权重。

$$h_{shape} = w_{compact} \cdot h_{compact} + (1-w_{compact}) \cdot h_{smooth} \tag{5-2}$$

式中，$h_{compact}$ 为紧致度；h_{smooth} 为光滑度；$w_{compact}$ 为紧致度所占权重。

基于 eCognition 软件平台，同过不断调试、优化分割尺度，得到不同尺度的影像分割效果图，见图5-7。通过反复试验，确定基于样本的面向对象分类是最佳分割尺度。

通过反复试验，分割尺度为 200 时，分割过于粗放，不能将不同地类很好地区分开；当分割尺度为 100 时，耕地可以被很好地区分开来，但部分林地混淆在耕地及草地中；当分割尺度为70时，各类用地均可以被分割开来，便于进行信息提取；当分割尺度为50时，草地、耕地等分割斑块过于破碎，反而会影响分类精度。最终，选择分割尺度70，形状指数0.5，紧致度0.5的条件下进行对象分割。

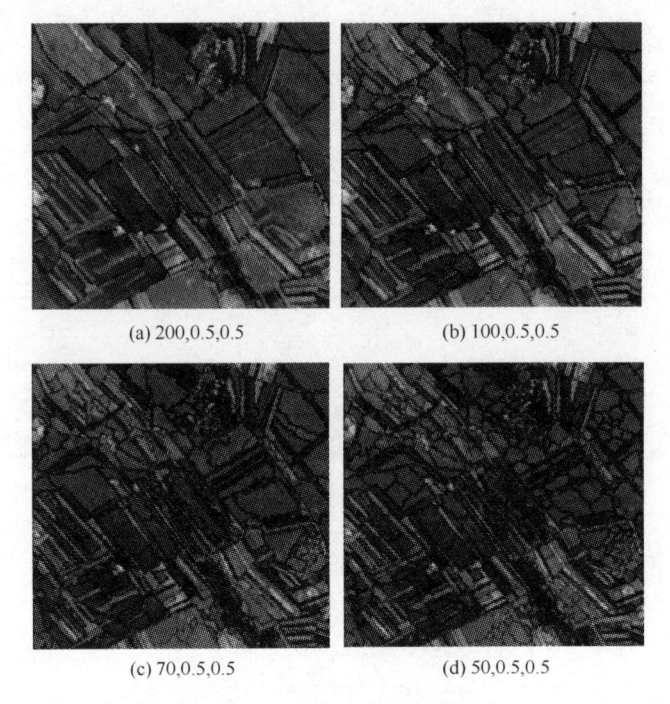

图 5-7　不同尺度分割效果图

2. 生态用地信息提取

同样选取白音诺勒乡合发村 SPOT5 进行生态用地的面向对象分类，分类结果见图 5-8，与图 5-5 比较可知，面向对象的分类结果中"椒盐现象"明显减轻，错分、误分现象减少，分类精度进一步提高。

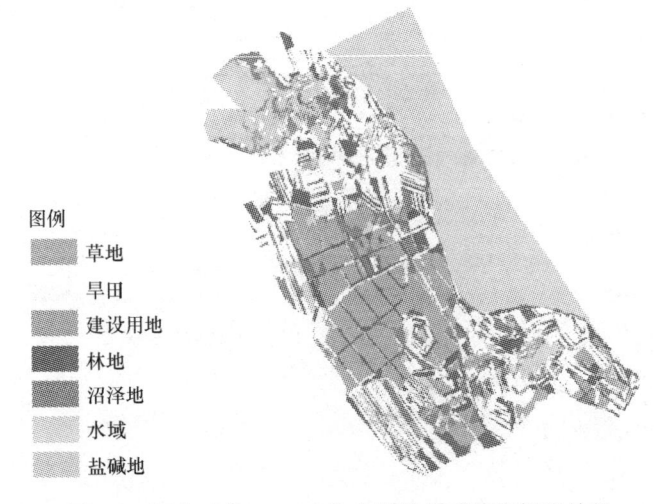

图 5-8　面向对象 SPOT5 生态用地遥感信息提取结果

(三) 不同遥感数据分类结果的比较

在运用不同信息提取方法进行研究的基础上,本次信息提取采用不同的遥感影像进行了信息提取研究。运用面向对象的信息提取方法,分别对法国 SPOT5 遥感影像及我国资源卫星一号 02C 影像进行了生态用地信息提取,其中 SPOT5 及 02C 影像的分辨率分别为 2.5 m 和 5 m。SPOT5 及 02C 遥感影像在分割尺度分别为 70、50,形状系数分别为 0.5、0.7,紧致度均为 0.5 的条件下进行分割,并进行生态信息提取,信息提取结果见图 5-9。

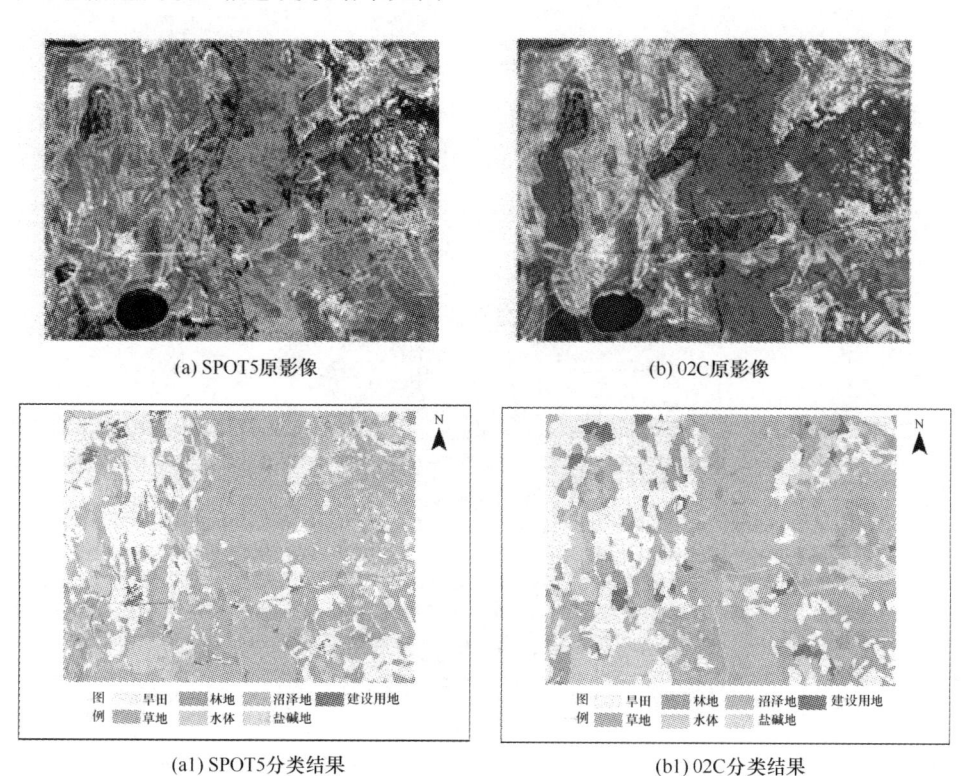

(a) SPOT5 原影像　　　　　　　　(b) 02C 原影像

(a1) SPOT5 分类结果　　　　　　　　(b1) 02C 分类结果

图 5-9　不同遥感数据分类结果比较

由图 5-9 可知,SPOT5 在水体信息提取上效果较好,沟渠清晰可见,而 02C 的分类结果中出现水体与沼泽混淆的现象;同时,在 SPOT5 影像中,可较好地将盐碱地分离出来,而 02C 的分类结果中存在将盐碱地错分为草地的现象。而在林地、草地的信息提取上,02C 影像的优势较为明显,林地基本上被提取出来,而在 SPOT5 的分类结果中,林地与草地相混淆,分类效果与 02C 分类结果相比,精度偏低。

（四）基于对象与 DEM 相结合的湿地信息提取

湿地是生态用地的重要组成部分。杜蒙县是黑龙江省湿地类型较多、面积较大、分布最广的地区之一。境内分布着一些较大的湿地——国家级湿地自然保护区 1 处、连环湖、龙虎泡、喇嘛寺泡、嫩江滨江湿地等。县域内湿地类型丰富，主要包括水体、沼泽地、内陆滩涂、水田等。截止到 2012 年，湿地总面积为 19.47 万 hm^2，约占全县陆地总面积的 32.86%，其中沼泽地 58 055.55 hm^2，约占杜蒙县土地总面积的 10%；水体 93 480.19 hm^2，约占土地总面积的 16%。

湿地与其他生态用地相比地形差异较大，尤其是沼泽地、水体等湿地类型，因此将 DEM 数据参与分类可进一步提高各湿地类型的分类精度。在 eCognition 软件中，分别载入湿地类型较为典型的两部分 02C 影像及相应的 DEM 数据，使影像的 3 个波段与 DEM 数据共四组数据共同参与分类，其权重之比设置为 1∶1∶1∶1，通过反复试验，最终将分割尺度参数设定为 50，形状因子设定为 0.7，紧致度设定为 0.5。分割结果如图 5-10 所示。

图 5-10　DEM 辅助下影像分割结果

将选定影像在叠加 DEM 数据与未叠加 DEM 数据两种情况下分别进行信息提取，分类结果见图 5-11。

通过将叠加 DEM 前后的分类结果进行比较，分类差异较为明显。对比图 5-11（a1）与（a2）可知，未叠加 DEM 时，草地与沼泽地的混淆较为严重，部分水体与沼泽地也出现误分的现象；叠加 DEM 后，草地与沼泽地得到很好的区分，水体分类更加精确。图 5-11（b）图中存在较大面积的水田，通过对比图 5-11（b1）与（b2）可知，未叠加 DEM 前，部分滩涂、水田被误分为其他用地类型，且有部分林地被错分为沼泽地，叠加 DEM 后误分现象明显减轻，滩涂、水田、沼泽等用地类型提取的准确率得到进一步提升。

第五章 黑龙江杜尔伯特蒙古族自治县生态用地网格化管护技术应用与示范 ·159·

(a) 02C影像 　　　　　　　　　　　　(b) 02C影像

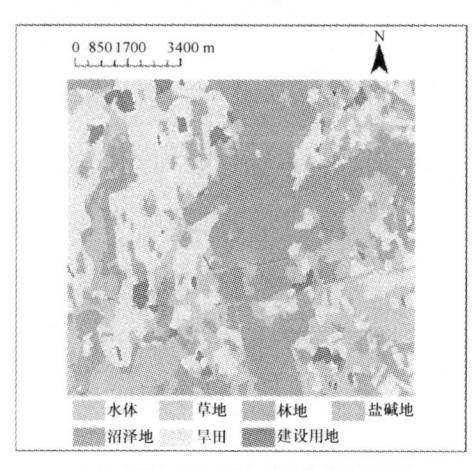

(a1) 未叠加DEM面向对象分类结果影像 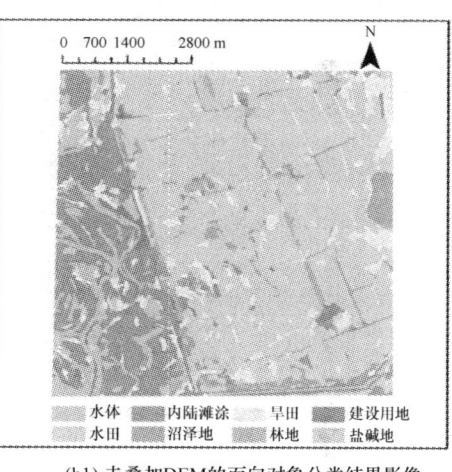　　　(b1) 未叠加DEM的面向对象分类结果影像

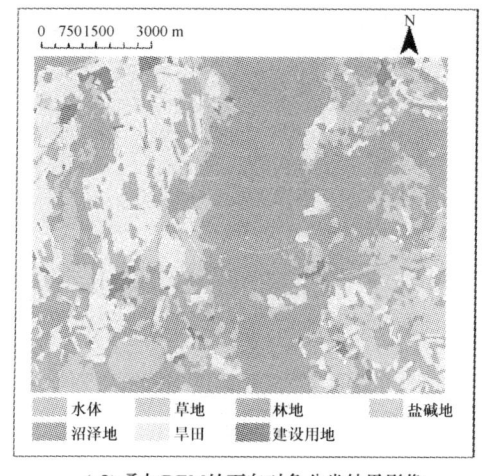

(a2) 叠加DEM的面向对象分类结果影像 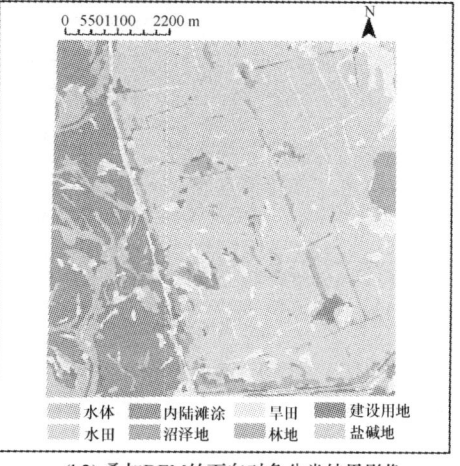　　　(b2) 叠加DEM的面向对象分类结果影像

图 5-11　叠加 DEM 前后的 02C 影像分类结果比较

面向对象的分类方法适用于空间信息丰富的高分辨率遥感影像的信息提取，而通过对比 DEM 叠加前后的分类结果图可知，DEM 数据进一步提高地形差异较大的水体、沼泽等湿地类型的分类精度，错分、误分现象明显减轻。因此，基于面向对象和 DEM 的信息提取方法更加适用于水体、沼泽等湿地的分类。

（五）生态用地信息提取结果

本次信息提取利用 SPOT5 影像，运用面向对象与人工目视解译相结合的方法，对杜蒙县生态用地进行了信息提取；并在湿地信息提取中叠加了 DEM 数据，使湿地分类精度得到了进一步的提高，分类效果较好。图 5-12 为面向对象信息提

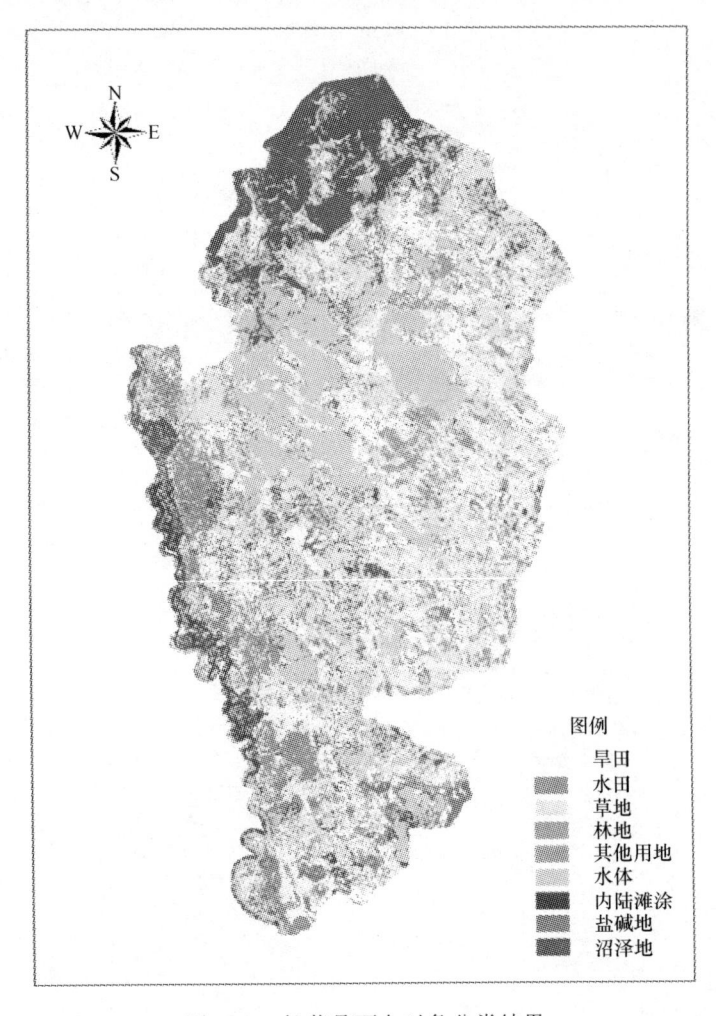

图 5-12 杜蒙县面向对象分类结果

取后的分类结果。在面向对象分类的基础上，依据课题研究确定的生态用地分类体系，结合研究区土地变更数据库、外业调查情况等，将生态用地进一步分割为旱田、水田、草地（天然牧草地、人工牧草地、其他草地）、水域（河流水面、湖泊水面、坑塘水面、水库水面）、林地（有林地、其他林地）、沼泽地（芦苇沼泽、沼泽化草甸）、内陆滩涂等。图 5-13 为在面向对象分类基础上进行人工解译的分类结果——以烟筒屯镇为例。

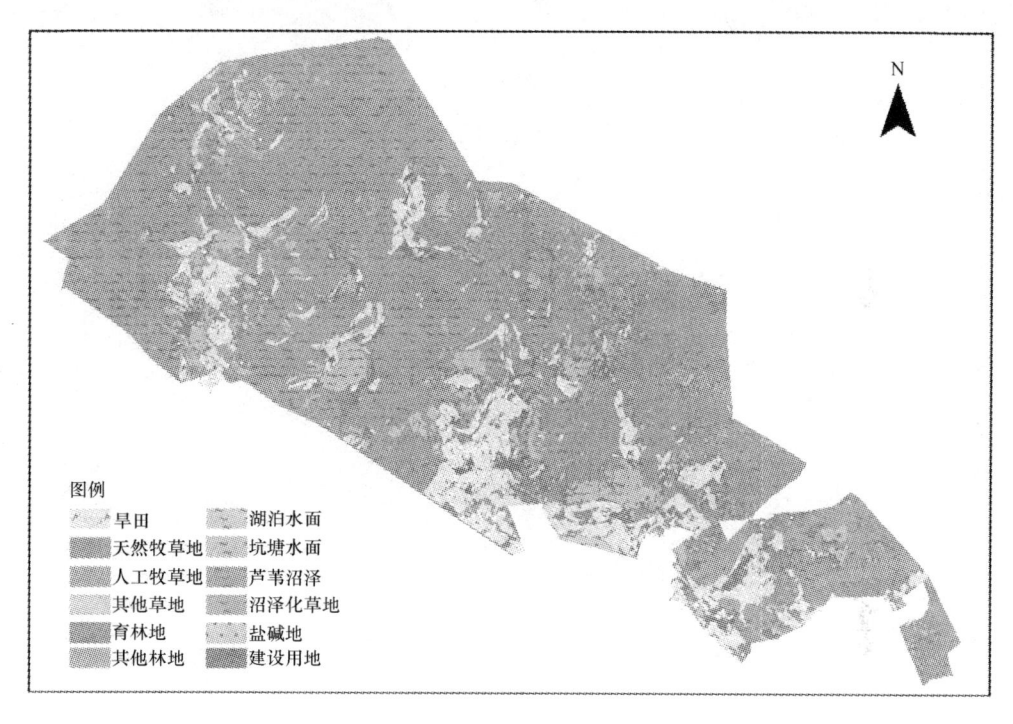

图 5-13 烟筒屯镇生态用地提取结果

二、精度检验

本次精度检验方法采取比较常用混淆矩阵。混淆矩阵是表示精度评价的一种常用的标准格式，是指将分类数据（通常作为行）同参考数据（通常作为列）相比较而形成的矩阵表格，其中主对角线代表正确分类即一致的情况，非主对角线代表错误分类即不一致的情况。混淆可以提供三种描述性精度指标:总体精度（overall accuracy）、生产者精度（produoer's accuracy）、使用者精度（user's accuracy）。

对一个特定的分类图像来说，总体精度等于正确分类数除以样本总数。计算表达式为

$$总体精度 = 主对角线元素之和/误差矩阵所有元素之和 \tag{5-3}$$

生产者精度指实地样本被正确分类的概率；使用者精度指分类中的一个样本能确实代表实际地类的概率。它们的计算表达式分别为

生产者精度=类型对应的主对角线元素/类型所在的列总和　　（5-4）

使用者精度=类型对应的主对角线元素/类型所在的行总和　　（5-5）

2014年9月完成了对杜蒙县300个点位的外业调查。根据外业调查数据，分别对监督分类结果、面向对象分类结果进行比对，得到分类结果的分类误差矩阵和精度，总体精度分别为79.33%及87.33%。精度评估误差矩阵见表5-6、表5-7。

表5-6　监督分类的精度误差评估矩阵

		旱田	水田	林地	草地	水体	沼泽地	内陆滩涂	盐碱地	行和	生产者精度（%）	使用者精度（%）
分类数据	旱田	81	3	6			3		3	96	87.10	84.37
	水田	2	15	1			1			20	62.50	75.00
	林地	3	2	35	2		2	1		45	83.33	77.78
	草地	6	3		49		1		7	66	87.50	74.24
	水体					35	2	2		39	94.59	89.74
	沼泽地	1	1		4		16	1		23	61.54	69.56
	内陆滩涂					1	1	3		6	37.50	50.00
	盐碱地					1			4	5	28.57	80.00
	列和	93	24	42	56	37	26	8	14	300		

总体精度=79.33%

表5-7　面向对象的精度误差评估矩阵

		旱田	水田	林地	草地	水体	沼泽地	内陆滩涂	盐碱地	行和	生产者精度（%）	使用者精度（%）
分类数据	旱田	87	1	3	1		2	2		96	92.55	90.625
	水田	2	17				1			20	73.91	85.00
	林地	2	2	38			2	1		45	90.48	84.44
	草地	3	1		56		5	1		66	93.33	84.85
	水体		1			37	1			39	94.87	94.87
	沼泽地		1	1	2		19			23	63.33	82.61
	内陆滩涂				1	1		4		6	50.00	66.67
	盐碱地					1			4	5	100.00	80.00
	列和	94	23	42	60	39	30	8	4	300		

总体精度=87.33%

通过表5-6和表5-7对比可知，生态用地的监督分类结果精度较低，草地与沼泽地的混淆较为严重，部分旱田被误分为林地及草地，同时存在部分滩涂、水田被错分为其他用地的现象。其主要原因是监督分类主要依靠影像的光谱特征进

行分类，而旱田、林地、草地、水田等各生态用地类型的光谱特征十分相似，以致分类精度不理想，导致分类精度较低，水田、沼泽地、滩涂的用户精度分别为75.00%、69.56%和50%。面向对象的分类结果精度明显提高，沼泽地与草地的混淆现象明显减轻，旱田、林地及草地的分类精度都有不同程度的提升，水田、沼泽地及滩涂用户精度分别提升至85.00%、82.61%和66.67%。

表5-8为目视解译后的生态用地分类精度，总体精度为91.00%。由表可知，整体分类效果较好。其中河流水面、湖泊水面、水库水面的分类精度可达100%；旱田、水田、有林地的分类精度分别为93.75%、95.00%及93.62%；天然牧草地、滩涂、盐碱地、芦苇沼泽及沼泽化草甸使用者精度均在80%以上，分别为88.89%、83.33%、80.00%、88.89%及80.00%；其他林地及其他草地分类精度相对较低，主要原因为通过影像较难通过郁闭度判断林地、草地类型，及外业调查不够全面。总体精度为91.00%，分类精度较高，能够满足网格化管护工作的需要。

表5-8 面向对象的生态用地分类精度评估误差矩阵

		旱田	水田	河流水面	湖泊水面	坑塘水面	水库水面	沟渠	天然牧草地	人工牧草地	其他草地	有林地	其他林地	芦苇沼泽	沼泽化草甸	内陆滩涂	盐碱地	行和	生产者精度(%)	使用者精度(%)
分类数据	旱田	90	2						1	1		1		1				96	95.65	93.75
	水田	1	19															20	82.61	95.00
	河流水面			1														1	100.00	100.00
	湖泊水面				10													10	83.33	100.00
	坑塘水面				2	21												23	100.00	91.30
	水库水面						2											2	100.00	100.00
	沟渠							3										3	100.00	100.00
	天然牧草地	2							40	2	1							45	90.74	88.89
	人工牧草地									2								2	28.57	100.00
	其他草地								2	1	6							9	75.00	66.67
	有林地		1						1			44	1					47	95.65	93.62
	其他林地		1									1	6					8	75.00	75.00
	芦苇沼泽											1		16	1			18	88.89	88.89
	沼泽化草甸													1	4			5	100.00	80.00
	内陆滩涂								1							5		6	100.00	83.33
	盐碱地								1								4	5	100.00	80.00
	列和	93	23	1	12	21	2	3	45	7	8	46	8	18	5	5	4	300		
总体精度=91.00%

三、结论

（一）不同遥感信息提取方法的比较

通过将不同遥感信息提取技术进行比较，分析不同遥感信息提取方法的优缺点，得出传统基于像元的信息提取方法易出现"同谱异物"、"同物异谱"的现象。面向对象的信息提取方法综合考虑了光谱、纹理、位置、形状等特征信息，减少了"椒盐现象"的产生，更加适合图像语义更加丰富的高分辨率遥感影像的信息提取，并运用监督分类法与面向对象两种方法分别进行了实证检验。结果表明，监督分类中马氏距离法及最小距离法分类效果不佳，最大似然法的分类效果最好，但其"椒盐现象"严重，而面向对象的分类效果明显好于传统基于像元的监督分类的结果。

（二）不同数据源信息提取结果的比较

运用不同的遥感数据进行生态用地的信息提取。在使用SPOT5遥感影像的同时，本节还对研究区内部分资源一号02C星遥感影像进行了信息提取。分别用面向对象分类法对其进行信息提取，并将相应的分类结果与SPOT5影像分类结果进行比较。结果表明，SPOT5分类结果中水体、沼泽地及盐碱地等的信息提取效果较好，而02C在林地及草地的分类上有优势。

SPOT5在水体信息提取上效果较好，沟渠清晰可见，而02C的分类结果中出现水体与沼泽混淆的现象；同时，在SPOT5影像中，可较好地将盐碱地分离出来，而02C的分类结果中存在将盐碱地错分为草地的现象。而在林地、草地的信息提取上，02C影像的优势较为明显，林地基本上被提取出来，而在SPOT5的分类结果中，林地与草地相混淆，分类效果与02C分类结果相比，精度偏低。

（三）叠加DEM的信息提取效果

湿地是生态用地的重要组成部分，湿地类型主要包括水体、沼泽、水田及内陆滩涂等。因湿地类型多数地形较为低洼，与其他生态用地类型相比，DEM差别较大。因此，本次信息提取进一步运用面向对象与DEM相结合的方法对杜蒙县的湿地进行了信息提取。提取结果表明，DEM数据的加入使得湿地的提取精度明显提高，特别是水体及沼泽，被错分、误分现象明显减少，分类精度得到进一步提高。因此，基于对象和DEM的信息提取方法适用于高分辨率遥感影像的湿地提取。

（四）提取精度

SPOT5影像监督分类及面向对象分类的总体精度分别为79.33%、87.33%，面向对象的信息提取结果精度明显高于监督分类法，尤其是水田、沼泽及滩涂分类精度明显提供高。目视解译后的生态用地信息提取精度为91.00%，其中水体的信息提取精度接近100%，除其他草地与其他林地分类精度较低，其他生态用地类型信息提取精度均在80%以上，满足生态用地网格化管护工作的需要。

四、示范效果

本研究以杜尔伯特蒙古族自治县示范区为例，基于SPOT5、02C、DEM多种数据源，运用面向对象与目视解译相结合的方法，进行了该区域的生态用地遥感信息提取。通过不同信息提取方法的比较，最终选取面向对象与人工解译相结合的方法进行研究区的生态用地信息提取，并通过外业调查的方式，对信息提取结果进行了检验。其示范效果体现在以下几个方面。

一是本研究提出的基于高空间分辨率遥感影像的生态用地信息提取技术，不仅能够达到缩短周期、降低成本的目的，而且大幅度提高了信息提取精度，示范效果较好。

二是不同类型的生态用地适用于不同的信息提取方法。在本节的研究中仅对湿地这类生态用地的信息提取进行了深入研究。运用面向对象与DEM相结合的方法对湿地进行了信息提取，DEM数据的加入进一步提高了湿地的分类精度。此种方法适用于高分辨率遥感影像的信息提取。而对于其他生态类型所适用的信息提取方法并未进行深入研究，还有待进一步探索。

三是通过测量工作的开展。通过对杜蒙县域内300点位信息进行外业调查，结果显示面向对象与目视解译相结合的信息提取方法，提取精度达91.00%，其中水体的信息提取精度接近100%，除其他草地与其他林地分类精度较低，其他生态用地类型信息提取精度均在80%以上，满足生态用地网格化管护工作的需要。

四是面向对象中图像分割方法的缺陷。影像分割是对象生成的前提，是面向对象影像分析的核心技术。分割参数的人为设置易产生过分割现象。如何科学地确定和评价最优的分割尺度，目前只能通过目视解译和经验的方式来确定，没有一个客观评价分割好坏的标准，这方面还有待进一步的研究。

五是由于本次研究仅对杜蒙县县域内的一小部分融合后分辨率为5 m的02C影像进行了研究，未对生成分辨率2.36 m的影像进行研究，研究结果有所局限。

第六节 网格划分与编码技术应用示范情况

生态用地网格的划分与编码，是进行生态用地网格化管护数据库建设、实现生态用地精细化管理的必要前提条件。在网格划分与编码方案确定之初，根据已有数据和实地调研情况，共设计了 4 套网格划分和编码方案，并就 4 套方案的优缺点进行了多次讨论。

一、生态用地网格划分与编码方案的讨论与反馈

本研究以生态用地类型较为全面的杜蒙县腰新乡中心村为例，提出了四套生态用地网格划分与编码方案，并对各套方案的优缺点进行了阐述，方案具体情况如下。

（一）方案一

以 2012 年杜蒙县土地利用变更调查数据库地类图斑图层为基础数据，以图斑为最小单元，遵循属地一致原则（即所划生态网格不跨村界），将生态功能相对一致、空间分布集中连片的图斑归并成一类，形成杜蒙县腰新乡中心村生态用地网格，划分结果如图 5-14 所示。编码采用 17 位编码，即由 12 位行政编码、2 位功能编码、3 位网格顺序编码码组成。

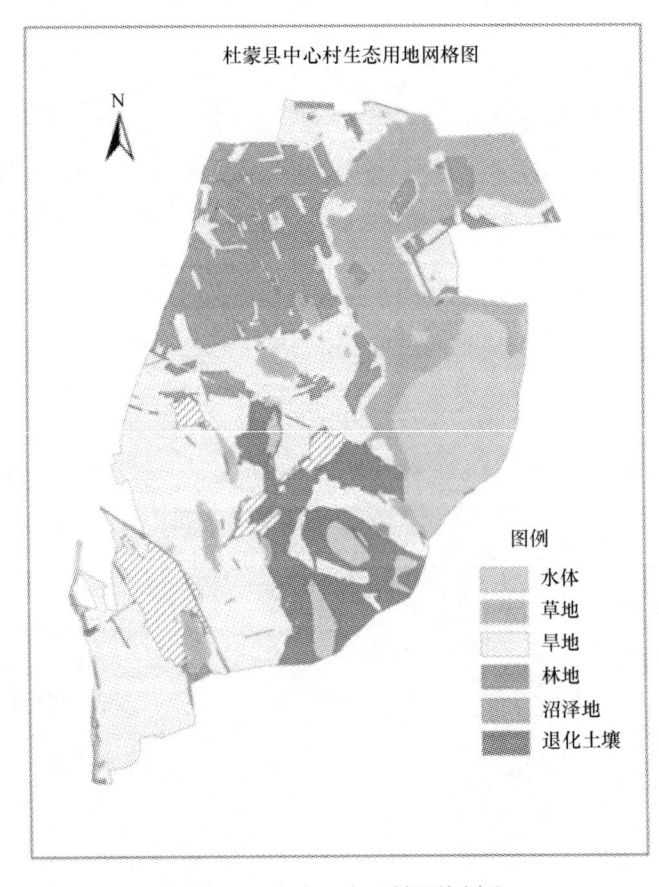

图 5-14　方案一中心村网格划分

通过示范可知,该方案优势在于所划生态用地网格,内部生态用地功能相对一致,便于管护规则的落实。不足体现在以下四个方面,一是所划生态用地网格,规则化程度差,不利于网格编码;二是网格面积大小不一,加大管护难度;三是所划网格会逐年变化,网格形态不稳定;四是不利于网格变化监控,难以追责或带来纠纷。

(二)方案二

在方案一的基础之上,将零星细碎的生态用地归并到邻近的主要生态用地类型,形成生态用地网格,划分结果如图5-15所示。生态用地不规则网格编码采用六层22位层次码结构,按层次分别表示县级行政区划、地籍区、地籍子区、土地权属类型、不规则网格类型编码、生态功能重要性类型等级。

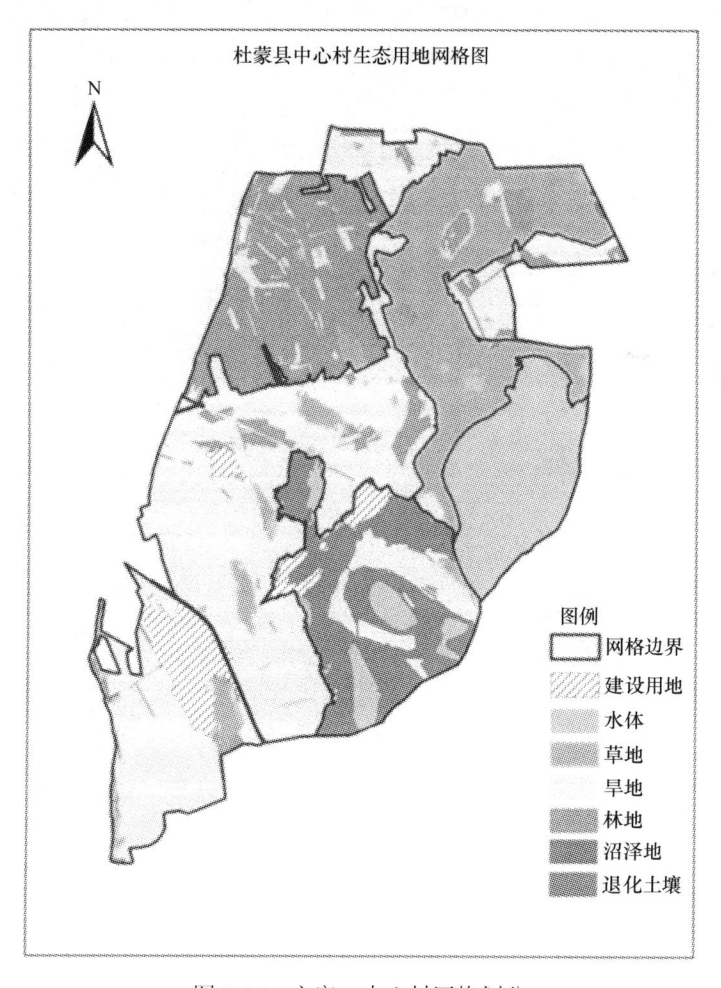

图 5-15 方案二中心村网格划分

通过典型村示范可知，该方案的优势表现：一是可保证网格内部生态用地主体功能一致，突出管护重点，便于管护工作的推进；二是与方案一相比，网格编码难度明显降低。该方案的不足表现在与其他方案相比较，网格划分的主观性明显增强，不利于网格划分方法的推广；且从生态用地类型面积来看，主体生态用地与其他生态用地类型相比，比例相差悬殊，易出现小比例生态用地的管理缺失。

（三）方案三

综合考虑不同网格划分方法的优缺点及生态用地网格管理需求，在保证行政区划的完整性及网格内部权属的一致性的同时，有利于网格编码及空间信息的存储和管理。由此采用不规则网格与规则网格划分相结合，即以2012年杜蒙县土地利用变更调查数据库地类图斑图层为基础数据、以地籍子区为权属单元划分生态用地格网，在遵循属地管理原则、网格内部均衡原则、无缝拼接原则、相对固定性原则的基础上划定网格。从网格化管理的可行性与可操作性而言，通常网格内2~3类用地类型为最佳格网尺度，因此将网格尺度拟定为 2.5 km×2.5 km，划分示意图见图5-16，以中心村为例进行了网格划分试验，划分结果见图5-17；网格编码采用15位编码，即由12位行政编码及3位网格单元顺序码组成。

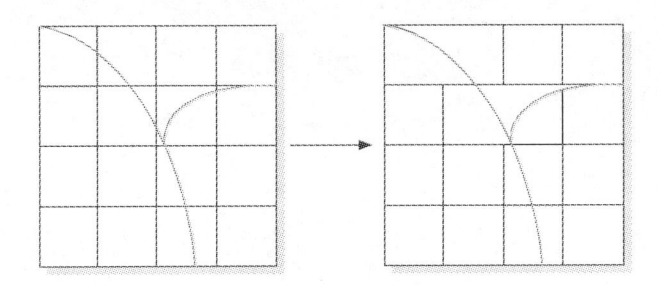

图 5-16　网格划分示意图

通过典型村示范可知，该方案较方案一、二相比，有以下三方面优势：一是网格的划分更具有规则性，便于网格编码；二是网格面积相对均衡，内部生态用地类型不过于单一或复杂，确保监管力度的均衡性；三是网格相对固定，有利于对其内部生态用地面积变化进行长期定点监测，以此来反映网格内生态功能的变化情况，从而提出针对性措施以便于管护。

该方案的不足表现为以下两个方面：一是同一网格内部存在多种生态用地，与方案一、二相比生态用地类型相对复杂，增加了管护人、责任人对网格内生态用地的管护难度；二是所划分的网格存在"破斑"现象，不利于所破图斑用地的管护，易发生管护纠纷。

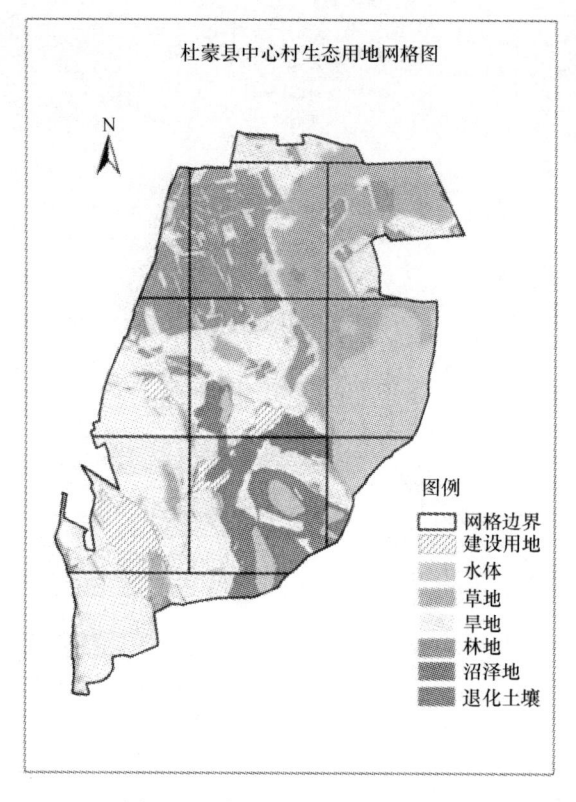

图 5-17　方案三中心村网格划分

（四）方案四

即以 2012 年杜蒙县土地利用变更调查数据库地类图斑图层为基础数据、以村为权属单元划分生态用地格网，在遵循属地管理原则、网格内部均衡原则、无缝拼接原则、相对固定性原则的基础上，以杜蒙县宗地统一编码成果中的地籍子区进行网格的划分。由于地籍子区与行政村边界基本一致，因此方案四中每个地籍子区（即行政村）为一个独立网格；编码采用 12 位编码，即地籍子区（行政村）编码。

将划分结果与其他网格方案相比较，其优点在于以地籍子区为网格的网格单元内部权属一致，便于生态用地管护主体责任落实与编码；缺点是网格内部生态用地类型较多，生态主体功能不突出。

（五）讨论与反馈

通过对四种方案的比较示范，方案一网格划分过于细碎，无论从网格的划分、编码，还是网格的管护角度考量，其划分与编码方法过于复杂、繁琐。方案三、方案四在网格划分的规则性、网格编码的便捷性、网格面积的均衡性，以及网格的相对固定性方面有优势。但由于生态用地不同于城市用地的管理，单纯的画框、划片无法突出生态用地特性和其管护需求。因此，在与项目组进行多次讨论和反馈的过程中，最终明确规则的格网并不适用于类型繁多、面积广阔的生态用地的网格化管护。与方案一、三、四相比，方案二网格划分与编码难度适中，可保证网格内部生态用地主体功能一致，突出管护重点，便于管护工作的推进，适合示范区生态用地网格的划分。

综合比较四种方案优缺点，并就网格的划分标准、网格编码的逻辑关系，以及生态用地功能重要性如何界定等问题进行了多次的讨论与反馈后，最终确定应建立一个多源、多类型、多尺度的生态用地信息网格化集成，可将方案一、方案二和方案四相结合，形成多层次、多尺度的网格划分模式。

二、杜蒙县生态用地网格划分与编码方案的确定

杜蒙县生态用地网格的划分是以地籍子区为网格划分控制单元，以生态用地系统和生态用地类型为多级网格的划分依据，进行生态用地网格的划分。形成网格由大到小、由粗到细的4层生态用地信息管护数据库，逐级划分为地籍子区-生态系统（一级网格）-生态用地类型（二级网格）-地类图斑。

（一）网格的划分

1. 地籍子区网格

地籍子区网格沿用杜蒙县宗地统一编码成果 DJZQ（地籍子区）图层，作为一、二级网格划分的权属界线。

2. 一级网格（生态系统）

一级网格即生态系统网格，是在不跨地籍子区的前提下，将各生态系统对应的生态用地类型进行归并而形成的网格。项目组提供的生态系统包括农田生态系统、林地生态系统、草地生态系统、湿地生态系统、荒漠生态系统和城镇生态系统。根据实地调研情况及数据库分析情况得知，示范区沙地及裸地总面积极小，且分布较为零星、分散，因此在本示范区——杜尔伯特蒙古族自治县的生态网格数据库建设中，不再对荒漠生态系统进行划分。沙地、裸地归并至其他生态系统中，详见表5-9。

一级网格的具体划分方法如下：

1）一级网格即生态系统网格的划分均按照面积主导、零星地类归并的原则进行划分，网格面积不得小于2万m^2。其中每个生态系统网格中主体生态用地面积与零星地类面积的比例不得小于8∶2，即每个生态系统网格中主体生态用地

面积不能小于 80%，面积小于网格总面积 20%的其他地类可归并至这一生态系统网格中。

表 5-9　生态系统类型的划分

生态系统类型	地类
农田生态系统（A）	旱田
	水田
	水浇地
	茶园
	果园
	其他园地
林地生态系统（F）	有林地
	灌木林地
	其他林地
草地生态系统（G）	天然牧草地
	人工牧草地
	其他草地
湿地生态系统（W）	河流水面
	湖泊水面
	水库水面
	坑塘水面
	沼泽地
	内陆滩涂
其他	设施农用地
	沟渠
	盐碱地

2）根据实地调研情况可知，示范区的盐碱地面积较大，主要分布在草地、湿地周围。该地区的盐碱地并非寸草不生，其上长有稀疏的植被，且在雨水较大时，部分盐碱地会因为水位上涨而转变为坑塘水面等用地。因此，基于示范区盐碱地的实际情况，将面积小于 2 万 m² 的盐碱地按其所处位置将其划分为草地生态系统或湿地生态系统，面积大于 2 万 m² 的划入其他生态系统。

3. 二级网格（生态用地类型）

二级网格即生态用地类型网格，是以 2012 年杜蒙县土地利用变更调查数据库 DLTB（地类图斑）图层为基础数据，遵循不跨地籍子区的原则，依据生态用地分类体系，对示范区内空间分布集中连片的相同地类图斑进行合并而形成的网格，并按照示范区的生态系统分类体系，将示范区生态用地按主导功能性和多功能性两方面进行分类。举例说明,即相邻的天然牧草地、人工牧草地和其他草地,统一合并为草地,其功能性为多功能性生态用地。

4. 地类图斑

直接沿用 2012 年杜蒙县土地变更调查数据库 DLTB(地类图斑)图层。

(二)网格编码

1. 编码结构

网格的编码主要体现为一级网格的编码,一级网格编码采用七层 22 位层次码结构,按层次分别表示县级行政区划、地籍区、地籍子区、土地权属类型、生态系统类型、网格顺序码、生态功能重要性等级。生态用地不规则网格编码结构如图 5-18 所示。

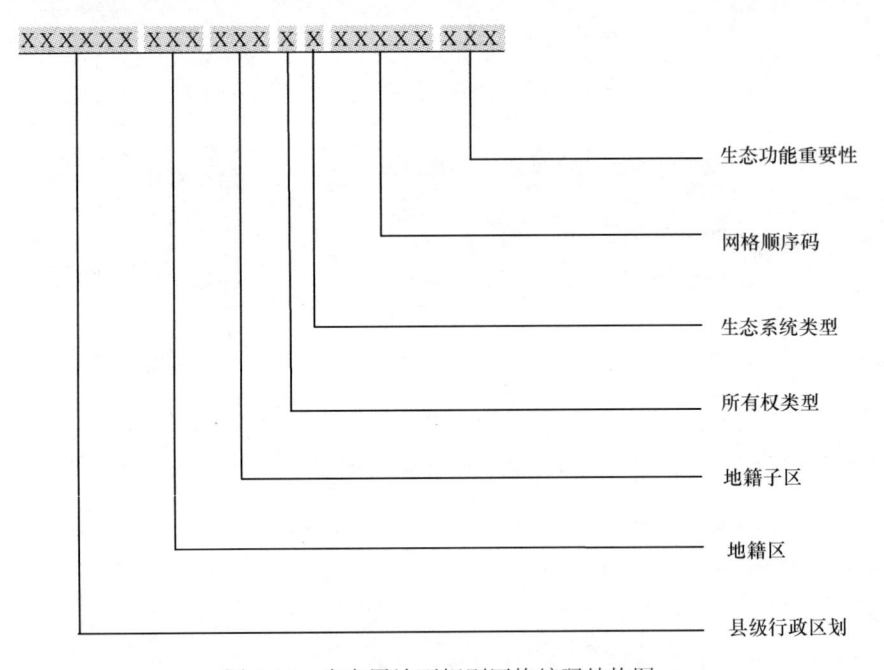

```
XXXXXX XXX XXX X X XXXXX XXX
  │      │   │  │ │   │    │
  │      │   │  │ │   │    └─ 生态功能重要性
  │      │   │  │ │   └────── 网格顺序码
  │      │   │  │ └────────── 生态系统类型
  │      │   │  └──────────── 所有权类型
  │      │   └─────────────── 地籍子区
  │      └─────────────────── 地籍区
  └────────────────────────── 县级行政区划
```

图 5-18 生态用地不规则网格编码结构图

2. 编码方法

第一层次为县级行政区划,代码为 6 位,采用《中华人民共和国行政区划代码》(GB/T 2260—2007)。

第二层次为地籍区,代码为 3 位,用阿拉伯数字表示。

第三层次为地籍子区,代码为 3 位,用阿拉伯数字表示。

第四层次为土地所有权类型，代码为1位。用G、J、Z表示，其中"G"表示国家土地所有权，"J"表示集体土地所有权，"Z"表示土地所有权争议。

第五层次为生态系统编码，代码为1位。用A、F、G、W、D、U、O表示，其中"A"表示农田生态系统，"F"表示林地生态系统，"G"表示草地生态系统，"W"表示湿地生态系统，"D"表示荒漠生态系统，"U"表示城镇生态系统，"O"表示其他生态系统。

第六层次为不规则网格编码，代码为5位，第一位表示生态系统类型，第二至五位表示不规则网格的编码，用阿拉伯数字00001~99999表示。

第七层次为生态功能重要性等级，代码为3位，第一位表示生态功能价值的等级，第二位表示生产经济价值的等级，第三位生态功能在本区域重要性的等级。用1、2、3表示，其中"1"表示高等级（重要），"2"表示中等等级（较重要），"3"表示低等级（不重要）。在相应的不规则网格编码后顺序编码。如一个不规则网格具有高生态功能价值、高生产经济价值，并且其生态功能在本区域重要，表示为111。

三、示范效果

经示范，该种生态用地网格划分方法符合东北地区生态用地的分布特点，网格内部生态用地主体功能较为一致，能够突出管护重点。编码方式采用行政区、地籍区、地籍子区、所有权类型、生态系统类型、网格顺序码和生态功能重要性共七层编码，在确保网格唯一性的同时，能够突出网格的生态特性，且便于网格内部生态用地的分类统计和管护。但由于本次研究工作处于生态用地网格化管护工作的探索阶段，在示范过程中发现，该种划分方法的主观性较强，标准不够详尽，在推广上存在一定的难度。

第七节 生态用地网格化管护基础数据库示范情况

一、数据库构成

基于杜蒙县2012年土地利用变更数据库及2012年、2013年杜蒙县SPOT5影像，依托网格划分及编码方案，完成了示范区生态用地网格化管护数据库整体框架的设计。生态用地网格化管护数据库主要由矢量数据、栅格数据、文本数据、表格数据和元文件组成。其中矢量数据是生态用地网格化管护的核心部分，包括DJZQ、YJWG、EJWG、DLTB、XZQ、XZQJX、DLJX、XZDW等八个图层；栅格数据包括示范区的遥感数据、相关图件；文本数据包括《生态用地网格划分、编码与建库方案》和《生态用地信息网格数据库建库说明》。数据库构成详见表 5-10。

表 5-10 数据库设计

文件	内容	
矢量数据 (生态用地网格编码数据库)	图层	DJZQ — 地籍子区
		YJWG — 一级网格
		EJWG — 二级网格
		DLTB — 地类图斑
		DLJX — 地类界线
		XZDW — 现状地物
		XZQ — 行政区
		XZQJX — 行政区界线
表格数据	相关表格	
文本数据	《生态用地网格划分、编码与建库方案》、《生态用地信息网格数据库建库说明》	
栅格数据	影像及相关图件	

二、矢量图层属性设计

生态用地网格化管护数据库是以土地利用变更数据库及宗地统计编码成果的为基础，而开展的基于多级网格的生态用地管护数据库建设。

数据库中的 DJZQ（地籍子区）、DLTB（地类图斑）、DLJX（地类界线）、XZQ（行政区）及 XZQJX（行政区界线）沿用宗地统一编码及土地利用变更数据库的数据，不做更改。YJWG（一级网格）为新建图层，其属性应包括 GHZRR（管护责任人）、GHQX（管护期限）、DJZQ（地籍子区）、STXTLX（生态系统类型）及 WGBM（网格编码）等相关属性；EJWG（二级网格）图层内设 STGNX（生态功能性）属性，按照项目组给定的生态系统分类体系，结合示范区实际情况，将示范区生态用地从主导功能性、多功能性两方面进行分类（表 5-11）。

表 5-11 各图层属性设计

图层	属性	
YJWG（一级网格）	GHZRR	管护责任人
	GHQX	管护期限
	WGBM	网格编码
	DJZQ	地籍子区
	QSXZ	权属性质
	STXTLX	生态系统类型
	WGSXM	网格顺序码
	STGNZYX	生态功能重要性
EJWG（二级网格）	STGNX	生态功能性

三、数据库成果

通过杜蒙县土地生态用地网格化管护基础数据库建设，杜蒙县共有地籍子区265个，其中他拉哈镇、泰康镇、烟筒屯镇和胡吉吐莫镇的城镇内部街坊共118个，由于街坊内部生态用地面积较小且较为分散，其内部零星生态用地不对其进行网格的划分，因此，可用于生态用地网格划分的地籍子区数量为147个。共划分一级网格（生态系统）6484个，总面积为588 862.29 hm^2，其中农田生态系统网格为1978个，林地生态系统网格为2052个，草地生态系统网格为1262个，湿地生态系统网格为796个，其他生态系统网格为396个。二级网格共划分了25 871个，其中主导功能生态用地网格2000个，多功能性生态用地网格23 871个。地类图斑共65 674个，可用于生态用地网格划分的图斑个数为61 294个。网格划分的具体情况详细见表5-12～表5-14。

表5-12 各级网格划分情况

各级网格	总数	生态用地网格数
地籍子区	265	147
一级网格	—	6484
二级网格	—	25 871
地类图斑	65 674	61 294

表5-13 一级网格（生态系统）划分情况

生态系统类型	网格数量（个）	网格面积（hm^2）
农田生态系统	1978	173 297.41
林地生态系统	2052	71 266.50
草地生态系统	1262	121 286.20
湿地生态系统	796	181 043.15
其他生态系统	396	41 969.02
共计	6484	588 862.28

表5-14 二级网格（生态功能性）划分情况

生态功能性	网格数量（个）
主导功能性	2000
多功能性	23 871
共计	25 871

管护责任人以地籍子区为基本管理单元，每个地籍子区负责人承担地籍子区内部的生态用地网格的管护工作，管护责任人多为行政村村长。管护期限以管护

责任人的任期为依据，村长任期为 3 年，故设管护期限为 2015～2018 年。

相关成果还包括生态用地网格化管护基础数据库 1 个，生态用地网格化管护工程文件 1 个，《生态用地信息网格数据库建库说明》1 份，《生态用地网格划分、编码和建库方案》1 个，形成相关表格 4 个，相关图件 3 个。具体成果如图 5-19～图 5-23。

图 5-19　生态用地网格化管护数据库工程文件

图 5-20　生态用地网格化管护数据库属性表

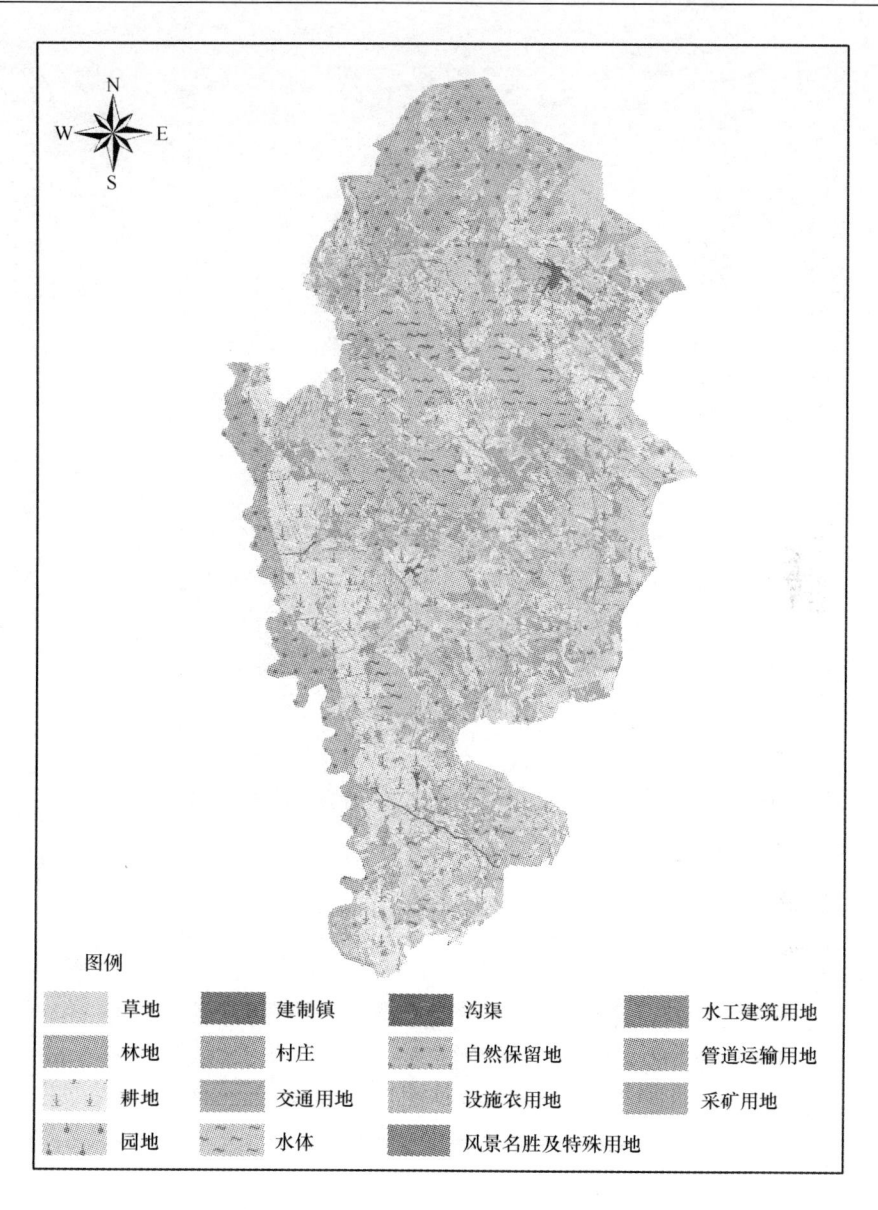

图 5-21　2012 年杜蒙县土地利用现状图

四、示范效果

经示范,生态用地网格化管护基础数据库设计图层及图层内的属性信息能够较为全面地反映生态用地网格特点,能够满足网格化管护的需求,数据库的实用性和操作性较强,涵盖内容较为全面,便于管护工作的开展、跟踪、记录。

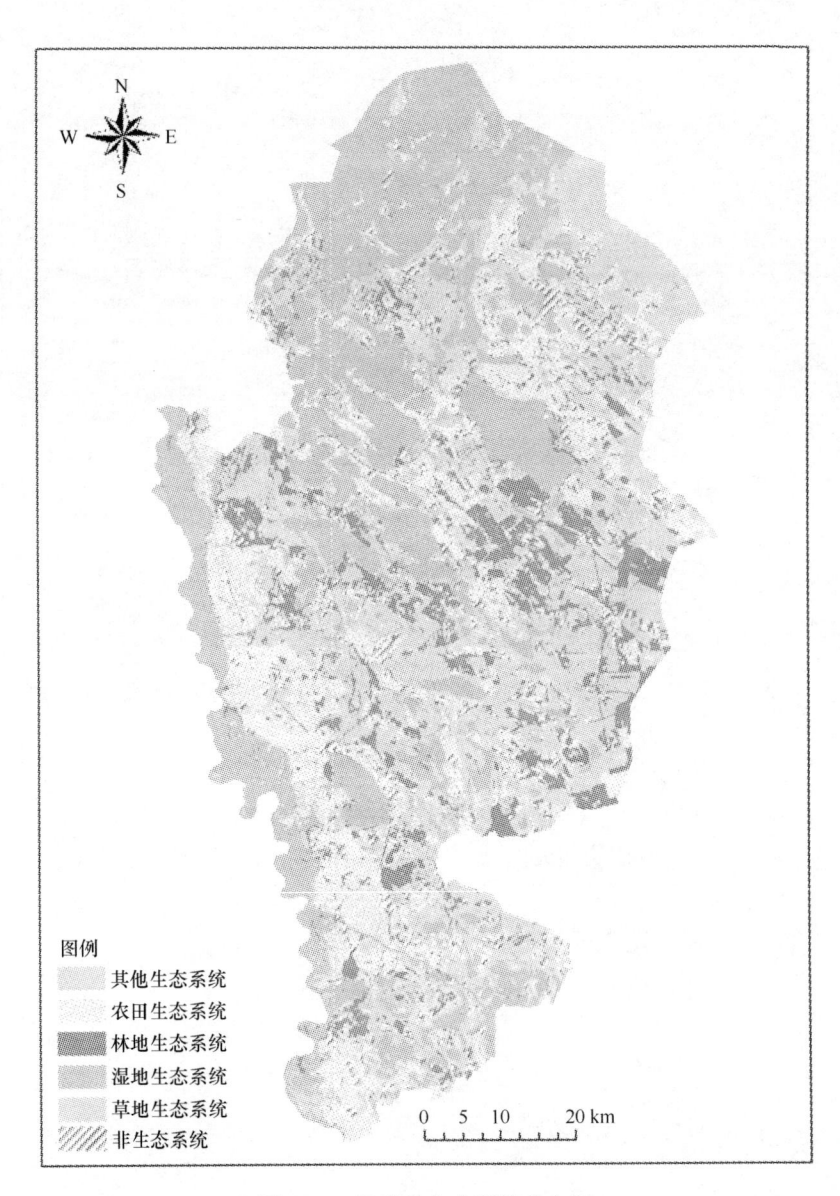

图 5-22　杜蒙县生态系统分布图

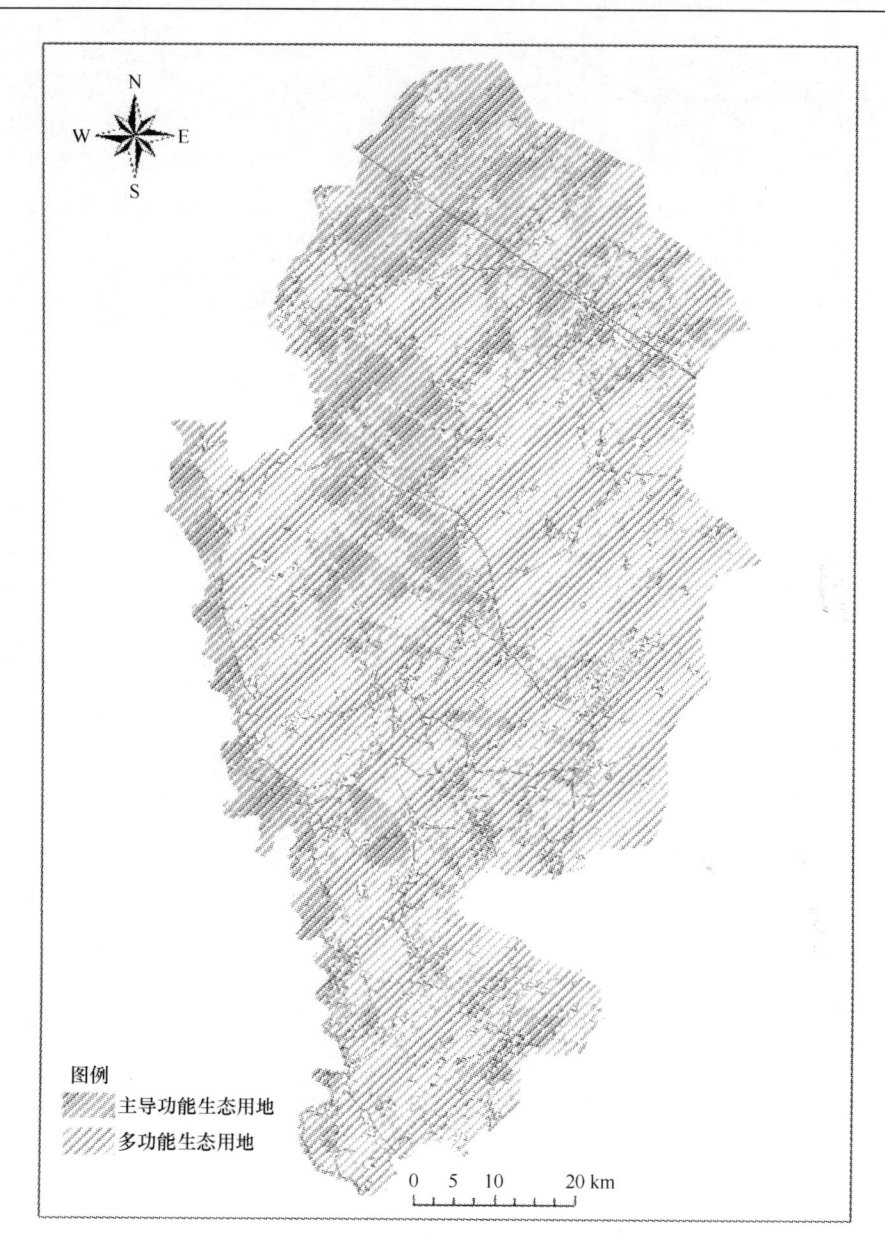

图 5-23 杜蒙县土地生态功能分区图

第八节 问题与展望

本研究明确了生态用地分类体系,提出了生态用地遥感信息提取技术、生态用地网格与划分编码以及数据库建设等关键技术,并在示范区进行了应用示范。示范效果较好,但在示范过程中也发现了一些问题,有待改进。

一、技术流程复杂，操作难度较大

由于管护工作技术性较强、涉及知识面较广、操作难度较大，且地方技术人员短缺，缺乏相关技术的培训。因此，管护人员在管护过程中易出现由于技术流程繁杂、相关知识匮乏、操作难度大等问题而无法按期推进工作的现象，这直接影响了生态用地网格化管护的进度及质量。管护责任人是管护工作实施的主体，复杂的技术流程、高难度的操作方式不易于网格化管护技术的推广。要真正实现生态用地网格数字化管护，应加大地方技术人员培训力度，同时进一步简化技术，增强技术方法的实用性和操作性，实现管理的"自动化"。

二、缺乏奖惩措施，管护人员积极性不高

管护人员是生态网格管护的基本要素，在示范过程中，由于缺乏奖惩措施和激励机制，管护人员对于相关管护知识的学习及管护工作的落实积极性不高，缺乏主管能动性，严重制约示范工作的推进。严格规范生态用地网格化管护制度是保障管护工作顺利推进的基础和前提。为更好地促进管护工作的开展，应充分分析示范工作的反馈情况，根据示范中存在及可能发生的问题进行总结，进一步细化、完善生态用地网格化管护制度，建立有效、合理的奖惩机制，为生态用地网格化管护提供制度基础。

三、与日常土地管理工作相结合

生态用地网格化管护不应仅仅停留在对生态用地的动态监测与管理上，更应该利用其数字化、动态化、精细化的特点，将其与土地管理日常工作相结合，使其与土地日常管理工作融为一体，互检互促，丰富土地管理工作内涵。

四、网格边界调整后，网格的划分与编码问题

由于本次生态用地网格的划分是以地籍子区划分控制单元，以生态用地系统、生态用地类型和地类图斑为划分依据形成多级网格。但由于各级网格不是以路网或是规则格网的方式划分，随地类的变化网格边界也会发生调整。因此，在生态用地网格边界发生变化后，如何进行网格的合并，如何追加网格编码，如何进行后续管护工作的衔接等问题，有待进一步研究。

五、管护责任人和管护期限的落实

在本次预研究中,由于网格化管护示范工作是以地籍子区为权属界线,故将地籍子区的行政管理人员(一般为村长)定义为管护责任人,管护期限以其任期作为标准,一般为三年。但由于地籍子区内网格个数较多,一个管护责任人能否满足一个地籍子区内部所有生态网格的管理和保护,且3年的管护期限对于变化幅度较小的生态用地来说,是否能够满足对其动态监测的需求,有待进一步研究。

参 考 文 献

胡卫国, 孟令奎, 张东映, 等. 2014. 资源一号 02C 星图像水体信息提取方法. 国土资源遥感, 26(2): 43-47.

张继平, 刘林山, 张镱锂, 等. 2010. 面向对象的极高海拔区水体及冰川信息提取——以珠穆朗玛峰国家级自然保护区核心区为例. 地球信息科学学报, 12(4): 517-523.

张学儒, 刘林山, 张镱锂, 等. 2010. 基于 ENVI ZOOM 面向对象的高海拔灌丛植被提取——以定日县为例. 地理与地理信息科学, 26(4): 104-108.

郑利娟, 李小娟, 胡德勇, 等. 2009. 基于对象和 DEM 的湿地信息提取——以洪河沼泽湿地为例. 遥感技术与应用, 24(3): 347-351.

中国资源卫星应用中心. 2012. 资源一号 02C 卫星. http: //www.cresda.Com/n16/n1130/n175275/175577. Html. 2012-07-5.